大学生社交礼仪（第三版）

DAXUESHENG SHEJIAO LIYI

主　编◎沙　风
副主编◎史　秦　夏　云

中国人民大学出版社
·北京·

图书在版编目（CIP）数据

大学生社交礼仪 / 沙风主编. --3 版. --北京：中国人民大学出版社，2023.1
ISBN 978-7-300-31122-7

Ⅰ.①大… Ⅱ.①沙… Ⅲ.①大学生－社交礼仪－高等学校－教材 Ⅳ.①G645.5

中国版本图书馆 CIP 数据核字（2022）第 188433 号

大学生社交礼仪（第三版）
主　编　沙　风
副主编　史　秦　夏　云
Daxuesheng Shejiao Liyi

出版发行	中国人民大学出版社		
社　址	北京中关村大街 31 号	**邮政编码**	100080
电　话	010－62511242（总编室）		010－62511770（质管部）
	010－82501766（邮购部）		010－62514148（门市部）
	010－62515195（发行公司）		010－62515275（盗版举报）
网　址	http://www.crup.com.cn		
经　销	新华书店		
印　刷	北京昌联印刷有限公司	**版　次**	2011 年 11 月第 1 版
规　格	185 mm×260 mm　16 开本		2023 年 1 月第 3 版
印　张	16.25	**印　次**	2023 年 1 月第 1 次印刷
字　数	322 000	**定　价**	48.00 元

前言

礼仪是中华文化传统美德宝库中的一颗璀璨明珠，对个人而言，则是当代职场竞争和事业成功所必备的“核心竞争力”。

孔子曰：“不学礼，无以立。”孟子曰：“君子以仁存心，以礼存心。仁者爱人，有礼者敬人。爱人者，人恒爱之；敬人者，人恒敬之。”礼仪是一种典章、制度，包括人的仪表、仪态、礼节等，用以规范人的行为、举止，调整人与人之间的关系，评判人的品格、学识、能力和修养。

德国管理学家舒曼把岗位胜任关键技能分为专业技能、人文技能和理念技能。其中，初、中级职员人文技能占40%左右；高级职员人文技能和理念技能占83%，专业技能仅占17%。人文技能是指形象塑造、人际沟通、关系融合等方面的能力。社交礼仪是人文技能的重要组成部分，是整合资源、成就事业的重要保证。

大学期间是大学生由“非独立社会人”转变为胜任社会角色的“独立社会人”，完成社会化的重要时期。只有在大学时期完成社会化、职业化、公民化的转变，学会做人和做事，才能走出校园、踏入社会，生存、发展并实现人生价值。而礼仪教育在这个进程中十分重要，从某种意义上说，礼仪修养是大学生社会化、职业化的动力源、方向盘和推进器，是大学生职场生存与发展的核心竞争力。

本书基于新时期大学生的社交需要，以实战、实用、实效为原则，以建设“立体化”精品教材为载体，每章由导引、情境角色等栏目构成，注重实践、强化技能、图文并茂，帮助大学生“诚于中而形于外”，真正做到内在美与外在美的有机统一，成为合格的“职业人”和“社会人”。

本书由长期从事大学生人文素质教育的高校学科专业带头人和一线培训教学骨干联合编写。全书由沙风制定、编写大纲和体例样例，经编委会讨论通过后分工撰写。具体分工为：第一章，沙风；第二章，陈迪辉；第三章，李影秋；第四章，刘必兰；第五章，王丽萍；第六章，顾坤华；第七章，史秦；第八章，王洁；第九章，贺云；第十章，王彦。刘莉、平萍、杜娟、李万霞参与求职、入职、商务、会务等职场礼仪的辅助编写。史秦、夏云、韩小芬、吴莉协助主编统稿，并负责全书内容、文字和风格修订，沙风终审定稿。

江苏省教育厅、江苏省高等教育学会、中国高等教育学会和中国人民大学出版社对本书的编辑、出版和修订再版给予重要指导和大力支持；编者在编写过程中参考了大量文献资料，因受篇幅限制，未能一一注明出处，在此一并表示衷心感谢！

由于编者水平有限，加上时间仓促，疏漏和不妥之处在所难免，敬请专家和读者批评指正。

编　者

目录

第一章

绪　论

导引

曾经看过一场讨论，作曲者和作词者探讨旋律与歌词孰轻孰重，最后得出结论：悦耳的旋律在第一时间吸引人去听，之后出色的歌词打动人的心灵。其实，日常的社交生活也是如此。假设人生如一首歌，那么睿智的思想、渊博的学识、高尚的品性是蕴含于内的歌词。如何将歌词优美地表达出来？最直接、最有效的方式就是得体的仪态和文雅的谈吐，这不仅能吸引人们的视线，更能激发对方与自己交往的兴趣。

礼仪是一门学问，礼仪是一种技能，礼仪更是一份情怀。社交礼仪是我们走入社会的通行证，也是打开美丽生活的一把金钥匙。

第一节　社交礼仪概述

一、礼仪的内涵

（一）礼仪的含义

《说文解字》对“礼”的解释为：“礼，履也，所以事神致福也。”卜辞中的“礼”字像是将两块玉置于器皿中用于供奉，表示对先祖或鬼神的敬意。可见，礼的本意是祭祀、敬神，祈求神灵赐福。祭祀于家、于国都是大事，后来演化为以确定、维护社会等级秩序为核心内容的价值观念、道德规范以及与之相适应的典章制度、行为规范。

《辞源》对“仪”的解释有二：（1）容止仪表。“令仪令色，小心翼翼。”（《诗经·大雅》）（2）法度、标准。“设仪立度，可以为法则。”（《淮南子·修务训》）简单地说，“仪”就是仪表、仪态、仪式。

中国古代的“礼”和“仪”是两个不同的概念。“礼”是制度、规则和一种社会意识观念；“仪”则是“礼”的具体表现形式，是依据“礼”的规律和内容形成的一套系统而完整的程序。不同的“礼”有不同的“仪”。“礼”是“仪”的标准，“仪”将“礼”具体化、形象化、视觉化。

“礼仪”由“礼”和“仪”复合而成，出自《诗经》“为宾为客，献酬交错。礼仪卒度，笑语卒获”，意思是依据一定的制度、规范和标准，按照一定的形式和顺序进行祭祀（即前所述“事神致福”）。

在现代社会，礼仪的含义没有古代那么宽泛，只是指着重规范人们交往活动的程序和行为，借以维系和发展人际关系，推动社会文明与进步。礼仪是指人们在社会交往中相互之间为了表达尊重、敬意、友好、关心而约定俗成的、共同遵守的行为规范和交往程序，也指为表达敬意而隆重举行的典礼。仪式，是指各种庆典及纪念活动的秩序形式，也指在社会交往中应遵循的礼貌、礼节。

（二）礼仪的表现形式

1. 礼节

礼节是人们在人际交往中约定俗成的各种行为规范的总和。礼节是社会外在文明的组成部分，主要包括介绍的礼节、握手的礼节、打招呼的礼节、鞠躬的礼节、拥抱的礼节、亲吻的礼节、举手的礼节、脱帽的礼节、致意的礼节、使用名片的礼节、使用电话的礼节、约会的礼节、聚会的礼节、舞会的礼节、宴会的礼节等。

2. 礼貌

礼貌是指人们在社会交往中规范得体的言谈和行为，包括口头语言的礼貌、书面语言的礼貌、态度和行为举止的礼貌等。礼貌是人的道德品质修养最简单、最直接的体现，也是人类文明行为最基本的要求。在现代社会，使用礼貌用语、对他人态度和蔼、举止适度、彬彬有礼、尊重他人已成为最基本的交往规范。

3. 礼俗

礼俗即民俗礼仪，指各种风俗习惯，是礼仪的一种特殊形式。礼俗在历史发展进程中形成，普及于社会和群体之中并根植于人们心里，在一定的时空环境下经常重复出现。不同国家、不同民族、不同地区在长期社会实践中形成了各具特色的风俗习惯。“千里不同风，百里不同俗。”不仅是一个国家、民族、地区，甚至一个小小的村落都可能形成自己的风俗习惯。

4. 仪式

仪式是指行礼的具体过程或程序，是一种比较正规、隆重的礼仪形式。人们在社会交往中或组织在开展各项专题活动的过程中，常常要举办各种仪式，以体现对某人或某事的重视，或为了纪念某人或某事等。常见的仪式包括成人仪式、结婚仪式、安葬仪式、告别仪式、开业或开幕仪式、闭幕仪式、欢迎仪式、升旗仪式、入场仪式、签字仪式、剪彩仪式、揭牌仪式、颁奖授勋仪式、宣誓就职仪式、交接仪式、奠基仪式、捐赠仪式等。

二、礼仪的特征

礼仪既是品德修养、行为习惯、伦理风俗的综合表现，也与社会制度、民族传统、国情等密切相关。

（一）社会性

社会性是指在人类的交往活动中，礼仪无时不有、无处不在。不论是结绳记事、刀耕火种的远古时代，还是科学技术突飞猛进、文明程度日益提高的现代社会，只要存在着人际交往活动，就必然会有一定的礼仪形式与之相适应。也就是说，礼仪贯穿于人类社会发展的全过程，遍及社会的各个领域，渗透到各种社会关系之中。虽然时代、地域、民族、习俗不同，礼仪的表现形式有所区别，但只要有人际关系存在，就会有作为人的行为准则和规范的礼仪存在。礼仪在人们的相互交往中起着广泛、普遍而又微妙的作用，它不仅调节人际关系，而且提升个人素养、美化社会环境、提高文明程度。

（二）共通性

在人类的交往活动中，礼仪既有特殊之处，又有共同和互通的一面。比如握手，就是世界通用的见面礼节。人类的观念和追求在某些方面是有共通性的。不同的时代、地域、民族、习俗，礼仪的表现形式有所区别，但总是存在共通之处，如果没有共同必须遵守的礼仪形式，人们就无法进行交往，整个社会生活也就无法正常进行。因此，在任何一个社会都必然存在人们共同遵守的最基本的礼仪形式。在当今社会，不同国家、地域、民族之间的交往范围不断扩大，礼仪的共通性特征也日益明显。

（三）传承性

礼仪的形成和完善是继承和发展的产物。人们将在长期生活及交往中的习惯以明确的形式固定下来，众所习用、世代沿袭，这就是礼仪的传承性。这种传承性不是简单的“代代相传”，而要经过一个反复筛选、扬弃的过程，一些过时的、陈腐的习俗被淘汰，一些人们喜闻乐见、有价值、有生命力的礼仪精华被保留下来。如中国的尊老敬贤、礼尚往来等一些反映民族传统美德的礼仪，一代又一代地流传至今，并将为子孙后代代代传承。

礼仪也随着社会的进步而更新，以符合时代的要求。随着时代的发展，世界各国都很重视礼仪改进，总的趋势是礼仪活动更加文明、简洁、实用。

（四）差异性

不同地域、民族或人群的生活环境、自然资源、历史继承、社会氛围、经济状况、生活方式、文化背景等千差万别，这些差别都会对礼仪产生影响，造成不同地域、民族或人群在礼仪上的差异。同一种礼仪在不同民族中可能有不同的表现形式，同一形式的礼仪在不同的民族中也可能代表不同的意义，因而在不同民族之间，有的礼仪形式是不可以随意模仿的。例如，中国的迎亲礼仪，就有用花轿、喜车、马、船接新娘以及背新娘、抱新娘等不同的方式；在女方家起车、起轿时，女方家有的考新郎、要红包，有的则向新郎献四喜汤、茶，迎娶队伍行次也各有千秋。又如，对美国人来说，儿子对父亲直呼其名是十分正常的现象，但在中国就会被视为对长辈的不尊。

（五）等级性

礼仪的等级性表现为礼仪活动的规格待遇的差异性、层次的多样性。在公务交往中，一般依据所担任的公职和社会地位等级确定官方的礼宾次序和接待规格、待遇。比如，只有迎接国家元首才能鸣放 21 响礼炮，迎接政府首脑只能鸣放 19 响礼炮。在社会生活、日常交往中，尊老爱幼、尊重上级、尊敬师长、礼待宾客等优良传统，也是礼仪等级性特征的具体体现。恰当地认识和把握礼仪的等级性，懂得长幼有序、上下有别，才能在长辈眼中显得自己很有教养，在上级眼中显得自己懂得分寸，在晚辈眼中显得自己是个可敬的长辈。

（六）可操作性

礼仪表现的是一种行为规范，礼仪中的“仪”是礼的具体表现形式，表现在言谈举止中是具体的、形象的、视觉感知的；在操作过程中是要体现美的。例如：空姐的微笑服务是有标准的，要做到心笑、眼笑、嘴笑，此时笑得才会甜、才会自然。笑时露出6～8颗牙齿才会笑得好看、笑出美。

在进入职场穿着职业装时，西装的颜色、西装与衬衣的匹配都是有要求的，穿西装站着与坐着时扣子的系法也是有规范可依的。

在社交时与初次见面的长辈如何礼貌交流，初次见面是否可以握手、谁先伸手，等等，都有具体的行为规范。

所以说，礼仪是可践行的、可操作的，它可应用于社会活动的各个方面。

三、礼仪的功能

随着社会的发展、文明的进步，礼仪已渗透社会活动和人们日常生活的方方面面，礼仪对社会文明的进步发挥着重要的作用。礼仪的功能是多方面的，主要集中表现在以下几个方面。

（一）走向社会的通行证

人际交往活动中存在着一种称为“相似性吸引”的心理现象，也就是说，人们若在文化背景、生活状态、社会地位、职业特长、风俗习惯等方面相接近，就容易在心理上、感情上、行为上趋于融合，产生共鸣和信任，进而凝聚感情并建立友谊。因此，一个人如果懂得不同场合社交礼仪的知识，就更容易与交往对象打成一片，使对方觉得自己熟悉他们、理解他们、尊重他们，进而使对方乐于和自己交往。相反，如果一个人不懂得有关的礼仪知识，就可能被某些社交场合隔离开来，即使加入，也显得与周围的人格格不入。可见，礼仪在社会交往中是一张特殊的通行证，凭借它才能打开各种社会活动的大门。

（二）人际关系的纽带

人际关系的融洽离不开一定的情感因素，而一定情感的表达必然要通过一定的礼仪形式。热情的问候、友善的目光、亲切的微笑、文雅的谈吐、得体的举止等，可以唤起人们沟通的欲望，彼此建立起好感和信任。这些看似不起眼的礼仪形式，就像一条无形的纽带，拉近了人们之间的心理距离，营造出愉快、和睦的人际关系氛围。如果人们都能自觉、主动地遵守礼仪规范，按照礼仪规范的程序约束自己，就容易沟通情感，建立起相互尊重、彼此信任、友好合作的新型人际关系，缓解或避免某些不必要的情感对立和障碍。

（三）事业成功的资本

良好的社会形象是一个人无形的资产。高雅的仪表风度、完善的语言艺术、良好的个人形象有助于展示自己的气质修养、赢得尊重，从而为事业成功奠定基础。也就是说，面对人生百态、世间万象，无论是交友、求职还是创业，只有在社交活动中严格遵守道德规范，礼貌待人，谈吐高雅、风趣，举止得体，穿着庄重、协调、美观，才会有良好的人缘，从而在事业上获得广泛的支持。

（四）提升个人素养的途径

礼仪对一个人形成完善的人格具有重要作用。现代礼仪作为规范和约束人们行为的准则，不仅潜移默化地净化和熏陶人们的心灵，还从行为美学方面指导人们不断充实和完善自我。接受良好的礼仪训练，将使人们的谈吐越来越文雅，服饰与装扮越来越富有个性，符合大众的审美原则，仪态越来越符合普世规范，体现出时代特色和精神风貌。总之，礼仪能帮助人们创造一个全新的自我，在社交场合、在公众面前塑造良好的形象，充分展示自己的风采。

（五）社会和谐的基础

荀子对礼仪的社会调控功能说得很透彻——“礼之于正国家也，如权衡之于轻重也，如绳墨之于曲直也。故人无礼不生，事无礼不成，国家无礼不宁。”（《荀子·大略》）礼仪的核心是维护社会和谐稳定。礼仪如果不能促进社会成员关系的稳定，也就从根本上失去了存在的意义。一个国家有无完备的礼仪规范，全社会成员能否自觉地加以遵守，是衡量其文明水准的重要尺度。社会的健全与稳定、家庭的和谐与安宁、邻里同事间的和睦与合作，都依赖于人们共同遵守礼仪规范与要求。而礼仪作为营造温馨氛围的灵丹、伸缩有度的准绳，对维护社会稳定、家庭和睦具有不可估量的作用。

四、社交礼仪的基本原则

（一）尊重原则

尊重是礼仪的基础和核心。在社会交往和接待活动中，以相互尊重为前提，才能保持良好的人际关系。尊重原则渗透社交活动的方方面面。比如，要经常使用“您”“先生”“女士”等尊称；进入别人房间前要敲门，得到允许后方可进入；家里来了客人起身招呼，双手奉茶等。常言道，“有礼走遍天下”，这里说的“有礼”，就是尊重他人之意。

尊重包含自尊和尊人。自尊是指一个人对自身的一种态度，是自我意识的一种表现形式。一个人只有尊重自己、悦纳自己、自强不息、注意自身修养，才会自信、赢得他人的尊重。尤其是在国际交往中，要不卑不亢，维护国家的利益和民族的尊严，维护自己的国格和人格。尊人是指对待他人的一种态度，这种态度要求承认和重视每个人的人格、感情、爱好、职业、习惯、社会价值以及应享有的权利。自尊与尊人是相辅相成的。一个人要想获得自尊，就要遵循“感情互换原则”，即用爱来交换爱，用信任来交换信任，只有尊重他人才能换来别人的尊重。一个真正懂得尊人的人，也必然是一个自尊的人。

（二）适度原则

遵守适度原则包含两层意思：一是守礼节；二是有分寸。

礼仪是人类在共同生活、相互交往中自然形成的行为规范，社会的每个成员不论职位高低、财富多寡，在人格上是彼此平等的，都有讲礼重仪的义务，都要自觉遵守礼仪规范。我们不能只限于学习、知晓礼仪规范，还应在相互交往中按礼仪规范去做。

在人际交往中，应注意在不同情况下礼仪程度的区别、礼仪方式的选择。即在实际的礼仪场合，要把握与特定事情、特定人物、特定环境相协调的礼仪要求，注意社交距离，控制感情尺度。不能认为无论在哪里都是“礼多人不怪，无礼或欠礼人才怪”，应牢记过犹不及的道理。在人际交往中，既要彬彬有礼，又不能卑躬屈膝；既要热情大方，又不能轻浮谄谀。无论是谈吐还是举止，如果过于严肃、拘谨，则无法形成轻松、融洽的气氛；如果大方过头，则难免引起他人的反感。所以在社会交往中，运用礼仪规范时要注意时间、地点和对象，把握分寸。

（三）诚信原则

诚信即“言必信，行必果”。孔子曰：“人而无信，不知其可也。”强调的就是要守信用、重承诺。真诚守信是建立良好人际关系的基本条件。在人际交往中，要心口一致、表里如一、言行一致。如果待人口是心非、表里不一、虚情假意，无论在礼仪上如何周到、举止如何优雅，都难以取得人们的信任。

讲礼仪需要真诚，但不能为了真诚而疏于礼仪，更不能为了讲礼仪而忘记真诚。礼仪主体运用礼仪规范时，务必“诚于中而形于外”“慧于心而秀于言”，使美的心灵与美的仪表、谈吐、举止形成一个有机的整体。只有如此，在运用礼仪规范时所表现出来的对交往对象的尊敬与友善，才会更好地被对方理解和接受，从而充分展示出自己美的风采。

（四）属地原则

入乡随俗，或者说客随主便，是指处于客位的礼仪当事人必须遵守处于主位的礼仪当事人所在地域的礼仪规范。在这里，“客”指外来者，“主”指东道主。属地原则的作用在于，它使不同民族或不同地区的人们在交往时，对遵从何种礼仪规范有了一个共同认可的选择标准。依据这一原则办事，对处于客位和主位的礼仪当事人而言都是天经地义、顺理成章的事。

遵从所到地域的礼仪规范，是处于客位的礼仪当事人无法推卸和回避的义务，这样才能得到所到地域的人的认同、接纳、赞赏和欢迎。当然，客随主便或者入乡随俗并不意味着对所到地域的任何礼仪安排都必须无条件地遵从。如果某些礼仪规范和礼仪安排涉及重大原则问题，那么处于客位的礼仪当事人完全可以而且应该采取必要的得体行动，以维护国家、民族和个人的尊严。

第二节　中西方礼仪概略

一、中国礼仪

礼仪经历了从无到有，由低级到高级，不断演变、不断变革的漫长的历史时期。不同时期的礼仪，有着各自显著的特征。中国素以"文明古国""礼仪之邦"著称于世，在五千年的历史演变过程中，中国不仅形成了一套完整的礼仪思想和礼仪规范，而且它们内化为中华民族的自觉意识。礼仪在中国人形成良好的人际关系、民族特色和生活习惯，稳定社会秩序，推动社会进步等方面发挥了极其重要的作用。

（一）中国礼仪的产生

一方面，人类学家、历史学家通过研究发现，人类礼仪主要起源于原始的宗教祭祀。在原始社会，生产力水平极低，人类处于蒙昧状态，对日月星辰、风雨雷电、山崩海啸等自然现象无法做出解释，认为自然界充满神秘感，从而对自然界产生敬畏，形成对自然界的崇拜，并按照想象塑造出各种神灵作为崇拜的偶像。原始人对梦幻现象无法做出解释，便产生了对民族祖先的崇拜。人们对自然和祖先的崇拜，主要以祭祀的方式表现出来。在祭祀过程中，人类表达出对神和祖先的信仰、崇拜，原始的"礼仪"由此产生。另一方面，礼仪的产生源于协调相互关系的需要。为了生存和发展，人类的内部关系——人与人、部落与部落、国家与国家之间的关系必须得以妥善解决。在群体生活中，男女有别、老少各异、扶老携幼既是一种天然的人伦秩序，又是一种保证和规范，这是礼仪产生的最原始动力。

大多数礼仪形式是约定俗成并被大家一致遵守和沿用，并不是哪个人创造的。比如握手礼，传说是远古人类为防身和狩猎随身带着木棒、石块，路上遇到陌生人，为表示无恶意，就放下手中的武器，伸开双手让对方看，甚至让对方抚摸。这种方式简单易行、易于理解，逐渐被人们认同，并不断演变，形成握手礼。

（二）中国礼仪的发展

在原始社会，人类还处于蒙昧状态，生产力水平低下，人际关系简单，礼仪形式也非常简朴。原始社会礼仪的主要形式有对大自然的崇拜、图腾崇拜、祭天敬神和欢乐庆典、悲痛哀悼等。在原始社会没有阶级但有等级，如老与幼、首领与成员等，他们之间的交往要有序进行，就必须有一个明确的等级制度，尤其是主持各项仪式的人有着显著的地位。原始礼仪活动教育社会成员按当时的社会秩序和规范进行生产和生活，发挥相当于法律的作用。

随着生产力的发展，原始社会逐步解体，人类进入奴隶社会，礼仪带上了明显的阶级色彩。奴隶社会的君主成为礼仪的核心，由原先祭祀天地、祖先的形式跨入全面制约人的领域。这个时期，我国第一次形成比较完整的国家礼仪制度，提出许多重要的礼仪概念和礼仪规范，确定了我国敬古重礼的文化传统，出现了孔子、孟子、荀子等一大批礼学家。春秋战国时期形成的一系列礼学典籍和文献，既是我国礼仪文化的经典之作，也是世界文化宝库中璀璨的明珠。

进入封建社会后，顺应封建社会政治统治的需要，“三纲五常”成为“至礼”。“三纲”即君为臣纲、父为子纲、夫为妻纲。“五常”即仁、义、礼、智、信。后来又提出“三从四德”。“三从”即女子在家从父、出嫁从夫、夫死从子。“四德”即妇德——思想要符合封建社会的伦理道德；妇言——说话要处处小心；妇容——打扮要整齐、美观；妇功——侍奉公婆、丈夫，殷勤持家。在这样的礼仪体系下，不平等关系更加鲜明，妇女被封建礼教压迫、禁锢，成为最大的牺牲者。当然，封建礼教也对调整人们的相互关系、形成具有中华民族特色的伦理道德准则发挥了一定的积极作用。

伴随着西方国家的入侵，西方国家的政治、经济、文化、思想以及资本主义价值观和礼仪一同进入中国。中国传统礼仪和西方礼仪相互撞击，在一定范围和一定层次上形成了中西合璧的礼仪大杂烩。西方礼仪规范中的自由、民主、尊重、和谐等思想，受到中国进步阶层的欢迎，为中国传统礼仪注入新的生机。

新中国成立后，尤其是改革开放以来，随着和世界各国的交流增多，西方的礼仪文化迅速传入中国，中国礼仪规范增加了许多新的内容，更加符合国际惯例的要求，中国的礼仪文化建设进入新的全面复兴时期。从推行文明礼貌用语到积极树立行业礼仪规范，从开展成人仪式教育活动到制定市民文明公约，讲文明、重礼貌蔚然成风。

二、西方礼仪

（一）西方礼仪的产生

西方礼仪产生的背景与中国基本相同，稍晚于中国，但西方礼仪发展改革较快。资本主义社会取代封建社会，是人类社会的一大进步。这个时期的社会礼仪从根本上摆脱了以往社会人与人之间附属关系的桎梏。社会礼仪从内涵到形式，大到自由、平等、博爱，小至衣着服饰和进餐程序都变得人性化。

西方礼仪的产生与西方文明的发展有着密切关系。它萌芽于古希腊，形成于17—18世纪的法国，其间深受古希腊、古罗马、法兰西等文化的影响。“礼仪”的英文单词就是从法语“etiquette”演变而来的。其原意是法庭上用的通行证，上面记载着进入法庭应遵守的事项。后来，针对其他公共场合也制定了相应的行为规则，这些规则由简到繁，构成一个系统，逐渐得到大家的认可。

（二）西方礼仪的发展

西方礼仪的发展深受西方各国文化的影响。尤其是西方资产阶级登上历史舞台后，生产力得到巨大发展，上层建筑发生巨大变革，礼仪也得到相应发展，作为少数贵族专利的封建礼俗逐渐被社会文明规范所取代。

西方的文明史，在很大程度上表现为西方礼仪追求与演进的历史。人类为了维持与发展血缘亲情以外的各种人际关系，避免“格斗”或“战争”，逐步形成各种与“格斗”“战争”有关的动态礼仪。如为了表示自己手里没有武器，让对方感觉到自己没有恶意而创造了举手礼，后来演进为握手礼；为了表示自己的友好与尊重，愿在对方面前“丢盔卸甲”，创造了脱帽礼等。

到了近现代，西方各国在社会、经济各方面得到进一步发展的同时，礼仪也有了新的进步，从遵循礼节的烦琐要求，到对优雅举止的关注，再到适应社会平等关系的比较简单的规则，礼仪日益文明、简洁和实用，备受人们重视。

三、东西方礼仪比较

（一）东方礼仪及其特点

东方礼仪主要是指以中国、日本、朝鲜、泰国、新加坡等亚洲国家为代表的具有东方民族特点的礼仪文化。它以富有人情味的传统礼仪向世人展示了悠久的历史文化和无穷的魅力。与西方礼仪相比，东方礼仪具有以下特点。

1. 重视血缘，亲情至上

东方民族尤其信奉“血浓于水”这一传统观念，一向重视家族利益，所以人际关系中最稳定的是血缘和亲情。“老吾老以及人之老，幼吾幼以及人之幼”，在重视家族和血缘关系的东方，敬老爱幼，古风依然。很多传统家庭，四世同堂、共居一室，家长维系着家庭成员之间的关系，并具有绝对的权威性。重视家族的观念，还表现在对“父母在，不远游”的传统训诫的遵守。即使身在海外，也念念不忘家乡，怀念亲友，千方百计地为家乡的建设贡献自己的一份力量。其实，国家、家乡是家族概念的放大，人际关系是家族关系的延伸。

2. 谦虚自贬，含蓄内敛

东方人性格一般平和宽厚、含蓄内向、忍耐力强，与人相处往往谦虚谨慎、克制自己。中国人一向视谦虚为一种美德，“满招损，谦受益”被视为千古不变的准则。因此在人际交往中，中国人很少夸夸其谈、自吹自擂。同时，中国人很善于控制自己的情感，“动于心，发于情，止于礼”被视为具有良好道德修养的表现，这与直来直往的西方人相比有很大的区别。

以送礼这一较为普遍的社会交往习俗为例，东方人和西方人在礼品选择及馈赠礼仪上就各有特点。在我国，多数送礼者选购礼品时追求名贵，有些人不惜破费，对礼品的包装一般不太在意。尽管也曾费尽心思、精心挑选，但在送礼时面对受礼者却总是谦逊而恭敬地说“微薄之礼不成敬意，请笑纳”之类的话。而西方人送礼比较讲究礼品的文化格调与艺术品位。如送给同事一本装帧精美的好书，或献给女主人一束美丽的鲜花，即便是很普通的礼品也会用彩纸、丝带包装得精美别致，并会对受礼者直截了当地说明：“这是我精心为你挑选的礼物，希望你喜欢。”借以表示其重视彼此的情谊。在接受礼品时，中国人与西方人的习惯做法更是泾渭分明。中国人收礼时常常会客气地推辞一番，接过礼品后一般不当面拆开看，既显示自己不贪财，也避免对方因礼轻而难堪。西方人接受礼品时一般不推辞，接过礼品后总是当面拆开看，以表示谢意和礼貌。

在东方，尤其是中国，“老”在大多数情况下是褒义词，在称呼的前面冠以“老”字是一种尊称，如称年长者为老大爷、老大娘，称德高望重的学者为“吴老”“钱老”等。而在西方，“老”意味着“精力不济、走下坡路”，有时是“不中用”的代名词。因此，西方人不愿意老、不言老、不服老，自然也不喜欢别人称自己为“老人”。同是一个“老”字，在东方、西方礼仪实践中却毁誉不一。

此外，东方人与西方人在着装、化妆方面的心态和做法也同样表现出较为明显的差异。东方人到了一定的年纪，在服装选择上便逐渐趋于保守，一般不再选择鲜艳、亮丽的色彩，而偏重于中性色或中性偏冷色，如灰色、黑色等。在化妆品的使用上，到了一定年纪的东方人更是慎之又慎、少之又少。西方人在这方面与东方人全然不同。在服装的选择方面，老年人比年轻人更大胆、更新潮，无论颜色多么艳丽的服装，只要喜欢，他们都敢买来穿在身上。上了年纪的女士很重视化妆，每天都要精心涂抹、打扮后才愿在街头穿行，以示自己风韵犹存。

3. 看重人情，礼尚往来

“礼”是人际交往的媒介和桥梁。这里的“礼”主要是指礼物。其实礼物本身并不重要，重要的是它所承载的交往双方的情谊。所谓“千里送鹅毛，礼轻情谊重”就是这个道理。在人际交往中，中国人往往更富有人情味和感情色彩，强调礼尚往来。“往而不来，非礼也；来而不往，亦非礼也。”通过相互赠送礼物，可以加强联系、表达感情。如果某人接受了别人的礼物而不懂得回赠，会被视为失礼。在接受别人的礼物后，所回赠的礼物要认真选择，尽量投其所好、恰如其分。

（二）西方礼仪及其特点

西方礼仪文化尤其强调规范人的行为，注重良好的教养，如尊重女性、男性要有绅士风度等。综合起来看，西方礼仪具有以下特点。

1. 强调个性，尊重隐私

资本主义社会的道德是在否定封建等级关系和禁欲主义的基础上发展起来的，它极力主张个性的解放和自由，反对封建的人身依附关系。这种观念也广泛渗透到近现代人际交往礼仪中。在西方家庭中，人伦之情也是存在的，但在家庭成员的关系上更注重人格上的平等，个人更看重自己的实际利益，强调以人为本、个人至上，个人在法律允许的范围内拥有绝对的自由。在社会交往中，强调以个人为单位、以个人为对象，认为个人的尊严神圣不可侵犯，十分注意维护个人的尊严。待人接物时，将个人作为社会的主体，习惯以自己的立场为行为的中心，很少因别人和环境而说违心话、办违心事。在社会生活中崇尚个人力量，追求个人利益。

西方人尊重别人的隐私权，也要求对方尊重自己的隐私权。西方有这样一句谚语："每个人的家庭就是他的城堡。"这生动地反映了西方人在自己家里拥有不受别人干扰的权利和自由。邻居推门直入，相识之人未经预约便径直来拜访，都被看成不懂礼仪的行为。随便打听个人隐私，未经许可就搀扶老人或残疾者，都有可能被视为失礼的表现。

2. 女士优先，讲究风度

在西方国家，妇女大都有自己的职业，在经济上取得了独立的地位，多数妇女还受过良好的教育，加之长期进行妇女解放运动，妇女的社会地位较过去有了普遍的提高。在中世纪，欧洲的骑士就有尊重贵族妇人的传统，这种传统随着时代的进步已演变成全社会对妇女的普遍尊重。歌德有句名言："妇女在场就是良好礼貌的因素。"这可以说是对社会尊重妇女风尚的集中概括。西方国家的许多社交礼仪都与尊重妇女有关，比如，在楼梯上遇见女士或与女士一道乘电梯，不管相识与否，男士都要让女士先行；在公共车辆上男士主动为女士让座更是起码的礼仪；乘坐小汽车时，男士须上前几步，为女士打开车门等。不尊重妇女是十分失礼的，会受到人们的鄙视。妇女社会地位的提高还表现在家庭生活中。在西方人看来，夫妻之间的关系是男女双方订立契约的结果，妻子并不是丈夫的附庸，双方是一种平等的关系。为了维持双方的感情，西方人普遍重视结婚纪念日，通常都要举行仪式庆贺一番。

3. 交际务实，不重客套

西方礼仪在一定程度上反映出西方人感情外露、富于创新和在交往中注意效率的精神，具有很强的现实性。西方社会竞争激烈，人们办事讲究效率，不尚空谈，除了必要的礼仪外，一般来说礼仪形式有简化的趋势，特别是在社交活动中不喜欢过分谦虚和客套，反对虚假、自轻、自贬。比如，一个西方人到别人家中做客，他如果说“谢谢，我不想喝茶了”，那他就是真的不想喝了。他如果想喝，他就会说“如果你正好沏茶，我也喝一杯”。

第三节 社交礼仪修养

大学生是知识层次较高的群体，因此在礼仪方面对自己要有高的要求，须加强礼仪修养、规范言谈举止、矫正粗陋行为。社交礼仪课程应该成为培养大学生良好形象、优雅气质和风度的必修课。

一、礼仪修养的核心价值

（一）礼仪规范行为

《论语》有言：“乡人饮酒，杖者出，斯出矣。”意思是说：大家在一起喝酒，孔子能做到在所有扶手杖的人（即老人）都出去以后，自己才出去。其实，这是一个很小的礼节，却是礼仪修养达到一定境界的产物。没有规矩，不成方圆。礼仪本身的特点之一就是规范化，礼仪规范的形成不是先天的，也不是一朝一夕形成的，是自觉的意志行动过程，需要每个人不断纠正自己的不良行为进而养成良好的行为习惯。礼仪规范的形成，既离不开一定的社会环境和物质生活条件，也离不开人们的生活实践和主观修养，它是在一定的社会环境和物质生活条件下，通过一定的社会生活实践、教育和个人自觉的修养逐步形成和培养起来的。

（二）礼仪培养品质

礼仪品质是一定的社会礼仪原则和规范在人的思想和行动上的体现，是从礼仪行为中所表现出来的比较稳定的特性。礼仪品质和礼仪行为密切联系，离开了一定的礼仪行为，就不能构成礼仪品质。礼仪行为是礼仪品质的客观内容，礼仪品质是礼仪行为的综合表现。人们的礼仪行为，不只是个别动作或行为举动，更是各个活动时期一系列行为结合起来构成的行为整体。因此，一个人的礼仪品质，不但体现在其某个持续进行的行为中，而且体现在其一系列行为所构成的行为整体中，是一个人在礼仪行为整体中所表现出的稳定的特征和一贯的倾向。礼仪修养对培养一个人的整体素质起着十分重要的作用。

（三）礼仪修为是核心竞争力

人的生存、就业和发展体现了一种综合能力，它包括学习能力（适应能力）、实践能力、专业能力、思想能力、心理素质、应聘能力等诸多要素。当代科学发展的趋势是高度分化又高度综合，科学分化要求高等教育专门化，但科学分化是为了实现更高层次的综合，要达到这种高度综合，一个关键的制约因素便是知识技能的结构整合与人力资源的优化组合，这种综合能力恰恰是参与当代市场竞争必备的“核心竞争力”。内修身、外合群，学会做人和做事，才能在走出校园、踏入社会后实现生存、发展和人生价值。

1. 礼仪是人际关系的基点

随着社会的进步，人们越来越注重人的全面发展。多轮全球化的浪潮席卷了世界的每个角落，多元文化的激流碰撞，不同思想观念的摩擦，使人们不同程度地接触、交流与沟通。特别是在后现代，人们更强调相互交流、共享对话，期望在多元文化中达成理解。良好的沟通能力、人际关系协调能力、与人合作的能力以及面对挫折的心理承受能力等，都是现代社会人才素质的基本方面。

2. 礼仪是合作交流的前提

礼仪修养是个体担任现代社会职位的必要条件，也是个体与其他人进行合作交流的前提，从某种意义上说，礼仪能力是大学生的核心竞争力。科学技术日新月异，职业活动的社会化程度不断提高，独立的、不与外界和他人交往与协作的工作几乎不存在。因此，当代大学生应努力培养社会交往能力，与他人建立友谊、平等相处、互相尊重、相互学习、协作公关、合作共事的沟通能力。

3. 礼仪是连接世界的纽带

礼仪涉及工作与生活的各个层面，与人生发展息息相关，包括人际关系、家庭关系、个人与社会的关系、团体关系，甚至包括国与国之间的关系。建立世界意识观，怀有求知于世界的渴望和兼容并包的胸襟，与世界对话，是我们必须有的态度。

二、礼仪修养的主要内容

（一）道德修养

道德是人类社会中以善与恶的标准来调节人们之间相互关系的行为规范，礼仪是道德的外在表现形式。就衡量一个人道德品质的高低而言，礼仪是一种重要的标尺。一个人要形成高尚的道德品质，就应从在日常生活中遵从礼仪规范这一基础的层次做起。正如孔子所说的：“质胜文则野，文胜质则史。文质彬彬，然后君子。”强调外在的礼仪和内在的道德品质应有机统一，只有“诚于中而形于外”，才称得上君子。

（二）文化修养

文化修养对一个人品格的塑造以及行为规范、生活方式有很大影响。穿衣戴帽，各有所好，这不仅表现一个人的志趣，更是一种文化的体现。人们长期生活在某一种文化氛围中，受其影响和熏陶，心理、性格、行为势必带上这种文化的特色。如日本人的集团意识，如美国人的个人主义，德国人的理性，法国人的浪漫等。文化修养能使人的社交行为更符合社会的风俗和习惯，使人懂得什么可以做，什么不可以做，以及如何去做。例如，邀请外国朋友赴宴，必须先了解其饮食禁忌，如美国人吃牡蛎而不吃蜗牛，法国人吃蜗牛而不吃蝉，秘鲁人吃蝉而不吃鱼……作为主人，如果事先不懂有关知识，难免会在宴会场合失礼。

（三）心理修养

人体参加社交活动，往往会产生一定的恐惧心理。人们可以通过训练，从主观上学会调节、控制自己的心理活动状态，努力克服社交中可能出现的不良心理，如害羞、胆怯、恐惧、自卑等，确保无论何时何地都在社交中拥有沉着、冷静、泰然自若的良好状态，以便争取主动，完美自如地运用社交礼仪。

（四）习惯修养

一个人做到一时一事有礼并不难，难的是时时事事都能做到有礼，这有赖于习惯的力量。英国名将惠灵顿说过："习惯是第二天性。"人们常常有这样的经历，在做某件事时，尚未经过仔细权衡、思量便习惯性地做完了。可见习惯的力量是很大的。在礼仪修养方面，有着良好礼仪习惯的人往往知"礼"行"礼"，究其原因，习惯使然。习惯一旦养成便具有相对稳定性，当然，要改变已经养成的坏习惯也是很难的。大多数人都意识到不良习惯会给人留下不好的印象，但真要彻底改掉它们还需有决心和毅力。意志薄弱的人若一次又一次说"下不为例"，必然会一次又一次变成坏习惯的俘虏。要养成良好的礼仪修养，需要坚定、自觉地用良好的行为习惯替代不良的行为习惯。

（五）美学修养

礼仪在客观上具有能引起人们愉悦等情感反应的属性，因而礼仪也是一种美，具有美的价值。礼仪一方面具有鲜明的形象性，另一方面又具有社会功利性。它还凝结着人类的理想、智慧和创造力，具有有利于人类生存和相处、有利于社会进步和发展的性质。也就是说，礼仪能使人感受到美与愉悦，进而使人产生积极的态度和行为，从而易于使交往对象产生认同感，获得交往的成功。而个体缺乏礼仪则会使人感到自己粗俗和丑陋，从而使人导致消极的态度和行为。礼仪之美千姿百态，主要有仪表美、精神美、言行美、环境美等，我们在日常的礼仪修养过程中应该加以重视。

三、礼仪修养的一般过程

（一）丰富礼仪认知

礼仪认知是将礼仪规范逐渐内化的过程，提高礼仪认知是进行礼仪修养的起点，通过学习、评价、认同、模仿和实践，逐渐学习、构建、完善自己的社交礼仪规范体系，并以此来评价他人的社交行为，调整自己的社交行为。要多了解礼仪文化，掌握伦理学、心理学、公共关系学等方面的一般知识，并通过日常的浏览、学习，了解社会习俗和风土人情，积累各方面的社会知识，这些对开阔眼界、提高礼仪认知大有裨益。

（二）陶冶礼仪情感

有了礼仪认知，还必须产生情感上的认可，这样个体才会“心甘情愿”，甚至“情不自禁”地去遵循礼仪规范。如果没有真挚的情感，仅凭理智去遵循礼仪规范，会显得勉强、不自然。陶冶礼仪情感包括两方面的内容：一是形成与应有的礼仪认知一致的礼仪情感；二是改变与应有的礼仪认知相抵触的礼仪情感。比如，日本许多企业很注重培养员工对企业的热爱，员工过生日、生孩子，经理会送上礼品，并亲自前往祝贺，这样加强了员工对企业的感情，使得上下级之间的相处也更加融洽。

（三）把握礼仪角色

在现实生活中，每个人总处在一定的位置，扮演一定的社会角色，说话办事应符合“剧本”的安排。如到别人家中拜访，一定要“客随主便”，不可喧宾夺主，未经许可不能在别人家里乱翻、乱动，否则就会被人视为缺乏教养或素质不高，成为不受欢迎的人。在交往中，人们要根据交往的需要、对象、环境、时间等变化扮演好与自己的身份和地位相适应的角色，并随时随地注意角色的调整与转换。尤其是在参加仪式、出席宴会等重要礼仪活动中，席位的安排都有较严格的礼仪规范，对自己的角色定位一点也马虎不得、“将就”不得。如果不按席位安排就座，很容易因此得罪他人。

（四）强化礼仪意识

要想使遵循礼仪规范变成自觉的行为，没有坚韧不拔的意志是办不到的。空乘人员在上岗之前要在教官的指导下进行 6 个月左右的微笑训练，训练在各种乘客面前、在各种飞行条件下始终保持微笑。没有毅力和苦练不能成功，只有意志坚定，礼仪行为训练才能坚持下去，保证人们克服困难、排除干扰，使礼仪行为从一而终，取得良好的效果。

（五）养成礼仪习惯

社交礼仪修养要达到的最终目标，就是使人们养成良好的礼仪行为习惯。习惯是已经自觉化了的行为活动，习惯一旦形成，就会以无意识的行为表现出来。一个养成了待人接物有礼貌习惯的人，在社交场合遇到他人时，就会自然而然地主动向对方问好；看现场体育比赛和文艺演出时，就会自然而然地用掌声来表达情感，而不是无节制地乱喊乱叫；不慎碰到他人时，会自然地说声“对不起”。做到“明礼诚信”，有助于建立良好的人际关系；反之，就容易引起他人反感，伤害情感。

四、礼仪修养的方法途径

（一）环境熏染

环境改造人，一个人的行为是否正确，要以他人为鉴。人们只有在相互交往所形成的礼仪关系中，才能提升自己的礼仪品质。也就是说，一切礼仪行为必须结合人与人之间的交往活动来进行，这样才能认识到自己的礼仪修养是否符合礼仪规范。要从理论上明白礼仪的含义，经常在讲礼仪的氛围环境中接受感染和熏陶，将礼仪规范、原则运用到自己的交往实践中，对照检查并改正自己思想中一切与礼仪不相符的东西，从而不断提高自己的礼仪修养。

（二）模仿借鉴

古人云："三人行，必有我师焉。"在社交过程中，不论是各种仪式的主持人，还是场上嘉宾，都可成为我们模仿、学习的对象。通过模仿、学习提高自己的实际操作能力，进而养成良好的礼仪习惯，对以后的社交礼仪实践大有裨益。我们应善于从他人的言谈举止中发现、挖掘他人的优势与长处，比如，他人在生意场上善于应酬、谈吐不俗、举止稳重、衣饰得体等，这种榜样形象而具体，我们应"以人为镜"，在比较、鉴别的基础上取长补短、完善自己，这对塑造个人形象大有好处。

（三）自觉自省

任何事物发展的根本原因都在于内部，礼仪修养也不例外。没有高度的自觉性，表现在礼仪修养可能只是迫于外力，仅仅做做样子、流于形式，那么养成良好的礼仪习惯只能是空谈。在某种意义上，提升礼仪修养本身是一个自我认识、自我解剖、自我教育、自我改造和自我提高的过程。自省是一种经常性的、自觉的自我检查，是培养礼仪习惯的重要途径，要自觉地按照时代的、社会的、民族的道德要求做到"吾日三省吾身"，严格要求自己，防微杜渐，"勿以恶小而为之，勿以善小而不为"。

情境角色

（一）

王明大学刚毕业，在一家公司担任助理一职，工作相当不错。但是他说，他不会在公司待长久的。理由是他很怕见到老板，不敢与同事交流。他说，老板天天拉着一张脸，好像别人欠他钱的样子，见到人不是问"怎么，又没事做了？"就是问"最近都在干些什么？"好像时时在监督，怀有不信任感。同事之间沉默寡言，个个都显得高深莫测，无法交流，这样的氛围令人窒息。王明的做法有什么不妥？

（二）

小云同学非常能干又多才多艺，身兼校女生部部长和系文艺部部长两职，同时参加了校舞蹈队。教师节来临之际，校、系都要组织文娱活动，而且女生部的日常工作也要正常开展。请你扮演小云，展现如何在组织活动过程中和方方面面的人打交道。

（三）

某校志愿者协会长期坚持在图书馆义务管理阅览室的工作。小霞是该志愿者协会的成员，某天轮到她值班。早上 8 点，她准时来到阅览室，认真地工作。一位同学走了进来，一声不吭，这儿瞧瞧、那儿看看，一看就知道是新生。如果你是小霞，接下来你会怎么做？

第二章 个人形象礼仪

导引

一个女孩很爱美，但身材有些肥胖，听说身材肥胖的人不宜穿浅色系服装，于是她在服装颜色搭配上花了不少心思，尽量穿同一色系的服装，以黑、蓝、灰衣裙为主，颜色对比小，这样看起来的确不臃肿了，但显得老气，一个女孩阳光、活泼、可爱的形象也因为服饰被掩盖了。

其实，对于这个女孩来说，将浅色衣服穿在里面，而将深色外套穿在外面不仅使整个人显得活泼，而且看起来也会很苗条。或者在黑色的服装上加些乳白色蕾丝边，并以饰品加以点缀，顿时让人神采奕奕。

个人形象打造没有一定之规，关键在于得体和应时，适合特定场合尤其是职场和社交场所的需要，这样才能充分展示自己的良好形象。

第一节　仪态举止礼仪

一、交往中的首轮效应现象

人们在日常交往中除了使用有声语言——话语表达情感、传递信息外，还有意无意地使用无声语言——非语言行为，如表情、坐姿、站姿、手势、装饰、距离等。肢体与表情语言是这些非语言交际手段的主体。它借助于人体各个部位，如面部、手、肩、脚等同话语相联系的动作和姿态来传递信息、表达感情。如鼓掌表示兴奋，顿足代表生气，搓手表示焦虑，垂头代表沮丧，摊手表示无奈，捶胸代表痛苦。

在人际交往中，一个人的无声语言所提供的信息量往往大大超过其有声语言所提供的。研究显示，在初次面对面的交往中，留给交谈者的最初印象，55%源于你的身体语言（仪容、仪表），38%源于你的声音、语言的表达方式及表达的姿态，只有7%是你要表达的内容，这足以说明在社交时第一印象的重要性，也就是个人形象的重要性。人们在交往中也可以依赖无声语言来判断对方的真实意图和想法，能更好地体会只可意会不可言传的交往内容，从而使交往质量得到提升。如果在跨文化交往中发生语言障碍，对非语言行为的依赖性会更高。

（一）仪态端庄

仪态端庄就是神情、举止、姿态等端正、庄重。在日常生活中，评价一个人美不美，重点不在于长得漂亮与否。有些人尽管长相漂亮、衣着时髦，但是站无站相、坐无坐相、举止忸怩、表情呆板、谈吐粗俗，使人感到整体不协调，很难给人以美的感觉。

要做到仪态端庄，须抓住“轻、稳、正”三个字。

1. 肢体动作要“轻”

要避免莽撞，以免发出巨大的声响而惊扰他人。例如：在学校开关教室及寝室的门，声响不宜过大，与老师交谈说话音量不宜过高，在展览馆、图书馆走路脚步声不宜过大等。

2. 肢体动作要“稳”

“稳”包括两个方面：一是保持相对稳定的速度，一个动作不可忽快忽慢给人以紧张、慌乱的感觉；二是让稳定的状态保持一段时间，比如在会见、会谈中，长时间保持一个坐姿很难，但频繁地改变姿势也很不雅观。

3. 肢体动作要“正”

每个肢体动作要大方、端正、舒展，不扭捏、不歪斜、不驼背弓腰。

（二）举止有度

在人际交往中真正做到“举止有度”，要注意以下三个方面。

1. 关心有度

对他人的关心以不使对方觉得受到限制，甚至影响私事和自由为度。在陪同客人参观游览、逛街购物时，不要紧紧跟随、形影不离，这样会使客人没有一点私密的空间而感到尴尬和不便。

2. 距离有度

与他人打交道时，相距过近会让对方产生被“侵犯”的感觉，相距过远则会让对方感到被“冷落”。在社会交往中，与对方保持一个手臂长度的距离较为合适，这被称为“社交距离”。

3. 行为有度

与人相处时，动作切勿过于随意而引起他人误会或失礼于人。如彼此拍拍肩膀，抚摸一下对方的头和脸，在街上携手而行……这些较为亲密的举动最好少用。

（三）形象的整体协调

仪表修饰应与个体自身的性别、年龄、容貌、肤色、身材、体型、个性、气质及职业身份等相宜和协调。

仪表修饰应随时间、地点、场合的变化而相应变化，使仪表与环境氛围、特定场合相协调。

仪表修饰应先着眼于人的整体，再考虑各个局部的修饰，使修饰与人自身诸多因素协调一致，营造出整体风采。

二、体态姿势

（一）间距

人与人之间要保持适当的距离，留有适当的空间，不适当的距离会使人感到不舒服。个人为了保持其心理上的安全感受，会不自觉地与别人保持一定的距离，甚至企图在其周围划出一片属于自己的空间，不希望别人侵入。在图书馆或公共场所，经常看到一些人自己坐一个座位，再以其携带的物品占据左右两边的空位。此时肢体语言所表达的是一种防卫。

依据关系亲疏的差别，可将人与人的距离分为四种。

1. 私人距离

这种距离小于 0.5 米。它仅适用于与家人、恋人与至交的交往。因此，有人称其为“亲密距离”。这个距离一般仅适用于私密场所，在公共场所稍微“疏远”一点为宜。

2. 社交距离

这种距离大于 0.5 米，小于 1.5 米，一般来说，室内 0.8～1.2 米、户外 1.2～1.5 米为宜。它适用于一般性的交际应酬，故亦称“常规距离”。

3. 仪式距离

这种距离大于 1.5 米，小于 3 米。它适用于会议、演讲、庆典、仪式以及接见，意在向交往对象表示敬意，所以又称“敬人距离”。

4. 公共距离

这种距离在 2 米左右，室内一般 1.5 米以上，户外一般 2 米以上，一般是指在公共场所同陌生人相处的距离，故也称为“有距离的距离”。

（二）形象礼仪之站姿

站立是人们在日常交往中一种最基本的举止，是静力性训练的动作。

1. 站姿规范

（1）头正，两眼平视前方，表情自然放松。

（2）肩平，双臂自然下垂，手指并拢，自然微屈。

（3）胸挺，腹收，腰立，精神饱满。

（4）腿直，提臀，直膝，自然分立。

（5）脚稳，两脚可以自然开列，但两脚张开的幅度不能比肩宽，使身体重心可以自然落在两脚中央的位置即可。

古语有云“站如松”，意思是人们站立就要像松树一样挺拔。

男士的站姿应如“劲松”，具有男子汉英武、稳重的阳刚之美；要抬头挺胸，但抬头时下巴不应该翘出去。两手的摆放有以下几种姿势：第一种是腹前式，放在小腹的前侧；第二种是贴着裤线放在身体的两侧；第三种是背着手放在后面。不要把手插在裤子口袋里或袖子里。

女士的站姿应如“静松”，除了挺胸收腹、自然流畅之外，应突出一种轻盈、柔和的美。女士的脊椎和脑后像有一根线在向上提，这时就能感觉到那种向上的轻盈，不要像男士那样向下沉。女士站立时不能背握手，手可以自然放在身体两侧，如果是握着放在前面，位置要比男士的稍稍高一点，以放在腰际左右为宜。女士站立时如果两脚交叉或抱着手臂，会显得比较散漫。在比较休闲的场合可以把丁字步稍微打开一点，但不要两脚交叉站立。

2. 站姿类型

（1）正步站姿。男士、女士均适用。在站姿基本要领的基础上，两脚并拢，两膝贴紧。

（2）“V”字形站姿。男士、女士均适用。在站姿基本要领的基础上，两脚跟靠拢，两脚呈 45°～60°。

但是，在站姿呈“V”字形时，骨盆会有一定程度的扭曲，只建议在特殊场合（如拍照）使用。

（3）分腿式站姿。此为男士站姿。在站姿基本要领的基础上，两脚左右分开，与肩同宽，手或交叉于腹部，或交叉于臀部。

（4）“丁”字形站姿。此为女士站姿。在站姿基本要领的基础上，两脚尖展开，一只脚向前并将脚跟靠于另一只脚内侧中间位置，形成“丁”字形，重心放在两脚中间，此时双边膝盖一定要并拢（见图 2－1）。

图 2－1 “丁”字形站姿

3. 不良站姿

（1）身躯歪斜。站立姿势以身躯直正为美，若在站立时身躯出现明显的歪斜，将直接破坏人体的线条美，给人颓废消沉、萎靡不振、自由放纵的直观感受。

（2）弯腰驼背。弯腰驼背其实是身躯歪斜的一种特殊表现。除腰部弯曲、背部弓起之外，大都伴有颈部弯缩、胸部凹陷、腹部挺出、臀部撅起等不雅体态，显得健康欠佳、无精打采。

（3）双腿大开。双腿在站立时分开的幅度，一般情况下越小越好。如有可能，双腿并拢最好，即使分开，也要注意不可使二者间的距离超过肩宽。

（4）脚位不当。在正常情况下，双脚站立时呈现“V”字形、“丁”字形、平行式等脚位，采用“人”字形、蹬踏式等脚位则不妥。所谓“人”字形脚位，指的是站立时两脚脚尖靠在一起，而脚后跟却大幅度地分开，这一脚位又叫“内八字”。所谓蹬踏式脚位，是指站立时图舒服，在一只脚站在地上的同时，将另一只脚踩在鞋帮上、踏在椅面上、蹬在窗台上、跨在桌面上等。

（5）手位不当。站立时不当的手位主要有手插在衣服口袋内，双手抱在胸前或脑后，双手支于某处或托住下巴，手持私人物品。

（6）全身乱动。站立是一种相对静止的状态，不宜频繁地变动体位。浑身不住地上下乱动，手臂挥来挥去，身躯扭来扭去，腿脚抖来抖去，这些都会使站姿变得十分难看。

4. 站姿训练

站姿的训练要求包括：一是站立时身体重心的位置，应使身体正直，重心平衡，并能自然改变站立的姿势；二是两脚位置与两脚间的距离，应与手的位置和谐一致，使整个身体协调、自然；三是站立时的面部表情，应心情愉悦、精神饱满、充满活力，给人以感染力；四是站立的耐久性，应能适应较长时间的站立需要。

具体训练如下：

（1）顶书训练。把书本放在头顶中心，为不使书掉下来，头、躯体自然会保持平衡，这种训练方法可以纠正低头、仰脸、歪头、晃头及左顾右盼的毛病。

（2）背靠墙训练。直立，后脑、肩胛、臀部、小腿、脚跟贴紧墙，提膝直腰，每次保持3～5分钟。

（3）背靠背训练。两人一组，背靠背站立，两人的后脑、肩部、臀部、小腿、脚跟紧靠，并在两人的肩部、小腿部相靠处各放一张卡片，不能让其滑动或落下。这样可使后脑、肩部、臀部、小腿、脚跟保持在一个水平面上，形成比较完美的后身影。

（4）对镜训练。面对镜子，检查自己的站姿及整体形象，看是否歪头、斜肩、含胸、驼背、弯腿等，发现问题及时调整。

（三）形象礼仪之坐姿

古语云“坐如钟”，意思是人们坐着就要像座钟一样端正。坐姿是仪态的重要内容，良好的坐姿传递出自信、友好、热情的信息，也展示了高雅庄重、尊敬他人的良好风范。

1. 坐姿规范

（1）入座要求。入座时应注意以下几点：

1）在适当之处入座。入座时一定要坐在椅、凳等常规位置，坐在桌子、窗台、地板等处往往是失礼的。

2）在他人之后入座。出于礼貌可与对方同时入座，而当对方是尊客时，一定要先让对方入座，切忌自己抢先入座。

3）在合“礼”之处入座。与他人同时入座时，应当注意座位的尊卑，主动将上座让给主宾。

4）从座椅左侧入座。若条件允许，最好从座椅的左侧入座，这样做既是一种礼貌，也易于入座。女士如果穿套裙，转身之后要稍稍拢一下裙边后再坐下。

5）致意之后入座。在入座时，若附近坐着熟人，应主动跟对方打招呼。若不认识身边的人，亦应向其点头示意。在公共场合若想坐在别人身旁，须先征得对方的同意。

6）轻手轻脚入座。要减慢速度，放轻动作，尽量不要弄得座椅乱响，以免噪声扰人。

7）背对椅子入座。在他人面前入座时，不要背对对方。做法是：先侧身走近座椅，背对座椅站立，右腿后退一点，用小腿确认一下座椅的位置，然后就势坐下。

8）坐下后再调整体位。为使坐得端正舒服，或为方便整理衣服，可在坐下后调整一下体位。这一动作不可与入座同时进行。

（2）坐姿要求。坐姿的基本要求是端庄、文雅、得体、大方。具体如下：

坐定后，身体重心垂直向下，腰部挺起，上体保持正直，两眼平视，目光柔和。通常坐椅子的1/2～2/3处，两臂贴身下垂。男士可双手掌心向下，自然地放在膝上，两膝距离以一拳左右为宜。女士可将右手搭在左手上，轻放于腿面上，并将两脚并排自然摆放。

坐着时不要将双手夹在腿之间或放在臀下，不要将双臂端在胸前或抱在脑后，也不要将双腿分开过大或伸得过远。坐于桌前应将手放于桌上，或十指交叉后以双肘支在桌面上。面对异性时，要注意不能双手托腮或趴伏在桌面上。

（3）离座要求。离座时应注意以下几点：

1）先有表示。离座时，身旁如有人在座，须以语言或动作先向其示意，随后方可起身。突然起身周围人会受到惊扰。

2）注意次序。同坐的众人，请身份、辈分高的先离座，同等身份的可以同时离座。

3）起身缓慢。起身离座时，最好动作轻缓、无声无息，尤其要避免“拖泥带水”，弄响座椅或将椅垫、椅罩弄到地上。

4）站好再走。离开座椅后，先要保证基本的站姿，站定之后方可离去。若起身便走或离座与走开同时进行，会显得过于匆忙，有失稳重。

5）从左离开。在可能的情况下，坐下后起身宜从左侧离去。与从左侧入座一样，从左侧出座也是一种礼节。

2. 坐姿类型

（1）垂直式坐姿。适用于最为正规的场合，男士、女士均适用。这种坐姿要求入座者上身与大腿、大腿与小腿均成直角，并使小腿与地面垂直，双膝双脚完全并拢。注意：在尊长面前不宜坐满椅面，以占1/2左右为宜。双手自然放于双腿上。

（2）标准式坐姿。其主要要求与垂直式坐姿相同，男士双膝稍许分开，相距一拳距离为宜；女士双膝靠紧。在垂直式坐姿的基础上，女士两脚保持小“丁”字步，男士双脚可略分开“一脚”之距，不可宽过肩。

（3）曲直式坐姿。女士适用。在坐姿基本要领的基础上，双膝靠紧，然后向前伸出一条腿，同时把另一条腿后曲，两脚脚掌着地，前后保持在一条直线上。双手交叉置于腿上。

（4）斜放式坐姿。女士适用。在坐姿基本要领的基础上，双腿并拢，双脚同时向右侧或左侧斜放，并与地面大致呈45°夹角，尤其适用于穿短裙的女士在较低的座椅就座。也可以脚踝交叉，脚尖不可跷起。

3. 不雅坐姿

（1）双腿叉开太大。面对外人时，双腿如果叉开过大，不论是大腿还是小腿，都是极其不雅的。

（2）架腿方式不妥。将一条小腿架在另一条大腿上，两者之间还留出太大的空隙，形成所谓的“架二郎腿”，甚至将腿搁在桌子上，左顾右盼，摇头晃脑，显得放肆。

除此之外，长期地保持“架二郎腿”的坐姿，会造成脊柱侧弯的情况出现。脊柱侧弯虽然没有使人产生特别明显不适的感觉，但是对人的影响可一点也不小，会影响人的体态，使人弯腰驼背，走路也不能昂首挺胸，影响一个人的外在气质。除了影响体态外，脊柱侧弯轻则会造成高低肩、长短腿，影响青少年的生长发育，重则会影响人的行走，甚至引发瘫痪。在架二郎腿的时候，脊柱处于受力不均的状态，除了会造成脊柱侧弯的问题，还容易导致腰椎间盘突出。

（3）双腿过分伸张。坐下后，将双腿直挺挺地伸向前方，这样不仅可能会妨碍他人，而且也有碍观瞻。因此身前若有桌子，双腿尽量不要伸到外面。

（4）腿部抖动摇晃。为求放松，坐下后抖动、摇晃双腿。

（5）脚不安分。坐下后脚跟接触地面，而且将脚尖翘起，使鞋底在别人面前“一览无余”。另外，以脚蹬踏其他物体、以脚自脱鞋袜等也是不文明的陋习。

（6）以手触摸脚部。用手抚摸小腿或脚部，都是不文明、不卫生的习惯。

（7）手置于桌下。若身前有桌子，入座后双手都应置于桌上。将单手或双手置于桌下对同座之人是不礼貌的做法。

（8）坐在座椅上上身过度前倾或后仰，弯腰曲背，还有两手抱臂、抱后脑、抱膝盖、抱小腿，或将两手置于臀部下面，将两腿前伸到对方面前，脚尖指向他人。

（9）双手撑着座椅扶手，似起似坐，频繁地整理衣裤，不断地调整姿势，挪动座椅。

（10）将手夹在腿间。坐下后将双手夹在两腿之间，这样会显得胆怯害羞、自信心不足，也显得不雅。

不雅坐姿示例见图 2－2。

图 2－2　不雅坐姿示例

4. 坐姿训练

坐姿训练最好在形体训练房进行，坐在镜子前，对着镜子检查自己的坐姿；也可在教室或宿舍内进行，同学之间互相指导纠正。训练时间每次以 20～30 分钟为宜，训练时最好配上音乐，以减轻疲劳。

即使沙发很大也不要深坐，只能坐到 1/2～2/3 的位置。坐的时候上身要挺直，脚平稳地放在地上，不要来回抖动。手可以自然放在膝盖上或扶手的两边。

男士一般不要叠腿，腿不可以乱抖，鞋不可以随便脱，袜子要够长，不要露出腿部至踝骨间的皮肤部分。

女士只能坐到椅子 1/2 的位置，上身自然挺直，大腿、小腿和膝盖不分开，可以采用“正座式”，即正对对方，腿稍微有一点侧放，脚跟落在地上，防止“走光”；也可以采用“侧坐式”，叠腿，但叠起来的小腿一定要贴在一起。

（四）形象礼仪之走姿

走姿是站姿的延续动作，在站姿的基础上展示人的动态美。无论是在日常生活中还是在公共场合，走路往往是最吸引他人注意力的体态语言，最能表现一个人的风度和魅力。古语云“行如风”，意思是人们行走要如风般轻捷，男士的走姿要刚健有力，女士的走姿要轻盈飘逸。

1. 走姿规范

正确的走姿要求是，上身正直不动，两肩相平不摇，两臂摆动自然，两腿直立不僵，步伐从容，步态平稳，步幅适中均匀，两脚落于一线。抬脚时，脚尖应正对前方，不能偏斜。沿直线行走，即两脚内侧应落在一条直线上。

（1）方向明确。在行走时，必须保持明确的行进方向，犹如在一条直线上行走，给人以稳重之感。具体的方法是：以脚尖正对前方，所走的路线形成一条虚拟的直线。

（2）步幅适度。步幅就是人们在行进时脚步的大小。步幅的大小因人而异，就一般规范而言，在行进时迈出的步幅应与本人一只脚的长度相近，即男子每步约 40 厘米，女子每步约 36 厘米。

（3）速度均匀。在一定的场合，走路应当保持相对稳定的速度。正常的速度是每分钟 60～100 步。

（4）重心放准。行进时身体向前微倾，重心落在前脚掌上。应注意使身体的重心随着脚步的移动不断向前过渡，切勿让身体的重心停留在自己的后脚跟上。

（5）身体协调。具体方法是：脚跟先着地，膝盖在脚落地时伸直，腰部成为重心移动的轴线，双臂在身体两侧一前一后自然摆动。

（6）造型优美。要做到昂首挺胸，步伐轻松而矫健。行走时应面对前方，两眼平视，挺胸收腹，直起腰背，伸直腿部，使自己的全身从正面看上去犹如一条直线。

2. 不良走姿

（1）横冲直撞。行进时，专拣人多的地方走，在人群中乱冲乱闯，甚至碰撞到他人的身体，这是极其失礼的。

（2）抢道先行。行进时，要注意方便和照顾他人，通过人多路窄之处务必讲究“先来后到”，“礼让三分”，让他人先行。

（3）阻挡道路。在道路狭窄之处，悠然自得地缓步而行，走走停停，或者多人并排而行，这些显然都是不妥的。

（4）蹦蹦跳跳。必须注意保持自己的风度，情绪不宜过分外化，避免一旦激动起来走路便会出现上蹿下跳甚至连蹦带跳的失态情况。

（5）制造噪声。行走时尽量悄然无声。做法如下：一是走路时要轻手轻脚，不要在落地时过分用力，致使“咚咚”直响；二是在比较安静的公共场合不要穿带有金属鞋跟或钉有金属鞋掌的鞋子；三是平时所穿的鞋子一定要合脚，否则走动时会发出“啪嗒啪嗒”的噪声。

（6）步态不雅。走成“八字步”或“鸭子步”，步履蹒跚，腿伸不直，脚尖先着地，要么使行进时显得老态龙钟、有气无力，要么给人嚣张放肆、矫揉造作之感。

3. 走姿训练

（1）双肩、双臂摆动训练。身体直立，以身体为柱，双臂前后自然摆动。注意摆幅适度，纠正双肩过于僵硬、双臂左右摆动的毛病。

（2）步位、步幅训练。在地上画一条直线，行走时检查自己的步位是否正确、步幅是否合适，纠正“外八”“内八”及步幅过大、过小的毛病。

（3）步态综合训练。训练时最好配上节奏感较强的音乐，注意掌握走路时的速度、间歇。保持身体平衡，双臂摆动对称，动作协调。女士“一字步”，男士“二字步”，即女士两只脚走一条直线，男士沿两条直线走。女士在走直线时，两膝盖应轻轻摩擦，否则走路时会呈鸭子腿状，尤其是上楼梯时更明显。

（4）顶书训练。顶书训练也适用于走姿。将书本置于头顶，保持行走时头正、颈直、目不斜视，纠正走路摇头晃脑、东张西望的毛病。

（五）形象礼仪之蹲姿

蹲姿是人们在比较特殊的情况下所采用的一种暂时性体态，如低处取物、拾取落地物品、整理鞋袜。一般情况下，采用蹲姿的时间不宜过久，蹲姿要动作美观、姿态优雅。

1. 蹲姿规范

当需要捡拾低处物品时，可至物品左侧，当面对他人时，要侧身相向，直腰下蹲后方可弯腰捡拾低处物品；取物或整理完毕后，先直起腰部，头部、上身、腰部于一条直线后再站起。

2. 蹲姿类型

（1）高低式蹲姿。下蹲时，双腿不并排在一起，而是左脚在前，右脚稍后。左脚应完全着地，小腿基本上垂直于地面；右脚则应脚掌着地，脚跟提起。此刻右膝低于左膝，右膝内侧可靠于左小腿的内侧，形成左膝高右膝低的姿态。女士应靠紧两腿，男士则可适度将其分开。臀部向下，基本上用右腿支撑身体。男士在工作时选用这一蹲姿往往更为方便。该蹲姿男士、女士均适用。

（2）半蹲式蹲姿。大多在行进中临时采用。该蹲姿的基本特征是身体半立半蹲，要求如下：下蹲时，上身稍许弯下，但不宜与下肢构成直角或锐角；臀部向下而不是撅起；双膝略为弯曲，其角度根据需要可大可小，但一般应为钝角；身体重心应放在一条腿上；右膝点地，臀部置于脚跟之上，以脚尖点地，另一条腿全脚掌着地，小腿垂直于地面，双腿尽力靠拢。男士适用该蹲姿。

（3）半跪式蹲姿。半跪式蹲姿又叫单跪式蹲姿。它是一种非正式蹲姿，多用于下蹲时间较长，或为了用力方便之时。它的基本特征是双腿一蹲一跪，要求如下：下蹲之后，改为一腿单膝着地，臀部置于脚跟之上，以脚尖着地；另一条腿全脚着地，小腿垂直于地面；双腿应尽力靠拢。

（4）交叉式蹲姿。交叉式蹲姿通常适用于女士，尤其是穿短裙的工作人员。它的特点是造型优美典雅。其基本特征是蹲下后双腿交叉在一起，左脚在前，右脚在后，左小腿垂直于地面，全脚着地；左腿在上，右腿在下，二者交叉重叠；右膝由后下方伸向左侧，右脚跟抬起，并且脚掌着地；两腿前后靠近，合力支撑身体；上身略向前倾，臀部朝下。

3. 蹲姿注意事项

（1）不要突然下蹲。蹲下的时候，速度切勿过快。在行进中需要下蹲时，尤须牢记这一点。在下蹲时，应与他人保持一定的距离。与他人同时蹲下时，更不能忽略双方之间的距离，以防彼此相撞。

（2）不要毫无遮掩。在他人面前下蹲时，身着裙装的女士容易走光，一定要注意遮掩。下蹲时一定要保证大腿和膝盖是并拢的。

（3）蹲的时候一般采用侧蹲式。不可以直接正面对着他人蹲下去，一定要侧面对着有人的方向，正面对着他人或者背对着他人下蹲通常都是不礼貌的。在四周都有人要捡东西时，外面的腿应抬高，使里面的腿低一些，使里面的膝盖埋在外面腿的里面，然后从侧面将东西捡起来。

（4）下蹲时上身要保持端正。

（5）男士在公共场所一般不宜采用蹲姿，女士则慎用蹲姿。

（六）形象礼仪之手姿

手姿是人们交往时不可缺少的动作，是最有表现力的一种体态语言。俗话说：“心有所思，手有所指。”手的魅力并不亚于眼睛，甚至可以说手是人的第二双眼睛。手姿的含义非常丰富，表达的感情也非常微妙、复杂。一般而言，手姿由进行速度、活动范围和空间轨迹三个部分构成，用以表示形象、传达感情。

1. 基本手姿

（1）垂放。垂放的基本姿势有两种：一种是双手自然下垂，掌心向内，叠放或相握于腹前；另一种是双手伸直下垂，掌心向内，分别贴放于大腿外侧。

（2）背手。多见于站立、行走时。做法：双臂伸到身后，双手相握，同时昂首挺胸。

（3）持物。拿东西时动作要自然，五指并拢，用力均匀，不要跷起无名指与小指，以免有作态之嫌。

（4）鼓掌。表示欢迎、祝贺、支持的一种手姿。做法：右手掌心向下，有节奏地拍击掌心向上的左掌。必要时，应起身站立。

（5）夸赞。伸出右手，跷起拇指，指尖向上，指腹面向被夸奖的人。将右手拇指竖起来反向指向别人，有藐视他人的意思。将拇指指向自己的鼻尖，有自高自大、不可一世的意思。

（6）引领。将右手或左手抬至一定高度，五指并拢，掌心向上，以肘部为轴，朝一定方向伸出手臂。

2. 手势规范

（1）手姿不宜过多，动作不宜过大，切忌“指手画脚”和“手舞足蹈”。

（2）鼓掌时不应戴手套。鼓掌要热烈，但不要“忘形”，一旦忘形，鼓掌的意义就发生了质的变化而成“喝倒彩”“鼓倒掌”，有起哄之嫌。鼓掌时尽量不要用语言配合，那是缺乏修养的表现。

（3）在任何情况下都不要用拇指指自己的鼻尖和用手指指点他人。谈到自己时应用手掌轻按自己的左胸，那样会显得端庄、大方、可信。

（4）掌心向上有诚恳、尊重他人的含义；掌心向下意味着不够坦率、缺乏诚意等；攥紧拳头暗示进攻和自卫，也表示愤怒；伸出手指来指点，是要引起他人的注意，含有教训人的意味。因此，在介绍某人、为某人指示方向、请人做某事时，应该掌心向上，以肘关节为轴，上身稍向前倾，以示尊敬。

（5）注意各国不同的习惯，不可以乱用手势。竖起大拇指在中国代表夸奖，在澳大利亚和尼日利亚就不能做这个动作，因为它有骂人的意思。在日本，女子向男子竖起大拇指是问对方是否有女朋友，如果男子竖起大拇指是指可不可以邀请你一起出去。在餐馆呼叫服务员时，在美国一般是食指伸直，在日本一般是手臂向上伸、手掌朝下，在非洲是敲桌子，在中国是招手，在中东国家是拍手。

3. 不良手姿

（1）易被误解的手姿。易为他人误解的手姿有两种：一是个人习惯，但不通用，不为他人理解；二是文化背景不同，同一手姿被赋予了不同的含义。比如，伸起右臂，右手掌心外向，拇指与食指合成圆圈，其余手指伸直这一手姿，在英美国家表示“OK”，在日本表示钱，在拉美国家则表示下流，不了解的人很容易产生误会。

（2）不卫生的手姿。在他人面前搔头皮、掏耳朵、清眼屎、抠鼻孔、剔牙齿、抓痒痒、摸脚丫等手姿，自然是不当之举。

（3）不稳重的手姿。在大庭广众，双手乱动、乱摸、乱举、乱扶、乱放，或是咬指尖、折衣角、抬胳膊、抱大腿、拢头发等，都是不稳重的。

（4）失礼于人的手姿。掌心向下挥动手臂；勾动食指或除拇指外的其他四指招呼别人。

三、形象之首——表情

表情是人内心的情感在面部、声音或姿态上的表现。当外部客观事物以物体的、语言的、行为的方式刺激大脑时，人就会产生各种内在反应，即情感。这种情感会通过人相应的表情呈现出来，表现在人的面部、声音、姿态上。人们常说的情动之于心、形之于外、传之于声就是这个意思。在体态语言中，面部表情最为丰富，且最具表现力。

美国著名心理学家艾伯特·梅拉宾曾总结了这么一个公式：感情的表达＝言语（7%）＋声音（38%）＋表情（55%）。可见，表情在人与人的沟通中有着非常重要的作用。

（一）眼神的交流

我们常说：眼睛是心灵的窗户。眼睛是人体传递信息最有效的器官，能表达出人最细微、最精妙的内心情感。从一个人的眼神，往往能看到其整个内心世界。人的七情六欲都能从眼睛这个神秘的器官中显现出来。

1. 目光的运用

在人与人面对面的交往中，信息的交流常以目光的交流为起点。在交流过程中，可不断地用目光表达自己的意愿、态度和感情。交流结束时，同样需要以目光为一个圆满的结尾。

要学会在不同场合、不同情况下，运用不同的目光。不论是熟人还是初次见面之人，尤其是向对方问候、致意、祝贺时，都应面带微笑，用目光注视对方，以示尊敬和礼貌。在与对方交谈中，应经常与对方的目光保持接触，长时间回避对方的目光而左顾右盼，是对对方不感兴趣的表现。但也不能长时间地盯视对方，这样也是失礼的。

当双方缄默不语时，则应将目光移开，以免因一时无话题而加剧尴尬或不安。别人说错话或拘谨时，也不要正视对方，以免对方误以为是对其讽刺和嘲笑。交谈中，应随着话题内容的变换，及时给出恰当的目光反应，使整个交谈融洽、和谐、生动、有趣。运用目光要做到“散点柔视”，即将目光柔和地聚焦于别人的脸上，而不是聚焦于对方的眼睛，给人一种连盯带瞪的不友好之感。同时，不可反复打量对方，不可长久注视陌生的异性，不可随便使用鄙视、轻蔑、仇视的目光。

2. 目光沟通的规则

（1）PAC 规律。P（parent）代表父母，父母看孩子是以一种教训的目光，从上向下，是一种关心，但严厉；A（adult）代表成人，成人之间的沟通是平等的；C（children）代表孩子，孩子看人的时候都是向上看的，尤其是要东西时会用乞求的眼光。一些职场新人刚走上工作岗位会带有孩子的眼神去祈求对方的谅解和帮助，这种眼神偶尔用一下是可以的，但不能形成习惯，否则很难被同事认可。

（2）三角规律。三角规律与距离和亲疏程度有关。如果两人距离相对较远，或关系不是很熟，观察对方通常看大三角区域——发际线到两肩膀的位置。如果两人很熟或距离稍近，就可以看中三角区域——发际线到两耳垂的位置，时不时地可以有目光的接触。如果两人很亲近而且距离也很近，一般看倒三角区域——眉毛的下边到鼻子的位置。无论看哪一个三角区域，都应有目光的交流，每一次目光交流达两三秒即可，不可一直盯着对方的三角区域。

（3）时间规则。一次沟通中，通常用60%～70%的时间与对方进行目光交流，如果时间少于60%，说明对对方不够尊重、不感兴趣。一般情况下，晚辈、下级、男士分别看长辈、上级、女士的时间要长些，以示尊重。

3. 目光凝视区域

目光凝视区域是指人的目光所落的位置。根据交往活动内容的不同，目光凝视区域一般分为三种情况：

（1）谈判凝视区域。谈判凝视是在洽谈业务、磋商问题和贸易谈判时所用的一种凝视。凝视区域以两眼为底线、额中为顶角形成三角区。如果看着对方这个区域，就会显得严肃认真，对方也会觉得你有权威性。在交谈过程中，如果目光总是落在这个三角区，就能把握谈话的主动权和控制权。但这样长时间的凝视也会让谈判对手感觉到不被尊重或轻视感，所以在公务谈判、商务谈判中应根据谈判的趋势、谈判的进展、谈判的对象有选择地采用适合的凝视区域与对方进行目光交流。通常建议选择社交凝视进行双方的商谈，这样更符合当今公务、商务的交流方式。

（2）社交凝视区域。社交凝视是人们在社交场合使用的一种凝视。社交凝视区域是以两眼为上线、唇心为下顶角形成的倒三角区。当与人谈话时，注视对方这个部位能给人一种平等、轻松之感，从而创造出一种良好的社交气氛。在鸡尾酒会、茶会、舞会等社交场合中，最适合使用这种凝视。

（3）亲密凝视区域。亲密凝视是亲人之间、恋人之间使用的一种凝视。凝视的位置是双眼到胸部之间。这种凝视往往带着亲昵、爱恋的感情色彩，不具有亲密关系的人不应使用这种凝视，以免引起误解。

4. 目光注视的时间

注视对方时间的长短是十分讲究的，要注意以下几点：

（1）表示友好。向对方表示友好时，应不时注视对方。注视对方的时间占全部相处时间的 1/3～1/2。

（2）表示重视。向对方表示关注，应常常把目光投向对方。注视对方的时间应为相处时间的 2/3。

（3）表示轻视。目光时常游离，注视对方的时间不到全部相处时间的 1/3，此时就意味着轻视。

（4）表示敌意。目光盯在对方身上，注视对方的时间占全部相处时间的 2/3 以上，被视为有敌意或有寻衅滋事的嫌疑。

（5）表示感兴趣。目光盯在对方身上，偶尔离开一下，注视对方的时间占全部相处时间的 2/3 以上，表示对对方较感兴趣。

5. 目光注视的角度

注视别人时，目光的角度反映了与交往对象的亲疏远近。

（1）平视。平视也叫正视，即视线呈水平状态。常用在普通场合与身份、地位平等的人交往时。平视时最好身体微侧，尽量避免两眼对视，以减少彼此的压力。

（2）侧视。这是平视的一种特殊情况。侧视的关键在于面向对方，若为斜视对方，则为失礼之举。

（3）仰视。主动居于低处，抬眼向上注视他人，以表示尊重、敬畏对方。

（4）俯视。向下注视他人，可表示对晚辈的宽容、怜爱，也可表示对他人的轻慢、歧视。

（二）微笑

“微笑是世界上最美丽的语言”，微笑是最富吸引力、最令人愉悦、最有价值的面部表情。它可以与语言和动作相互配合起到互补作用，不但可表现友善、诚信、谦恭、和谐、融洽等美好的感情因素，而且可反映自信、有涵养与健康的心理。蒙娜丽莎的微笑是神秘的，奥黛丽·赫本的微笑是温婉的，两者的微笑都让无数人倾倒。

1. 微笑的积极作用

（1）心境良好的表现。笑口常开的人，一般是一个心地善良、心胸豁达、乐观向上的人。面露平和、欢愉的微笑，说明心情愉快、充实满足、乐观向上，这样的人才会产生吸引别人的魅力。面带微笑，表明对自己的能力有充分的信心，使人产生信任感，容易被别人真正地接受。

（2）真诚友善的态度。微笑反映自己心底坦荡，善良友好，待人真心实意，而非虚情假意，使交往对象在交往中自然放松，不知不觉便缩短了人与人之间的心理距离。微笑能使人相悦、相亲、相近，能有效地缩短双方的心理距离，打破交往障碍，为深入沟通与交往创造真诚、融洽、温馨的良好氛围。

（3）帮助摆脱窘境。第一次踏入社交场合，或第一次与客人交往，难免会感到紧张、羞怯，微笑可以帮助摆脱窘境——对方的友好微笑可以化解局促；微笑可以帮助自己镇定。在交谈中，表示友善要面带微笑；表示请求、道歉、拒绝，更应面带微笑。比如让人久等了，边微笑边说“对不起”，可以消除对方的怨气。微笑有助于赢得思考的时间，而且使拒绝容易让人接受，不伤和气地解决问题。

2. 微笑的要求

（1）发自内心。微笑反映了发自内心的快乐。当一个人心情愉快、兴奋或遇到高兴的事情时，都会自然地流露出这种笑容。发自内心的真诚微笑应是笑到、口到、眼到、心到、意到、神到、情到。

（2）得体适度。微笑虽然是人际交往中最有吸引力、最有价值的面部表情，但也不能随心所欲，不加节制，想怎么笑就怎么笑。微笑的基本特征是齿不露、声不出，既不要故意掩盖笑意、压抑喜悦以免影响美感，也不要咧着嘴哈哈大笑。笑得得体、笑得适度，才能充分表现友善、诚信、和蔼与融洽。

（3）注重场合。特别严肃的场合，不宜笑；别人做错事、说错话时，不宜笑；别人遭受重大打击、心情悲痛或痛苦时，不宜笑。别人与自己争执时，不愠不火地微笑，既能缓解对方的紧逼势头，又能为寻求应对办法赢得时间；遇到一些不好回答或不便回答的问题时，可以微微一笑作为回答。

（三）因情绪产生的不良表情

1. 局部的表情

人的眉毛、嘴巴、鼻子等都可以独立地显示相应的表情。

（1）眉毛。

皱眉：双眉紧皱，多表示困窘、不赞成、不愉快。

耸眉：眉峰上耸，多表示恐惧、惊讶或欣喜。

竖眉：眉角下拉，多表示气恼、愤怒。

挑眉：单眉上挑，多表示询问。

动眉：眉毛上下快动，一般表示愉快、同意或亲切。

（2）嘴巴。

张嘴：嘴巴大开，表示惊讶。

抿嘴：抿住嘴唇，表示努力或坚持。

噘嘴：撅起嘴巴，表示生气或不满。

撇嘴：嘴角一撇，表示鄙夷或轻视。

拉嘴：拉着嘴角，上拉表示倾听，下拉表示不满。

（3）鼻子。

挺鼻：表示倔强或自大。

缩鼻：表示拒绝或唾弃。

皱鼻：表示好奇或吃惊。

抬鼻：表示轻视或歧视。

摸鼻：表示亲切或重视。

2. 综合的表情

（1）表示快乐：眼睁大，嘴巴张开，眉毛常向上扬。

（2）表示兴奋：眼睁大，眉毛上扬，嘴角微微上翘。

（3）表示兴趣：嘴角向上，眉毛上场，眼睛轻轻一瞥。

（4）表示严肃：嘴角抿紧下拉，眉毛拉平。

（5）表示敌意：嘴角拉平或向下，皱眉皱鼻。

（6）表示发怒：嘴角向两侧拉，眉毛倒竖，眼睛大睁。

（7）表示观察：微笑，眉毛拉平，平视或视角向下。

（8）表示无所谓：平视，眉毛展平，整体面容平和。

第二节 仪容修饰礼仪

仪容即人的容貌，包括五官的搭配和适当的发型衬托。就个人的整体形象而言，容貌是整个形象中至关重要的内容，反映一个人的精神面貌、朝气和活力，是传达给接触对象感官最直接、最生动的第一信息，在社交活动中绝不可小觑。

一、形象美容

“云想衣裳花想容。”一个适合自己的妆容，体现的是对他人的尊重以及自身的涵养。化妆可以起到强化优点、掩饰缺点、显现个性的作用。化妆既是一门综合性的艺术，它涉及美学、心理学、生理学、造型艺术等多门学科；化妆又是一项技巧，对一般人来讲，最实际的目的是对自己容貌上的某些缺陷加以弥补，以期扬长避短，使自己更加美丽、更具魅力。

（一）脸部妆面修饰

有的女性皮肤白皙柔嫩，富有自然美，不必再施珠粉，物极必反，过犹不及。有的女性皮肤黑一些，但也红光满面，不掩青春气息，唇红齿白，自然有健美、鲜活之效。总的来说，年轻女性一般适合淡雅的化妆法，能保持应有的纯真和自然。不过，即使只化了淡妆，也应时时注意维护妆面的完整性。特别是在休息、用餐、饮水、出汗、更衣之后，要及时补妆，勿以残妆示人。化妆属于个人私事，应在避人的场合下独自进行，如果在公共场所当着别人的面化妆或补妆，会显得缺乏教养、不懂规矩，有时还可能招惹是非。女性不要在异性面前化妆，以免被误认为是在搔首弄姿、吸引异性，使自己的形象受损。男性脸部以清爽、整洁为原则，不宜蓄须，一脸胡子会给人懒散、邋遢的印象。一般而言，成年男性应该坚持每天早晨刮一次胡须。

（二）眼部修饰

如果眉形较为杂乱，可以适度修整，更显容光焕发。大学生看书较多，对眼睛的适度保养是非常必要的，应常备保健型滴眼露，眼角的分泌物要注意清理。大学生并不需要“描眉画眼”，也能很好地保持青春靓丽的形象，但眼部清洁做得不好，会毁掉整体形象。此外，还要注意用眼卫生，预防眼部疾患；一旦患有眼病，要及时治疗，较严重时尽量少去公共场所，避免与他人近距离接触。

（三）口部修饰

口部的修饰范围包括口腔和口的周围。无论是在什么场合，口臭都会让人敬而远之。口部修饰应注意口腔卫生，避免牙齿污染和口腔产生异味。每天应当刷牙三次，每次饭后三分钟内进行，每次刷三分钟，即“三个三”标准。即使做不到每日刷牙三次，饭后也应当用清水仔细漱口，防止食物残渣遗留于口腔、牙缝，有碍观瞻。有些人喜食葱、蒜等辛辣食物，食后易产生难闻的气味。与人交往应酬前，应不食容易产生异味的食物，也可以用口腔清洁剂、口香糖等清除异味。

吸烟、喝酒也能产生浓烈气味，参加社交和集体活动之前应注意避免。必要时，可用茶叶、口香糖、漱口水以祛除气味。但是，忌在公共活动中咀嚼口香糖，这样会让他人感觉你是一个缺乏修养的、轻佻的、满不在乎的人。

此外，要注意呵护嘴唇，防止嘴唇干裂和生疮，避免唇边残留分泌物和其他异物，与别人交谈时不能放任口沫四溅。不论是男性还是女性，在谈判、演讲之前都应注意使用润唇膏。

（四）鼻部修饰

鼻子是面部的制高点，既突出又位于脸部的正中央，自然是别人目光的聚焦点。鼻子如果容易出油，要注意经常用面巾纸按拭。很多男性注意了胡子却遗漏了鼻毛，要及时修剪外露的鼻毛。鼻子的修饰重在保养，鼻子及其周围若长疮，生出“黑头”或连片的“青春痘”，甚至出现“酒糟鼻”，会严重影响形象。鼻子又是面部的敏感区，保养鼻部不能乱挤、乱挖、乱抠。不应当众摸鼻子，也不要当众抠挖鼻孔、乱抹乱弹鼻垢。清理鼻垢宜用纸巾或手帕悄然进行，防止出现不雅。

（五）耳部修饰

修饰耳部主要是保持耳部的清洁，及时清除耳垢和修剪耳毛。耳朵沟回很多，容易藏污纳垢，应注意耳朵的清洁。清除耳垢不要当众进行，应选择僻静处。若有耳毛生长到耳朵外面，要及时修剪。

二、美发

头部是人体的“制高点”，而头发处于制高点的最顶端，是人们自然注视的重点。所以，仪容修饰应当从头发做起。

发型可以改变一个人的气质，不同的发型会带给人或整洁或雅致或洒脱或活泼等不同感觉，因而不同气质、脸形、发质、年龄、职业的人，应根据自身特质，扬长避短，选择和修剪适合自己的发型。

（一）考虑年龄

选择发型时，必须客观地正视自己的年龄，使自己的发型与自己的年龄相符。

（二）考虑发质

选择发型前，必须了解自己的发质。中国人的发质通常分成硬发、绵发、沙发、卷发四种类型，对发型的选择有各不相同的要求。

1. 硬发

这种发质的特点是又粗又硬，稠密并富有弹性。尽管可塑造多种发型，但因其粗壮茂密，所以在塑造发型时应重点对其“删繁就简”。

2. 绵发

绵发俗称软发，特点是既软又细，不稠密，弹性也不大。造型难度较大，尤其不宜塑造外观平直的发型。

3. 沙发

沙发的特点是干涩稀疏，灰暗无光，并且常呈蓬乱之状。由于此类发质缺陷较多，头发的直观效果不好，故切勿塑造中、长类型的发型。

4. 卷发

卷发又叫“自来卷”，特点是长短不一，自然地呈现出弯曲之态。这种具有天然之美的发质，几乎可以塑造任何发型。

（三）考虑脸形

选择恰当的发型，既可以使自己的脸形扬长避短，也可以体现发型与脸形的和谐之美。

1. 圆形脸

面部的长与宽几乎均等，双颊饱满。可选择垂直向下的发型，顶发若适当丰隆，可使脸形显长。宜侧分发缝，以不对称的发量与形状来减弱脸形扁平的特征。

2. 方形脸

面部短阔，两腮突出，轮廓较为平直。在设计发型时，应侧重于以圆破方。可采用不对称的发缝、翻翘的发帘来增加发式变化，并尽量增多顶发。

3. 长形脸

长形脸往往给人以古典感，脸形较美。在设计发型时，应重在抑“长”。可在两侧增加发量，削出发式的层次感，顶发不可高隆，垂发不宜笔直。

4. 三角形脸

额窄而腮宽。在设计发型时，应力求上厚下薄，顶发丰隆。可令双耳之上的头发宽厚，可限制双耳之下的发量，前额不宜露在外。

5. 倒三角形脸

额宽而腮窄，宜选短发型，并露出前额。双耳以下发量宜适当增多，但切勿过于丰隆或垂直。选择不对称的发型，效果通常不错。

（四）考虑身材

身材有高、矮、胖、瘦之别。身材不同的人，在选择发型时，往往有不同的考虑。一般来说，身材高大者，在发型方面往往有比较多的选择。身材矮小者，在选择发型时往往会受到一定限制。短发型，在视觉上可使自己“显高”；长发型，尤其是长过腰部会使人显得更加矮小。身材高而瘦的女性，可适当地利用“波浪式”卷发，让自己显得丰盈一些。身材矮而胖的女性，一般不宜留长发，更不应该将头发弄得蓬松丰厚，应选择短发，并且最好露出自己的双耳。

（五）男士、女士的发型考虑

对于男士来说，发型的基本要求是“前不遮眉、侧不掩耳、后不蔽领”。男士一般以短发为主，前面头发长度不覆盖额头，两侧头发不掩双耳，脑后头发不及衣领，不宜留大鬓角，也不宜剃光头，男士最忌留“二混头”。在大学校园里，有的男生喜欢留长发，特别是艺术专业的学生，认为这样的发型与自己的专业相符；还有的男生追求时尚，刻意将头发弄成竖立的“冲冠”状，即使是在社会上，留这种发型的青年，也被众人视为需要敬而远之的人。一个有文化、有知识、有内涵、有魅力的男士，用不着用怪异的发型来吸引人们的眼球。

女士可以留长发，但发型的采用要注意场合，进入职场最好将长发盘起，盘发的标准通常是“前发不遮眉、侧发不掩耳、后发不蔽领”。女大学生的发型应当与自己的身份相符，应当突出自然之美，发式应活泼大方，彰显年轻人的朝气，易于梳理，也方便运动。

三、形象与美体

形貌合一，和谐才是美。美体就是通过正确的方法和措施让自己的身体显出健康、活力之美。

（一）颈部保健

颈部是人体最容易让人看出真实年龄的部位。颈部肌肤的厚度只有脸部的 2/3，胶原蛋白含量也比较少，如果缺乏适当的护理，很容易出现缺水、粗糙、暗沉、松弛和细纹。特别是在干燥的环境里，颈部的保湿护理更加关键，否则便会引发横向伸展的颈纹，颈部提前老化。

要像修饰脸部一样修饰颈部，保持颈部皮肤的清洁。有的人洗脸只清洁面部，忽略颈部、耳朵后面，女性在涂抹面霜及粉底时也会忽略这些部位，建议女性在洁面、化妆时对待这些部位要像对待面部一样，不能忽略这些细节。

加强颈部的运动与按摩，是使颈部皮肤绷紧、光洁动人的有效方法。临睡前对颈部进行适当的按摩，可促进该部位的血液循环。方法是：前颈用手自下而上进行轻压上推按摩，后颈可将双手置于颈背，向下缓慢而有节奏地揉至双肩。

适当做一些颈部运动。如上下左右地扭动头部，每天 10～20 次即可，让颈部的肌肉得到充分的舒展和活动，或者进行适当的发声练习，也会收到同样的效果。

保持良好的坐姿、站姿。不好的姿势很容易使颈部产生皱纹。还要注意睡眠的姿势，尽量不要枕过高的枕头，高枕会使颈部弯曲从而产生皱纹，要尽可能枕平一些的枕头。

（二）胸部保健

1. 端正的姿势

走路时应保持背部平直、收腹、提臂，上身整体感觉向上。坐着时，应挺胸抬头，挺直腰板，这样更显胸部的曲线。休息时最好是右侧卧或仰卧的姿势，不要俯卧，以免挤压前胸，长此以往会影响身体健康。

2. 美体与饮食

女性在饮食上应注重多食一些富含维生素 E 和维生素 B 的食物。维生素 E 可促使女性生殖器官发育和完善，从而使成熟的卵细胞增加，雌激素水平在排卵前会提高，适量的雌激素有利于女性健康。维生素 B 是体内合成雌激素不可缺少的成分，其中富含维生素 B_2 的食物有动物肝、肾、心脏、蛋类、奶类及其制品，富含维生素 B_6 的食物有谷类、豆类、瘦肉、酵母等。

3. 有益的锻炼

男性要使胸部肌肉发达，就要加强胸部肌肉锻炼，做一些俯卧撑及单、双杠运动等；每天早晚深呼吸数次。游泳能通过水的压力起到胸部按摩的作用，有助于胸肌均匀、发达。

（三）手部保健

手常被视作人的第二张脸，尤其是在待人接物中，手通常充当友谊的使者。手通常暴露在外，许多传染性疾病就是通过手的各种触摸传播的。在人际交往中，一双清洁、柔软的手，能增添他人对自己的好感。

手的日常清洁应做到五个“必洗”：吃东西前要洗手；上卫生间后要洗手；外出归来要洗手；上学和上班前要洗手；手弄脏了更要洗手。还要注意用手卫生，如不用手揉眼睛、掏耳朵、挖鼻孔、搔头发等。

手部的美化大多侧重于指甲的美化。应常常检查指甲是否过长，并保持清洁，指甲缝里不可留有污垢。在正式的场合，女性选用的指甲油最好是无色透明或自然肉色的，不宜用太过鲜艳的颜色。勤剪指甲是保持手部卫生和文雅的表现，对手指甲要“三日一修剪，一日一检查”。从卫生角度来讲，留长指甲有害无利；从爱美角度来看，留长指甲未尝不可，尤其是现代女性，但要注意指甲的清洁和使其富有光泽。此外，还应注意安全，在运动场上的球类活动中，女性因长指甲而受伤甚至伤人的事情并不鲜见。

（四）下肢保健

人际交往有“远看头，近看脚”的说法，因此，下肢的清洁与保健，与头部、面部的打理同样重要。日常的做法如下：一是勤洗脚，人的双脚不但最容易出汗，而且易产生异味，必须坚持每天洗脚，趾甲、趾缝、脚跟、脚腕等处都要洗到。二是勤换鞋袜，每天换洗一次袜子有助于避免脚臭。注意选择吸湿性、透气性强且不容易产生异味的袜子。鞋子注意勤换、刷洗、晾晒。三是勤剪脚趾甲，保持足部清洁、美观。

下肢修饰最简单也最容易被忽视的是腿部。男士光腿，往往会令人对其“飞毛腿”产生反感；女士光腿，则有卖弄性感之嫌。在正式场合要尽量少光腿，少穿短裤和超短裙。女士夏天穿裙子时，最好将腿毛除去。有一部分男士认为，夏天在公共场合穿着运动型短裤和设计怪异、十分肥大的短裤会很“酷”，但随着现代文明的发展，男士夏季穿着短裤在正式场合是不适宜的。在公共场合不宜赤脚，也不宜穿拖鞋，这是不拘小节的表现，也是失礼的表现。

第三节 服饰搭配礼仪

一、服饰搭配原则

（一）色彩搭配原则

1. 色彩冷暖搭配

我们在观察物象时，如果看到青、绿、蓝一类色彩，通常会联想到冰、雪、海洋，产生寒冷的心理感受，所以人们把这一类色彩界定为冷色，而看到橙、红、黄一类色彩，就会想到阳光、火、夏天，产生温热的心理效应，故人们将这一类色彩界定为暖色。黑、灰、白是无彩色，也就是中性色彩。

不同的色彩有着不同的象征意义：红色象征热烈、活泼、兴奋，富有激情；黄色象征明快、鼓舞、希望，富有朝气；橙色象征开朗、欣喜、活跃；黑色象征沉稳、庄重、冷漠，富有神秘感；蓝色象征深远、沉静、安详、清爽；黄绿色象征活泼、幼嫩；紫色象征华丽、高贵；粉色象征活泼、年轻、明丽而娇美；白色象征朴素、高雅、纯洁；淡绿色象征生命、鲜嫩、愉快和青春等。

2. 色彩轻重搭配

色觉与重量感觉相联系便形成了色彩的轻重特性。日常生活经验告诉我们，重量轻的物体看起来多是白色、淡青色和嫩绿色等浅色，如白云等；而沉重的物体多半是黑色、深蓝色等深色，如钢铁、岩石等。因此，人们容易以这种生活经验来看待色彩的轻与重。浅色密度小，给人一种向外扩散、质量轻的感觉；深色密度大，给人一种内聚、分量重的感觉。

3. 色彩缩扩搭配

色彩的缩扩是不同色彩给人视觉带来的收缩和扩张的感觉。一般来说，深色、冷色属于收缩色，暖色、浅色属于扩张色。前者使人显得苗条，后者使人显得丰满。

（二） TPO 原则

T（time）表示时间，即穿着要适时。着装要考虑到时令变换、早晚温差，以及不同的年龄阶段。

P（place）表示地点，即穿着要因地制宜。置身于室内或室外、驻足于闹市或乡村、身处于单位或家中，地点不同，着装要求也有所不同。如穿着职业装去购物、穿着休闲装进入重要社交场所，都会造成与环境不和谐的状况。

O（occasion）表示场合，即衣着要与场合协调。有重要的商务会谈、参加正式会议等，衣着应庄重、考究；听音乐会或看芭蕾舞表演，应按惯例着正装；出席正式宴会时，应穿晚礼服；而在朋友聚会、郊游等场合，着装以轻便、舒适为宜。

（三）“三色”原则

服装配色以“整体协调”为基本准则，全身着装颜色最好不超过三种，而且须以一种颜色为主色调，颜色太多则显得乱而无序、不协调。灰、黑、白三种颜色在服装配色中占有重要位置，几乎可以和任何颜色相配。总的来说，服装的色彩搭配分为两大类：一类是协调色搭配，另一类是对比色搭配。不同的色彩搭配会显示不同的格调，没有不美的颜色，只有不美的搭配。

在正式场合，男士西装要遵循“三色”原则。西装、衬衫、领带、腰带、鞋袜，一般不应超过三种颜色。从视觉上讲，服装的色彩在三种以内较好搭配。一旦超过三种颜色，就会显得凌乱、不和谐。有身份的男士，大都讲究手表带、腰带、皮鞋保持同一种颜色，认为这样最有风度、最有品位，皮包的颜色最好也要与服装的主色相一致。

“三色”原则对职业女士穿套裙等正装也是一项基本要求。

（四）协调原则

1. 着装与年龄相协调

不同年龄的人，有不同的穿着要求。青年人的服装应体现有朝气和蓬勃向上的青春之美，中年人的服装应稳重、明快，老年人的服装应大方、素雅。

2. 着装与形体相协调

着装要考虑自身的身高、体型，做到扬长避短。体型较为丰腴者，在服装色彩上可选择具有后退感和收缩感的深色调；体型较为瘦小者，则较适宜具有前进感和扩张感的浅色调。不太高的人不宜穿上、下装颜色差异太大的服装，以免破坏统一与和谐之感。

3. 着装与肤色相协调

人的肤色会随着装色彩的不同而在视觉上发生微妙的变化，着装要注意同自己的肤色相协调，以实现相得益彰的效果。如肤色偏白者，宜选偏暖色调的服装，忌紫红、黑色和白色；肤色偏黄者，宜选可增加肤色红润感的橙色、红色，忌选与肤色相近或较深暗的棕色、土黄色、深灰色、蓝紫色；肤色偏黑者，宜选可增加明朗、健美之感的中性色调服装，避免选用较暗的颜色，忌穿黑、绛紫、深褐等深冷色调的服装。

4. 着装与角色相协调

人们的社会生活是多方面、多层次的，在不同的场合承担不同的社会角色，要根据情况选择不同的着装，以满足不同社会角色的需要。不同的职业、身份有不同的着装要求。如教师着装应庄重、大方，学生着装宜简洁、活泼、有朝气，演艺人士着装应富有个性与引领潮流。

5. 着装与环境相协调

居家可着舒适的休闲服，上班应着端庄的职业装；出席婚礼时着装可色彩鲜亮，参加吊唁时着装应色调凝重。

二、色彩搭配方法

服饰色彩搭配与组合的基本方法，大致有四种方案。

（一）同色系服饰搭配

同色系的准确含义是同类颜色但不一定同色度。假设用灰色系的色彩制作一套合身的套装，可以颜色完全一样，但没有颜色的层次搭配就会显得过于呆板老套，缺乏生气。比较得体的做法是让颜色有深浅的梯度，即“由深入浅”或者“由浅入深”。外套选深灰色，套裙选中灰色，衬衫则选浅灰色，这是由深入浅。浅灰色上衣，深灰色裤子，也是一种有色彩梯度的同色系搭配。同色系搭配要注意同色系中深浅颜色程度之间的过渡和衔接应当自然平稳，避免生硬，主要是色彩明度的差异不要太大，差异太大会给人以断裂、失衡的感觉。深浅、明暗不同的两种同一类颜色相配，比如，青配天蓝、墨绿配浅绿、咖啡色配米色、深红配浅红等，显得柔和雅致。同色系搭配的方案，用意是以简洁的配色来创造一种和谐的美感。“色彩要少，款式要新”，是公认的穿着高品位标志。

（二）相似色服饰搭配

这是对在色谱上相邻的颜色进行搭配的一种方法。实例有红配黄、黄配绿、绿配蓝、白配灰等。这种搭配相较于同色系搭配，颜色丰富多彩，自由度比较大；但也有风险，弄不好色彩会过于夸张。须注意的是，丰富多彩让位于柔和协调，应使相似的颜色过渡顺畅，不要给人以跳跃的色彩感觉。运用相近的色彩搭配，还应遵守近年来流行的服饰礼仪“三色”原则，即在正式场合，所使用的服饰配色，包括西服套装、衬衫、领带、腰带、鞋袜在内的一切服饰，不应超过三种颜色。大学生在日常学习生活中还不至于这么讲究，但参考这样的颜色搭配原则，能收到事半功倍的效果。

（三）对比色服饰搭配

每一种颜色都有对比色，如红与蓝、黄与蓝、黄与紫、绿与紫、黑与白等，都是常见的对比色。对比色是由两种互相排斥的色彩组成的，但若运用得当，对比色之间可以相映生辉，给人以清新、明快、耳目一新的感觉。深藏青色西装，配以白色衬衫、同系列的领带或领结，色彩对比分明，虽历经数百年，但这样的搭配总是让人赏心悦目，永远不老套。

一般来说，如果某一个颜色与白色搭配时会显得明亮，那么与黑色搭配时就显得昏暗。因此，在进行服饰色彩搭配时，应先衡量需要突出哪个部分。不要把深褐色、深紫色与黑色搭配，这样会和黑色抢色，令全身没有重点，而且服装的整体也会显得十分沉闷。黑色与黄色是最抢眼的搭配，红色和黑色的搭配是隆重却不失韵味的搭配。

（四）主色调服饰搭配

选用这样的配色方法之前，先要确定整套服饰的色彩基调是偏冷还是偏暖。服饰色彩基调确定之后，整套服饰的主色就要与色彩基调一致，如以暖色为基调的服饰，主色要在暖色中选择，暖色在整套服饰中要占较大比例或者较重要的位置。主色确定后，选择辅色时，要注意辅色与主色的冷暖基调相同。

上述四种服饰色彩搭配方法是最基本的，以此为基础可以衍生出许多其他色彩搭配方法，但无论使用哪种方法，都应掌握一个基本原则，即搭配后色彩的和谐，和谐就是美。一般来说，黑色、白色、深蓝色、灰色是色彩搭配中的“安全色”，它们本身不张狂，比较柔和内敛，容易与其他色彩搭配，效果比较好。

着装时应注意服装色彩的整体平衡以及色调的和谐。一般而言，上身穿浅色服装，下身配暗色较为平衡。如果上身暗色，下身浅色，鞋子就扮演着实现平衡的重要角色，可以选择暗色系的鞋子。一些穿着配色方案如表 2－1 所示。

表 2－1　穿着配色方案

颜色	配色
红色	白色、黑色、蓝灰色、米色、灰色
粉红色	紫红色、黑色、灰色、墨绿色、白色、米色、褐色
橘红色	白色、黑色、蓝色
黄色	紫色、蓝色、白色、咖啡色、黑色
咖啡色	米色、鹅黄色、砖红色、蓝绿色、黑色
绿色	白色、米色、黑色、暗紫色、灰褐色、灰棕色
墨绿色	粉红色、浅紫色、杏黄色、暗紫红色、蓝绿色
蓝色	白色、粉蓝色、金色、银色、橄榄绿色、橙色、黄色
浅蓝色	白色、浅灰色、浅紫色、灰蓝色、粉红色
紫色	粉红色、灰蓝色、黄绿色、白色、紫红色、银灰色、黑色
紫红色	蓝色、粉红色、白色、黑色、紫色、墨绿色

三、男性着装

（一）男士西装

西装是舶来品，源自欧洲。通常是男士在较为正式场合着装的首选。目前在世界范围内，西装仍然是人们在社交活动中的主流服装，在当今的商业社会，西装更是商务人士的标配。西装之所以长盛不衰，很重要的原因是它拥有深厚的文化内涵，主流的西装文化常常被人们打上“有文化、有教养、有绅士风度、有权威性”等标签。

西装一直是男士服装王国的宠儿，“西装革履”常用来形容文质彬彬的绅士俊男。西装的主要特点是外观挺括、线条流畅、正式感强、穿着舒适。若配上领带或领结，则更显得高雅。穿西装也有很多讲究，具体如下。

1. 选择合体的西装

合体的西装，上衣领子应紧贴后颈部衬衫的领口，低于衬衫领口 1.5 厘米左右；上衣的长度与垂下手臂时的虎口相平或上衣盖过臀部；手臂伸直时，袖子的长度应到手心处；衬衫袖口应露出西服袖口 1.5 厘米左右，肥瘦以穿一件羊毛衫为宜。合体的西裤应有合适的腰围和长度：腰围以穿好后能伸进一只五指并拢的手掌为宜，裤长以裤脚下沿正好触及脚面为宜，并确保裤线垂直。

2. 西装穿着规范要求

（1）西装的纽扣。能否系对西装纽扣直接反映出对西装着装礼仪的把握程度。

二粒扣西装，扣子全部不扣表示随意、轻松；只扣上面一粒，表示郑重；一般不全扣。

三粒扣及以上西装，扣子全部不扣表示随意、轻松；只扣中间一粒表示正宗；扣上面两粒，表示郑重；一般不全扣。

在正式场合，起身站立时，西装上衣的纽扣应当系上，以表示郑重其事。例如二粒扣西装，只扣上面一粒；三粒扣及以上西装，扣上面两粒。借此来体现对公务及商务场合交谈者的尊重。

就座之后，西装上衣的纽扣要全部解开，以防其走样。

提醒自己，注意裤门是否“把牢”。

（2）西装的口袋。西装的口袋应注意清洁，不宜放东西，尤其不宜放过多的东西，否则会引起变形，破坏西装的整体形象。上衣外侧的衣袋只作为装饰，不可放东西，胸部的衣袋可放装饰性的折叠手帕；上衣内侧的衣袋可放少许轻、薄的物品。西装的口袋，装饰作用大于实用价值，不能让口袋显得鼓鼓囊囊，使西装整体外观走样。不同位置的口袋，功能也不太一样，具体如下：

上衣左侧外胸袋：一般不放东西，尤其不应当别水笔、挂眼镜，可放装饰性的折叠手帕。

上衣内侧胸袋：可用来别水笔、放钱夹或名片，但不要放太大、太厚的东西。

上衣外侧下方的两只口袋：原则上以不放任何东西为佳。

西装背心上的口袋：多具装饰功能，不宜放别的东西。

西装裤子侧面的两只口袋：只能放纸巾。

西装裤子后侧的两只口袋：应不放任何东西。

（3）西装的商标。在西装上衣左边袖子的袖口处，通常会缝有一块商标。有时，那里还同时缝有一块纯羊毛标志。在正式穿西装之前，切勿忘记将它们先行拆除。

（4）西装的内衣。西装的标准穿法是西装里面直接穿衬衫，而衬衫之内不穿棉纺或毛织的背心、内衣。不穿衬衫，而让T恤衫直接与西装配套的做法，更是西装穿着的大忌。在西装上衣之内，原则上不允许穿毛衫。如果在冬季实在寒冷难忍，可以穿薄厚不等的马甲。忌穿色彩、图案十分繁杂的羊毛衫或羊绒衫，这样的搭配与西装是不匹配的。扣式的开领羊毛衫或羊绒衫穿在西装里面，同样有煞风景。

3. 西装的搭配

（1）衬衫。在正式场合，穿西装时一定要穿正装衬衫。选择正装衬衫时应注意以下方面：

1）面料。以纯棉和棉涤为首选。牛津布、绒质织物、粗纹理面料属于休闲衬衫的面料。

2）色彩。正装衬衫必须为单一色彩。白色是首选，除此之外，浅蓝色、浅灰色、黑色也可以考虑。花色、红色、粉色、紫色、绿色、黄色、橙色等有失庄重的颜色，不宜在正式场合出现。

3）衣领。衬衫的领型多种多样，在较正式的社交场合应选用标准领、宽角领和小方领，见图2-3。

图2-3 社交场合选用的领型

4）大小。衬衣领口以可伸进两个手指为宜，衬衫领边应高出西服领边1.5厘米，衬衣的袖口要长出西服袖口1.5厘米。

（2）领带。男士穿西装时，最抢眼的通常不是西装本身，而是领带。领带也最能体现一个人的着装风格与品位。领带颜色的选择更具有个性。领带的颜色应与自己的肤色相匹配，也要考虑所处的场合与正式度，通常在正式的商务场合适合选用的颜色是蓝色系、灰色系。在一般的社交场合领带的颜色可以选绛红、粉色系，或深或浅的玫红及浅黄、浅紫红。

领带被视作"西装的灵魂"。打领带时，应对领带的打法、长度、位置、色彩等多加注意。

领带发展至今已经有各式各样的打法，不同的打法适合不同的衬衫。一般而言，在较为正式的场合以平结、温莎结、半温莎结和双环结较为常用。

1）平结。

平结是最基本的领带打法，应用也最为普遍，几乎适用于各种类型的领带。平结的结形较小，适合领尖较小、开口幅度较窄的衬衫，搭配窄腰西服最合适。领结下方所形成的凹洞（称为“酒窝”）要尽量均匀且对称。具体打法见图 2－4。

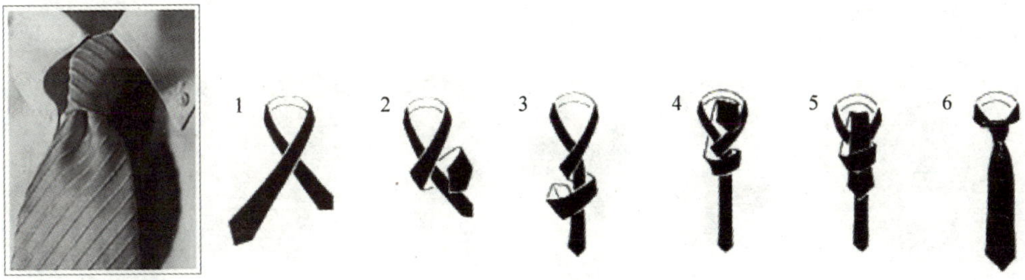

图 2－4　平结及其打法

2）温莎结。

温莎结又称大三角结，结形呈正三角形，是很漂亮的打法。其打法（见图 2－5）以大带身在左右两边各绕小带身一圈，结形较大且宽，所以应避免选用材质较厚或针织的领带。温莎结适合搭配衣领较大或具有双排扣的西服，衬衫以宽领为宜。温莎结是男士领带的最常见结形。

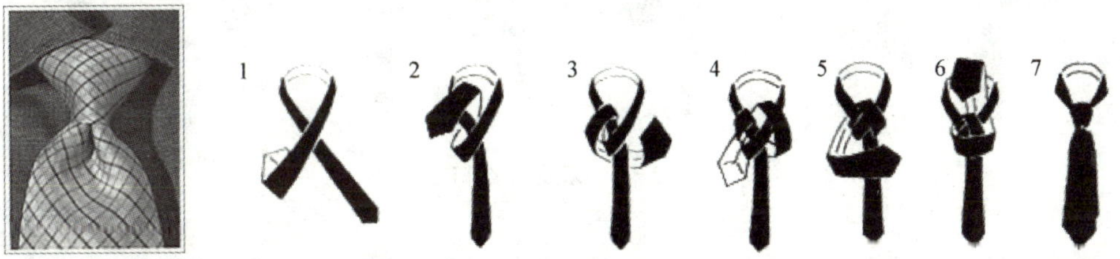

图 2－5　温莎结及其打法

3）半温莎结。

半温莎结结形大小适中，可以搭配各种领型的衬衫。半温莎结的打法（见图 2－6）与温莎结相似，不同的是大带身只绕左边的小带身一圈，不必绕右边，因此结形比温莎结稍小。半温莎结是女士领带的最常见结形。

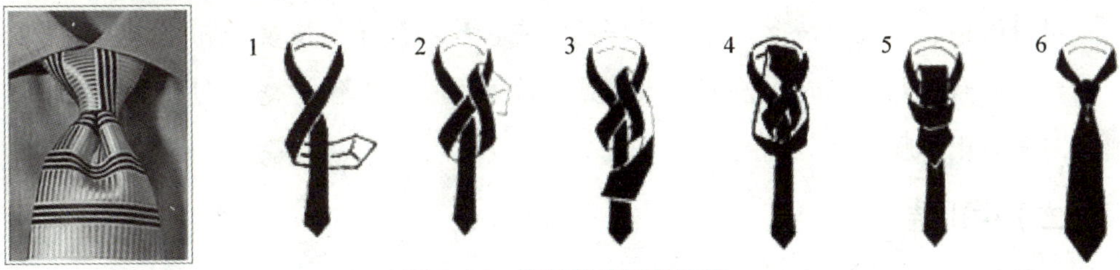

图 2－6　半温莎结及其打法

4）双环结。

双环结的打法比平结多绕了一圈，因此显得比平结大一些、长一些，看起来较有分量，也较有精神。这种打法较有时尚感又不至于太花哨，各种场合均适用。另外，因为绕了两圈，内圈会稍微露出来，这是双环结的特色，不要刻意用外圈把它盖住。双环结的具体打法见图 2-7。

图 2-7　双环结及其打法

5）双交叉结。

这种领结的形状是不松不紧、饱满的等边三角形，可在它的下面压出一道小沟或小窝，更能体现男士的修养。具体打法如图 2-8 所示。

图 2-8　双交叉结打法

领带的长度通常为 130～150 厘米，领带打好后，外侧应略长于内侧，标准的长度应当是下端正好触及皮带扣的中间部位。

领带的色彩要与外套和衬衫协调搭配，面料以纯天然为宜，真丝为首选。

（3）鞋袜。穿西装一定要穿皮鞋，不能穿布鞋、凉鞋或旅游鞋，裤子要盖住皮鞋鞋面。庄重的西装宜配深褐色或黑色的皮鞋。一般来说，西装最好配黑色皮鞋，或者配与西装颜色一致的皮鞋，如深咖啡色西装可以配咖啡色皮鞋。皮鞋的鞋面及边缘要保持干净，不可有破损、裂缝等情形。袜子以深色为主，应与裤子、皮鞋是同类颜色或较深颜色。袜子不可有破洞，同时要整洁，袜头要松紧适宜，长度不宜太短，应穿至小腿一半，以坐下时不露出小腿为宜。

（二）中山装

中山装是以中国革命先行者孙中山的名字命名的男式套装。中山装在西装基本样式的基础上又融合了中国传统元素，整体廓形垫肩收腰，均衡对称，显得稳重大方。毛主席对中山装很欣赏，他一直坚持穿中山装，因而外国朋友又称中山装为“毛式制服”。孙中山先生根据《易经》周代礼仪等内容将中山装的形制寓以意义：前身四个口袋表示国之四维（礼、义、廉、耻），前襟五粒纽扣代表五权（行政、立法、司法、考试、监察），袖口三粒纽扣表示三民主义（民族、民权、民生），后背不破缝表示国家和平统一之大义。

穿中山装时，不仅要扣上全部衣扣，而且要系上领扣。不宜挽起衣袖或裤筒，否则就会显得不伦不类。面料高档、色彩稳重的中山装可作为男士的中式礼服，男士可着其出席各种正式场合。

（三）新式中装

新式中装以中山装为基础，经过改良，把惯常的明门襟改为暗门襟；中间一排中式绣花使其更加礼服化，也更典雅，体现了中国人的开放和优雅；左上口袋放了一块口袋巾，是借鉴西方元素显示贵宾身份，在晚宴等隆重场合表明对对方的尊重。

新式中装的场合适应性高，稳重而不失生动，中国风十足却又融合西方元素，既“上得厅堂”，也能作为便服，只要在颜色上稍做改变即可，还可用新式面料体现时尚感，年轻人穿同样好看，老少皆宜，传统中不失新意与时尚。

四、女性着装

（一）女士中式礼服

女士中式礼服主要指旗袍。旗袍是一种内与外和谐统一的典型民族服装，被誉为中国服饰文化的代表。它以流动的线条、潇洒的画意与浓郁的诗情，表现出中国女性贤淑、典雅、温柔、清丽的性情与气质。旗袍有 300 多年的历史，近年来，旗袍这种极具东方美的裁剪风格影响着世界各地女性的穿着。旗袍作为礼服，一般采用紧扣的高领，贴身，衣长过膝，两旁开衩，斜式开襟，面料多为绸缎，颜色多为单一色，常在绸缎面料上刺绣。作为礼服在社交场合穿旗袍，开衩不宜太高，以到膝关节上方 3～7 厘米为最佳，旗袍最好是长至脚面。穿旗袍时应配穿高跟鞋或制作考究的绣花鞋。在日常生活中，旗袍则不宜过长，对于个子矮小的女性，旗袍可至膝盖至膝盖上 6～7 厘米的位置，对于个子高的女性，旗袍应在膝盖至膝盖下 6～7 厘米的位置，这样既符合服饰美学，也方便活动。

（二）套裙

套裙也称套装，是女性的标准职业着装，不仅使着装者显得干练、成熟，还能烘托女性独具的韵味，显得优雅、文静，塑造出有职业感的形象。著名设计师韦斯特任德曾说过："职业套装更能显露女性高雅气质和独特魅力。"

女性套裙通用着装标准如下。

1. 面料

套裙面料应质地上乘。上衣、裙子和背心等必须是用同种面料制成。要用不起皱、不起毛、不起球的匀称平整、柔软丰厚、悬垂挺括、手感较好的面料。

2. 穿法

职业女性在正式场合穿套裙时，上衣的衣扣必须全部系上，不要将其部分或全部解开，更不要当着他人的面将上衣脱下。上衣的领子要完全翻好，口袋的盖子要拉出来盖住衣袋。裙子要穿得端端正正，上下对齐。

3. 颜色

套裙应当以冷色调为主，借以体现着装者的典雅、端庄与稳重。职业套裙的最佳颜色有黑色、藏青色、灰褐色、灰色和暗红色。精致的方格、印花和条纹也可以接受。如果买红色、黄色或淡紫色的套裙则要小心，因为它们的颜色过于抢眼。另外，还须与各种"流行色"保持一定的距离，以示自己的传统与稳重。选择丝巾时要注意颜色中应包含套裙的颜色。

4. 衬衫

衬衫的颜色可以多种多样，只要与套装相匹配就可以。白色、黄白色和米色与大多数套裙都能搭配。丝绸是最好的衬衫面料。

5. 内衣

要确保内衣合身，内衣颜色不要外露。

6. 袜子

女士穿套裙应穿连裤丝袜，在正式场合穿的连裤丝袜颜色应为肉色。黑色连裤丝袜可以在日常工作及生活中穿，也可以在社交场合及不太正式的场合穿。一般来说，肉色的丝袜可与任何颜色的裙子搭配；袜子一定要大小适宜，绝对不能穿随时都可能往下掉的袜子；袜子应足够长，确保袜口在任何情况下都能被裙子的下摆盖住；在日常生活中不要穿镂空及带网眼的黑色长袜；应随身携带备用丝袜，以防袜子拉丝或跳丝；不能在公共场合整理自己的长筒袜；袜子的厚度应与鞋子的款式相协调，比较单薄、小巧的鞋子应与薄丝袜搭配。

7. 鞋子

皮鞋是最实用的职业用鞋，穿起来舒适，美观大方。鞋跟高度以 5 厘米左右为宜。

在正式的场合不能穿凉鞋、后跟用带系住的鞋或露脚趾的鞋。在社交场合，一般适合穿中性颜色的鞋，如黑色、藏青色、暗红色、灰色或灰褐色，不要穿颜色为大红、粉红、玫瑰红和柠檬黄的鞋。

（三）女大学生着装

女大学生的着装应当彰显青春、活泼，充分体现年轻人的特点。

1. 女大学生校园装的类型

（1）校园制服。即正装，就是上课、开会等正式场合穿的服装。

（2）民族制服。即正装，就是具有民族特色，上课、开会、参加外事活动等正式场合穿的服装。

（3）休闲制服。即副装，就是既可以穿着上课、开会，也可以穿着逛街、休闲的服装。

（4）运动制服。即副装，就是参加体育活动穿的服装。

（5）礼仪制服。即正装，就是在校园中参加礼仪活动穿的服装。

2. 女大学生着装的基本要求

（1）剪裁合适，简单大方的套装。这比两件混搭的着装及时髦装更能体现稳重感与专业性。女大学生在着装时，不宜选择有过多蕾丝花边和装饰物的服装。下身应以裙装为主，也可穿长裤，应选择质料柔软、剪裁合宜的西装裤或休闲长裤。正式场合，套装颜色以中性为主，避免夸张、刺眼的颜色。以自己的肤色属性为前提（也就是选适合皮肤色调的色彩），能让人感到精力充沛、容光焕发、神采奕奕。

（2）与体型搭配。在日常穿着中，一般来说，身材较高的人，上衣应适当加长，配以低圆领或宽松的袖子，宽大的裙子、衬衣；身材较矮的人，不宜穿大花图案或宽格条纹的服装，上衣应稍短一些，这样可以突出腿部的长度。体型较胖的人，应选择小花纹、直条纹的衣服，力求简洁，中腰略收，后背以扎一中缝为好，不宜采用关门领，以“V”形领为佳；体型较瘦的人，应选择色彩鲜明，大花图案或方格、斜格的衣服，给人以宽阔的视觉效果。

（3）避免无袖、露背、迷你裙等性感装束。在课堂上、正式活动中着这类服装会给人一种轻佻、浮躁的感觉。女大学生着装忌过于暴露，否则容易受到性骚扰；忌过于透明，否则会让人觉得轻佻；忌过于短小，否则会给活动带来不便；忌过分紧身，有故意展示性感之嫌。短裙可短至膝盖上 3～6 厘米，裙长至少应盖住大腿的 2/3。

（4）外出社交只带一只手包或小背包，尽量把化妆品、笔、零碎的小东西有条理地收拾好置于包内。手里又提又拿，容易给人凌乱、急躁、办事马虎的感觉。

第四节　饰品佩戴礼仪

一、着装佩饰原则

在社交场合，配饰尤为引人注目。饰品不仅有装饰、美化功能，也是一种无声语言，表达出佩戴者的审美、品位，在一定程度上也传递出佩戴者的地位、身份等信息。饰品的佩戴应遵循下述原则。

（一）以少为佳

佩戴的首饰不应超过 3 件，除耳环、手镯外，最好不要同时佩戴同类首饰超过 1 件。过多地佩戴首饰，珠光宝气之中透露的不是气质，而是俗气。

（二）同色同质

如果佩戴 2 件或 2 件以上首饰，应使其主色调及质地保持一致，切忌所戴首饰色彩斑斓，使佩戴者如同调色板。

（三）扬长避短

选择首饰时，应充分正视自身的形体与肤色特点，努力通过佩戴首饰扬长避短。例如，脸胖的女性不宜戴耳环；脸圆的女性戴项链应加个挂件，以使脸形有拉长的视觉效应。

佩戴首饰时，搭配的原则是尽力与服装协调。佩戴首饰应视为服装整体上的一个环节，要兼顾服装的质地、色彩、款式，并使首饰和服装在搭配、风格上相匹配。

（四）适场应时

选戴饰品，不仅应考虑个人喜好，更应当使之符合本人身份，与自己的性别、年龄、职业、工作环境大体保持一致，而不是相去甚远。在正式场合或社交场合，如果要佩戴饰品，必须是质地精良、做工精细的，以示对活动的重视。

佩戴首饰时，应与时节相吻合。一般而言，季节不同，所戴首饰也应不同。金色、深色首饰适合冷季佩戴；银色、艳色首饰则适合暖季佩戴。

二、女士饰品佩戴

（一）帽子

一顶合适的帽子，加上得体的戴法，能够衬托出一个人的身份、地位和风度，也能掩盖不尽如人意的头形、脸形的缺陷。高校女生在休闲场合戴帽子，要选择与自己的服装相匹配的款式，在公共场合，如教室和礼堂，进入室内通常不宜戴帽子，尤其不宜戴装饰性过强的帽子。观看各种演出、参加正式活动及上台领奖，应把帽子摘下。

（二）手套

手套不仅具有防晒、防寒功能，其装饰功能也很强。在西方国家，手套被称作“手的时装”。戴什么样的手套，要注意与自己当时的衣着相匹配。无论戴哪种手套，在与人握手和进入室内时都应摘去以示礼貌。在公共场所参加正式活动时，可以不摘手套，但在和长辈、领导握手时，要把手套摘下。

（三）眼镜

眼镜有矫正视力、保护眼睛的作用，但其装饰性也毋庸置疑。一副选戴得当的眼镜，能使人平添儒雅、知性的风度，明显改善人脸部的整体形象。选戴眼镜时，除了考虑合适的度数外，还要根据自己的脸形、年龄、肤色、鼻形乃至气质来选择款式。眼镜是“常备饰品”，要注意保持眼镜的整洁，经常用专用镜布擦拭眼镜，不要让镜片上有斑点或灰尘。喜欢戴墨镜的女性，春游远足时或夏季室外常戴无妨，进入室内或参加室外较正式的活动时，应将墨镜摘下。

（四）坤包

坤包是女性生活中的必备品，不仅实用，还可以为女性平添无限风采，是女性在社交场合不可缺少的配件。坤包有手提式、肩挎式等款式。参加社交活动，如宴会、舞会等，以小巧精致的皮坤包或工艺坤包为好。出入正式场合，不要背大坤包，这与气氛不协调。经常参加社交活动的女性，可以多备几个不同款式、颜色、质地的坤包，根据服饰搭配不同的坤包，以达到整体的和谐与完美。坤包的颜色应与服饰的色彩相协调。坤包的色彩同服饰的色彩相一致是一种常用的搭配方法，但选用对比色也不失为一种好的点缀方法。

（五）首饰

首饰是戒指、耳环、项链、胸针等饰物的总称，它本身是服饰美的一种延伸。穿着一套美观、得体的服装，再适当佩戴符合身份、雅而不俗的项链、耳环，能使人风采倍增。但是在校大学生一般不需要过分装点自己，适当装点便能锦上添花。一个青春洋溢的当代知识青年，珠光宝气反而平添了一些世俗气息，得不偿失。

1. 项链

项链的种类很多，大致可分为金属项链和珠宝项链两大系列。佩戴项链应与自己的年龄、体型、脸形、服饰等相协调。一般而言，体型偏胖、脖颈较短者宜佩戴长而细的项链，在视觉上有拉伸感；相反，脖颈细长的人则宜佩戴宽、短一些的项链。身着柔软、飘逸的丝绸衣裙时，宜佩戴精致、细巧的项链，相得益彰；穿单色或素色服装时，宜佩戴色泽鲜明的项链，在首饰的点缀下，整体色彩可显得丰富。景泰蓝、木质或石质的项链，显得深沉古朴，与秋冬季的毛衣搭配效果较理想。

2. 耳饰

耳饰可分为耳环、耳钉、耳坠等。耳饰的佩戴应与发型、脸形、肤色、服装、场合等相协调。长脸形的人可佩戴圆耳环或大的耳环来调节面部形象，使脸部显得丰满；方脸形的人则适合佩戴小巧玲珑的耳钉或狭长的耳坠，可使脸部棱角显得柔和。肤色较暗的人不宜佩戴过于明亮、鲜艳的耳饰，可选择银白色，如珍珠耳饰可修饰肤色的暗淡；而皮肤白皙的人适合佩戴红色和暗色系耳饰以衬托肤色的光彩。上班可佩戴简洁的耳饰，比如珍珠耳钉，既具女性美，又显端庄优雅。长发与狭长的耳坠搭配可显示淑女的风采；短发与精巧的耳钉搭配可衬托女性的干练；古典的发髻搭配吊坠式耳饰使人优雅高贵。

3. 戒指

戒指又称指环。从传统习俗来看，佩戴戒指有相应的规定。由于悠久历史的沿袭，戒指的佩戴已形成一种为大多数人所接受的、约定俗成的规定。按一定的规定形式佩戴戒指，是身份、文化、修养的体现，不可忽视。

就女士而言，戒指通常应戴在左手指上，约定俗成的戴法是：

拇指不戴戒指。戴于食指表示现在正处于单身状态并愿意接受异性的追求。戴于中指表示正在热恋中。无名指专门用来佩戴婚戒，表示已订婚或结婚。据说，无名指上的血管和神经是直接与心脏相通的，将一生中最珍贵的婚戒戴在无名指上，表示对爱情的忠诚以及心心相印。戴于小指表示独身，并立志终身不嫁。

女士在正式场合不宜戴戒指，尤其是在大型仪式及商务活动等场合，以不戴戒指为宜。

4. 手镯

手镯亦称“钏”“手环”“臂环”等。戴手镯时，对手镯的个数没有严格限制，可以戴一只，也可以戴两只、三只，甚至更多。如果只戴一只，应戴在左手而不是右手上；如果戴两只，则可以左右手各戴一只，或都戴在左手上；如果戴三只，应都戴在左手上，不可以一只手戴一只，另一只手戴两只。戴三只以上手镯的情况比较少见，即使要戴也都应戴在左手上，以造成强烈的不平衡感。不过应当指出，这种不平衡应通过与所穿服装的搭配来实现和谐。

此外，正确使用香水可以让一个人的魅力和气质在幽幽香氛中缓缓释放。一般来说，在工作场合，品质好的香水在适度使用后可实现这样的效果：50～80 厘米的距离，可以闻到香味；0.8～1 米的距离，可以隐约闻到香味；1～1.5 米的距离，如果不仔细闻，应该闻不到香味。在舞会这样的社交活动中，可以将这一香味距离增加 20 厘米左右。

不要购买气味浓烈的香水，香味过于浓烈是不得体及低俗的表现。在喷洒香水时，为了确保香味散发在合理的范围内，正确的喷洒方法为：在耳后、颈部、手肘内侧、膝盖内侧喷洒。如果活动时间较长，可以在 5 个小时后补喷一次。另外，香水多为有机成分，易与金、银、珍珠等发生化学反应而使后者褪色、损坏，因此，香水不能直接喷于饰品上，可先喷洒香水再戴饰品。

三、男士饰品佩戴

男士饰品主要包括手表、公文包、皮带等。

（一）手表

手表又叫腕表，是男士非常重要的首饰。在西方国家，手表、钢笔与打火机曾一度被称为成年男子的“三件宝”，是每个男人的必备之物。在正式场合所戴的手表，在造型方面应当庄重、保守，一般而言，正圆形、椭圆形、正方形、长方形手表比较适合在正式场合佩戴。在色彩方面应力戒繁杂凌乱，一般宜选择单色手表、双色手表，不应选择三色或三种颜色以上的手表。不论是单色手表还是双色手表，其色彩都要清晰、高贵、典雅。金色表、银色表、黑色表，即表盘、表壳、表带均带有金色、银色、黑色的手表，是最理想的选择。

（二）公文包

在职场中，男士公文包以黑色、棕色为主，日常生活中可以根据服饰选择相匹配的公文包颜色。公文包面料以真皮为宜，如牛皮、羊皮。标准公文包是手提式的长方形公文包，箱式、夹式、挎式、背式等其他类型的公文包均不能在正式场合使用。

（三）皮带

黑色、栗色或棕色的皮带配以金质、钢质或银质的皮带扣，简单大方，既适合各种衣物和场合，又可以很好地体现职业气质。皮带的搭配应当遵循“皮带与皮鞋相配”的原则。皮带也有尺寸要求。皮带的尺寸应该大于裤子的腰围，长度应介于第一裤耳和第二裤耳之间，宽度应保持在 3 厘米左右。皮带太窄，会失去男性的阳刚之气；皮带太宽，则只适合于休闲、牛仔风格的装束。

此外，男士在社交场所尤其是大型、正式场所，只可以佩戴结婚戒指。

情境角色

成妍是创业集团总经理秘书，她工作踏实认真，深受上司重视。但在衣着方面，由于刚毕业不久，成妍还总是习惯于休闲或运动装打扮。总经理数次想带成妍参加一些商务活动，但每每看到她这样的装束便打消了念头。后来经同事提醒，成妍意识到了这一问题，买了两套职业套裙。

一天，总经理有一个商务谈判，想带成妍一起去，当看到成妍身着得体的茶褐色套裙正要开口让她同往时，突然看到她脚上穿着黑色运动鞋、黑色短袜，总经理的眉头一皱，一个人出了门。

成妍的衣着有什么问题？请就班上同学现有衣着点评搭配最协调的服饰。

第三章

日常交际礼仪

导引

北宋时期，福建将乐县有个叫杨时的进士特别喜好钻研学问，到处寻师访友，到洛阳伊川书院求学，曾先后就学于著名学者程颢、程颐兄弟门下。

一天，杨时与同师门的游酢去向程颐请教，赶上老师正在屋中打盹儿。为不惊醒老师，两人静立门口，等老师醒来。一会儿，空中飘起鹅毛大雪，越下越大，游酢冻得实在受不了了，几次想叫醒老师，都被杨时拦住了。

程颐一觉醒来，发现门外站着两个雪人，深受感动，从此更加尽心尽力地传授学识于弟子。杨时不负众望，终于学有所成。之后，杨时回到南方传播程氏理学，且形成独家学派，世称“龟山先生”。

机会隐藏在细致、体贴的礼仪之中，日常交际礼仪体现了一个人的素养，事业的成功就建立在此基础上。

第一节　拜访和接待礼仪

一、拜访和接待的一般原则

人际关系是人们在生产、生活中所建立的一种社会关系，包括亲属关系、朋友关系、同学关系、师生关系、雇佣关系、战友关系、同事关系及领导与被领导关系等。人际关系反映了个人或群体寻求满足其社会交往需要的心理状态，拜访和接待就是这种社会交往需要的重要载体。

（一）平等

平等是建立人际关系的前提。平等主要指交往双方态度上的平等，每个人都有独立的人格、做人的尊严和法律上的权利与义务，人与人之间的关系是平等的。在拜访、接待过程中，如果有失礼仪，双方会很尴尬。作为拜访的一方，不要因为有求于人而低声下气、盲目自卑；作为被拜访的一方，要保护他人的自尊心和尊重他人的感情，不能有高人一等的态度，更不能因职位、家庭、经济、长相等方面的客观差异而“看人下菜碟”。大学生的自尊心都较强，因此，同学间往来要知礼、懂礼、守礼，这样才会感受到彼此的诚意与尊重。双方都讲礼仪，拜访者才会受他人欢迎，被拜访者的接待也会令拜访者愉悦自如。

（二）互助

“赠人玫瑰，手留余香。”人际关系的好坏以能否满足交往双方的需要为基础。只有拜访、接待双方的心理需要都能获得满足，双方关系才会继续发展。因此，拜访、接待双方要本着互助原则。互助就是当一方需要帮助时，另一方要给对方提供力所能及的帮助。坚持互助原则，就要与人为善，乐于助人，消除狭隘思想与私利思维。同时，要善于向别人求助，别人帮助你克服了困难，也会感到愉快，互助进一步加强了双方的情感交流。

（三）守信

当今世界，无论是国家、组织、企业还是个人，信用体系的建立都至关重要，对于国家、组织、企业及个人而言，言而无信都将会是失道寡助。当今的中国也比以往任何时期更注重信用体系的建设。在商业社会，信用是成功的伙伴，是无形的资本。大学生在社会活动及社会实践中的拜访、接待中不应轻易许诺、不信口开河，要做到言必信、行必果。答应做到的事情不管有多难，也要千方百计、不遗余力地办到。如果经再三努力也没有实现，则应诚恳地说明原因，不能有“凑合”“对付”的思想。守信者能交真朋友、好朋友；不守信者只能交一时的朋友或为利益驱使而捆绑在一起的朋友。在日常生活中，坚持守信还要做到有约按时到、借物按时还。

（四）宽容

在拜访、接待中往往会产生误解和矛盾。大学生在学校里过集体生活，接触密切，不可避免地会产生矛盾。这就要求大学生在交往中不斤斤计较，要谦让大度、克制忍让，做到“宰相肚里能撑船”。宽容、克制并不是软弱、怯懦的表现。相反，它是一种修养，是有度量的表现，是建立良好人际关系的润滑剂，能“化干戈为玉帛”，赢得更多的朋友。

二、拜访

（一）拜访礼仪

1. 预约或应约

到别人家做客，一种是自己主动前往，另一种是受别人邀请。若是前者，应事先打电话或发短信约好时间，以防突然造访给别人带来不便；若是后者，无论是答应还是拒绝，都应及时告知对方，切忌答应某一邀请后又参加别的约会而忘记此约定。决定去拜访某位友人，应先约定宾主双方都认为比较合适的会面地点和时间，并把拜访人数和拜访意图告诉对方，免得空跑一趟或打乱友人的计划。一般来说，拜访应避开吃饭和午休的时间，晚上拜访时间也不宜太长。

2. 注重服饰

拜访他人时，所穿服饰要整洁大方。中式宴请对服饰一般没有明确规定，正式的西式宴请在请柬上主人往往写明“请穿礼服”。一般来说，喜庆时应穿得华丽一些，丧祭时以黑色或素色为宜。拜访入室之前要先正衣冠、理乱发、稳情绪，然后侧身单指敲门，敲门可采用“一长二短”的敲门方式或轻按门铃。夏天进屋后，再热也不能脱掉衬衫、长裤，冬天进屋后，再冷也要摘下帽子、手套、墨镜。

3. 携带礼品

不同的拜访场合，可以准备不同的礼品。如生日宴请、结婚宴请可送有纪念意义的礼品；探望病人所带礼品要根据病人的病情，可以选择对身体有益的补品等，不可随随便便带礼品前去探望。探望病人应更多地注重精神效应，使他感到生活的乐趣，增强战胜疾病的信心。

4. 访谈交流

拜访者应准时到达，或稍稍提早。如因故迟到，应向被拜访者道歉；如因故不能赴约，应事先诚恳而委婉地说明。到达被拜访者家门前，敲门切忌重手重脚或不停敲门，要遵循“一长二短”的敲门方式。进门后要询问被拜访者是否需要更换拖鞋，可以将大衣、雨具交给被拜访者放置，并向被拜访者问候，还要向在场的被拜访者家属和其他客人打招呼，待被拜访者安排或指定座位后再坐下。如果被拜访的是年长者，被拜访者没坐下，自己则不能坐下。在被拜访者家里要注意自己的形象，要大方得体、彬彬有礼，站有站相、坐有坐相。被拜访者送上的果品，要等其他客人或年长者取用后，自己再取用，糖纸、果皮、果核应放在茶几上或专用果皮盒内。即使在最熟悉的朋友家里，也不要过于随便，同时注意尊重被拜访者的民族风俗和习惯。

5. 及时告辞

在与被拜访者交谈的过程中，应注意对方情绪和环境的变化，如果发现被拜访者心不在焉，应及时告辞。口头提出告别后应立即起身辞别，不能说要走结果还坐着不动。告辞要沉稳，不要显得急不可待，走之前不要忘记对被拜访者的热情招待表示感谢。当被拜访者送客走到门口将分手时，拜访者应主动与被拜访者握手道别，并说“请回”“留步”“再见”之类的客套话。

6. 客居小住

有时要在亲朋好友家中小住几天，自己的到来已给主人增添了许多麻烦，更应注意相关的礼仪。首先，要了解主人的生活习惯，尽量遵从主人的这些习惯，自己住的房间要自己打扫；其次，主人陪同观光购物时，费用尽量自己支付，时间尽量选择节假日或主人休息的时间；再次，在小住期间，未经主人准许不要进入主人书房或卧室，也不能随意翻看书刊、信札等物品，话题应避免涉及主人隐私或钱财等内容；最后，客居期间应为主人家做一些力所能及的事。

（二）探视

1. 探视前须准备

探视病人的时间要视病人的情况而定。如果是一般疾病，获知消息后就应该前去探视，以表示关心和急切。如果病人处于危险时期，或患有传染性疾病，则要选择合适的时间，比如手术后、传染控制期，或者向其家人表示问候，由其家人转达问候。如果是去医院探视，要遵守医院规定的探视时间，原则上不宜下午和晚上去。如果是去家里探视，则不要选择一大早、午休或晚间休息时间，以免影响病人的休息。探视病人的最佳时间是上午 10 点到 11 点。探望病人的时间不宜太长，如果与病人关系密切，可以根据对方的病情和请求稍微多留一会儿，但一定要注意避免让病人劳神。如果因故不能亲自前去探视，可委托他人转达问候。一般不宜采取打电话的方式，因为病人可能不方便接电话。

探视病人一定要穿干净卫生的衣服，同行人数宜少不宜多，人多嘈杂，容易影响病人休息。

2. 交谈要适当

与病人交谈的目的是解除病人的孤独感，分担病人的痛苦和担忧，帮助病人淡忘自己的病痛，稳定情绪，保持乐观、开朗的心境。与病人交谈时，要专心看着对方，认真听对方说话，不时地应答。如果病人病情较轻，可多让病人说话，询问一些有关情况，探问病人的感觉和需要。不宜主动追问详细病情和治疗方法，尤其是对重病号，切不可流露出沉重或悲伤的表情，更忌讳当着病人的面流泪。应该谈些轻松、愉快的话题，说话坦诚，不要吞吞吐吐或与他人小声交谈，也不宜提供一些旁门偏方，这些会增加病人的心理负担，不利于病体恢复。

3. 探视动作宜轻、静

进病房前要先轻轻敲门，经允许后再轻轻推门进去。问候、说话的声音要轻柔，切忌大声喧哗、说说笑笑。如果病床周围有医疗器械和瓶瓶罐罐，不要大惊小怪，也不要乱摸乱动。打招呼、握手要亲切自然，使病人体会到自己的关心是真诚的。

4. 探视礼品应适宜

很多人喜欢给病人送鲜花和水果，但要注意，有些病人或同病房的人可能对鲜花过敏，或者患有呼吸道疾病，不适宜呼吸弥漫着花粉的空气。另外，如果是住院，大家探视都送鲜花，也容易影响病房内的其他病人。水果不带皮、壳的也不宜送。特别要注意的是，一些糖尿病人、肠胃病人不能吃水果。其实，探视病人可送一些实用的东西，小玩具、画册、羊毛毯、保温杯等可以作为探视病人的礼品。

三、接待

（一）准备

无论接待哪一类型的来访者，事先都应做必要的准备，特别是应邀而来的客人。准备工作包括：做好室内外卫生和室内布置，“洒扫门庭，以迎嘉宾”；备好待客的用品，如茶水、水果和点心等；如果留客吃饭，应预备丰盛、可口的酒菜；如果有小客人同来，还得预备一些玩具和童书；主人要注意自己的仪表，女主人更应穿着得体。如果是正式宴请，还要预先送请柬或打电话邀请，确定宴请时间、场所，排好座次，落实宴请形式、规模、档次。

（二）迎候

客人在约定时间到达，主人应提前到门口迎接，不宜在房中静候。如果有客人突然来访，要热情相待，若室内未清理，应致歉并适当收拾，但不宜立即打扫，因为打扫有逐客之意。如果客人来自外地，应按事先约定的时间专程前往车站或机场迎候，接到客人后应致以问候和欢迎。如果是久未谋面的客人，见面时可说“久违，久违”。对于近道初次登门的客人，也应到门口或楼下迎接，可说“久仰，久仰”。如果未能亲迎，可说“失迎，失迎”或“有失远迎”等表示歉意。如果客人手提重物，应主动帮助接提，对长者或体弱者可上前搀扶，还要关照家人给予帮助。

（三）待客

客人进入室内，应把最佳位置让给客人坐。如果客人是初次来访，应向家人或其他客人做介绍。主人要面带微笑，步履轻松，不能有疲惫、心烦之相。客人落座后，应热情奉上茶水、点心等。一般来说，茶水应放在客人的右前方，点心放在客人的左前方；上茶应从客人的右边上；如果请客人吃水果，应将洗净的水果或已削皮的水果用果盘盛至客人面前。中国有“端茶送客”的说法，所以应和客人一起端茶或喝茶，避免独自端茶，以免有“逐客”之嫌。客人坐下，奉敬茶水、点心之后，应及时与之交谈，话题内容可因实际情况而定。一般来说，应谈一些客人熟悉的事情，若无法陪客人交谈，可安排身份相当者代陪，或提供报纸杂志、打开电视供客人消遣，切不可只顾自己忙，把客人晾在一旁。

客人来访可能会带一些礼物，主人接受礼物时，眼睛应注视着对方，双手捧接，并表示感谢。按中国的传统习俗，接过礼物后一般不打开，要等客人走后方可打开。而现代社交礼节则要求在同学、朋友送礼物时，一定要征询送礼物的人是否可以打开，征得对方同意后，则一定要打开礼品，表示喜欢并说出赞美之词。不管收到什么礼物、收到礼物后不管是否打开，都要表现出高兴，说上几句感谢对方的话。中国传统习俗要求在逢年过节收到礼物后，应遵循礼尚往来的原则马上回赠必要的礼物。在现代日常的社交礼仪中，收到礼物不宜马上回礼，以表示友谊天长地久。比如，同学请客，同学送的生日礼物、纪念品等，要回礼但应选适当的时机，而非马上回礼以体现礼节。

（四）送客

当客人准备告辞时，主人应婉言相留，等客人起身后，主人再起身相送，家人也应微笑起立，亲切告别。只有当客人伸出手道别时，主人方可伸手相握，切不可在送客时先“起身”或先“伸手”，免得有厌客之嫌。客人来时带有礼物的，应再次提及对礼物的感谢，并不忘提醒客人是否有东西遗忘，或有什么事需要帮忙。迎客时主人走在前面，送客时客人走在前面。主人送客，一般应送到门外或楼下，目送客人远去时可挥手致意。远客或年纪大的客人如有需要，比如路不熟、走路不便等，则应送到车站，待客人进站后再返回；送客至机场的，应待客人通过安全检查处之后再返回。

（五）招待小住

有时客人来访可能要小住几天，这时更应注意如何使客人高兴而来、满意而归，要做好心理准备、物质准备，了解客人情况，陪同游览、购物，并注意客人小住期间的家庭小节，尤其不能当着客人的面谈论近期家庭开支等经济问题。

第二节 交谈沟通礼仪

一、介绍

（一）自我介绍

介绍是见面相识和发生联系的最初方式。在没有合适的中间人介绍的情况下，巧妙、得体的自我介绍可以推动双方进一步交往，也可以展示自己良好的交际风度。

1. 自我介绍的程序

自我介绍有既定的基本程序，先向对方点头示意，得到回应后再向对方介绍自己的姓名、学校、专业等。自我介绍时，不要用大拇指指向自己，态度要自然、热情、亲切、真挚，行为举止要落落大方。在学校和班级里担任一定职务的，除非有必要，一般不要在自我介绍时主动透露，此举有夸耀之嫌。

2. 自我介绍的时机

做自我介绍时，要把握好时机，一般在初次见面时需要进行自我介绍，在社交活动及聚会中想结识陌生的人也需要先进行自我介绍，在这样的情况下进行自我介绍的时机以对方有兴趣时为最佳。介绍时间以在半分钟内为宜。如果是工作场合的自我介绍，则要侧重突出与工作有关的内容，忌刻意扩展、借公荐己；社交场合的纯私人成分、私下场合的自我介绍，尺度相对宽松一些，若对方确有认识自己的意愿，则在自报姓名、学校、专业等基本信息之外，简略介绍一下自己的籍贯、爱好、专长和所担任职务等。

3. 主动介绍与被动介绍

在公共场合，如果想结识某人又没有适当的机会请别人帮忙介绍，可采取主动的自我介绍方式与对方交流，比如先说“您好，我是××学院的××，见到您很高兴!”以引起对方的注意和呼应；也可以采用被动自我介绍的方式，先婉转询问“您好！请问怎么称呼您?”，等对方做完自我介绍后可顺势介绍自己。无论怎样做自我介绍，原则都是诚实和坦率，使对方愿意与你结识。

（二）第三方介绍

在社交场合，自然充当第三方介绍人的，一般是牵头组织者、地位或年龄最高者及被介绍双方共同认识的人。

1. 介绍顺序

一般要先将年轻的介绍给年长的人，将职级低的介绍给职级高的人，将男士介绍给女士，将客人介绍给主人，将个人介绍给团体，将晚到者介绍给早到者。在校园内，要先把同学介绍给老师，然后将老师介绍给同学；先将男同学介绍给女同学，再将女同学介绍给男同学。

2. 介绍动作

做介绍时，介绍人应起立，站在被介绍双方的一侧，呈三角形站立。手的正确姿势是抬起前臂，五指并拢伸直，手掌向上倾斜，指向被介绍者。切忌用食指或中指指向被介绍的任何一方，也不能用手拍打被介绍者的肩部、胳膊和背部。

3. 介绍用语

介绍人的介绍用语应简明扼要，把握好分寸，一般不要介绍被介绍者隐私方面的情况，如家庭住址、通信方式等信息。在介绍中要一视同仁、公平客观，不要过分赞扬其中的一方，但可以在介绍时有意识地选择双方的共同点，如相似的经历、共同的爱好、相关的学业等，以便双方结识之后很快找到共同的话题，能尽快熟悉。在进行介绍之前，最好先征求一下双方的意见，以免为原本相识或有一方不愿意被介绍的进行双方介绍。

4. 被介绍者

被介绍者一经被介绍，即刻成为大家注意力的中心，这时应当做出应答动作：原本坐着的，应该起立向在座者示意，若不能起立，也要欠身作答；被介绍后走向对方，注视着对方，面带微笑，表示对对方的尊重；还要主动与对方握手，相互致意。

（三）握手

握手、拥抱与吻礼是当今世界社交场合流行的、以身体接触来传递情感信息的礼貌举动，属于一种触摸语言，具备很强的可感受性。

握手乍一看简单，但握手时的主动与被动、力度的大与小、时间的长与短、身体的姿势、面部表情及视线的方向等，直接表现出握手人对对方的礼遇和态度，同时通过握手也能窥测出对方的心理活动态势。

1. 握手的顺序

握手的顺序应当根据握手双方的社会地位、年龄、辈分、性别和宾主身份来确定，有一个“尊者在先”的原则，即尊者先伸手才能相握。上级与下级之间、长辈与晚辈之间，应是前者先伸手，后者先问候，待前者伸手后才能相握。在男士与女士之间，女士伸手后男士才能相握，若女士无握手之意，男士点头或鞠躬致意即可；若男士是长辈或领导，则男士应先伸手。

在大学校园内，女同学比较矜持，往往不会主动伸手与男同学相握，但内心并非不愿与之握手；男同学比较主动，大多是男同学先伸手，女同学也很少因不合礼仪而表示拒绝。但女士先伸手是国际礼仪惯例，同学们应当心中有数。宾主之间，客人来访抵达，主人应先伸手表示欢迎；客人告辞时，应由客人先伸手表示辞行主人才能相握，否则有逐客之嫌。如果有必要同许多人握手，礼仪顺序是先尊后卑，依次进行，以职务和辈分为准，按先女后男的次序进行。在公共场合，当别人忽视了握手礼的先后顺序已经伸出手时，应毫不犹豫地立即响应并回握，拒绝他人的握手礼是很不礼貌的举动。有时主动伸出手与对方相握时对方却没有注意到，此时最好的办法是自然、微笑地收回自己的手，不必在意。

2. 握手的姿势

握手的标准姿势为在介绍人介绍之后或者相互问候的同时，各自伸出右手，彼此之间保持一步左右的距离，手略向前下方伸出，拇指张开，其余四指自然并拢并微微内曲，以手掌和手指与对方的手扣合。伸手的动作要稳重、大方、速度适中，不能有迟疑的感觉，态度要亲切、友善、热情。右手与人相握时，左手应当空着，并贴大腿外侧下垂，以表示专心。握手时一般应当站着，除了老弱残疾者外，不能坐着握手。为了表示尊敬，握手时上身应略微前倾，略微低头，面带笑容，注视着对方的眼睛，边握手边说“您好”“见到您很高兴”“欢迎您”等。切忌握着一个人的手却看着另一个人，这样极易造成误会。相握的手可以上下微摇以表示热情，但不宜左右晃动或一方僵硬静止、一动不动。对尊敬的长者，可以采取双握式，即自己的右手紧握对方右手的同时，再用左手加握对方的手背。

握手时相握时间的长短可因人、因地、因情而异，握手时间太长会使人感到局促不安，太短则表达不出应有的情感，有敷衍之嫌。初次见面，握手以 3 秒钟左右为宜。多人相聚，不宜只与某人长时间握手，以免冷落其他人而引起误会。

握手的力度要适中，以有力、牢固而对方不觉疼痛为度。“虎钳式”的抓握显得过于热情，近乎虚假，也是粗鲁无礼的；握得过轻，仅轻拢对方指尖，时间短暂，会显得妄自尊大和敷衍了事。在社交场合男性与女性握手时，只需轻轻握一下女性的四指即可。异性握手一般不用双手。

3. 握手的禁忌

（1）忌不讲先后顺序，抢先出手。

（2）忌目光游移，显得漫不经心。

（3）忌戴着手套、墨镜，高傲无礼。

（4）忌用力不当，敷衍、粗鲁。

（5）忌握手时间过长，让人无所适从。

（6）忌滥用双握式，令人尴尬。

（7）忌“死鱼”式握手，冷漠轻慢。

（8）忌掌心向下，目中无人。

（9）异性在社交场合握手时，忌虎口相对，如图 3-1 所示。

（10）忌用左手相握，尤其是和阿拉伯人、印度人打交道时。

图 3-1 异性握手禁忌

（11）忌握手时另外一只手插在衣袋里或拿着东西。

（12）忌握手时仅仅握住对方的手指尖，好像有意与对方保持距离。

（13）忌握手时把对方的手拉过来、推过去，或者上下左右抖个没完。

（14）忌拒绝和别人握手，如果有手疾或手湿、手脏，要和对方说一声“对不起，我的手现在不方便”，以免造成不必要的误会。

（四）碰肘碰拳礼

2020 年，一场疫情席卷世界各地，此时，为了避免通过握手交叉传染病毒，空军军医大学唐都医院的医护人员在抗击疫情的同时，用新的肢体语言——“碰肘礼”相互问候、相互加油。同年 8 月 25 日至 9 月 1 日，国务委员兼外交部部长王毅首次出访选择意、荷、挪、法、德欧洲五国，也用“碰肘碰拳礼”取代了传统的握手礼。自此，碰肘碰拳礼成为全球新的肢体礼仪。

1. 碰肘碰拳礼的姿势

在使用碰肘碰拳礼时，应以肩带肘，抬起至胸部高度，同时手握空拳、胳膊弯曲，以肘碰肘、拳碰拳表示问候。

2. 碰肘碰拳礼的顺序

碰肘碰拳礼同握手礼类似，依然遵循“尊者先伸手”的原则，同时，由于碰肘碰拳礼作为特殊时期的特殊礼节，尊者拥有选择权，选择依然握手或者碰肘碰拳。当然，如果你是尊者，你也可以在和对方相互行礼前，礼貌地说一句“我们采用碰肘碰拳礼，好吗?”，这样对方也就不会应对失措了。

二、交谈

（一）交谈的要领

1. 适度寒暄

在人际交往中，不可能一见面就谈正事，适度寒暄也是需要的。寒暄在与他人相遇、交往、沟通等环节中不可缺少，是相互问候的一种礼节性语言形式。所谓寒暄，是指社会交往中双方见面时以天气冷暖、风俗民情、相互问候为内容的应酬话或客套话。它的主要功能是打破陌生人之间的界限，缩短熟人之间的感情距离，创造和谐的气氛，引出交谈的话题。

2. 善选话题

善于选择话题不是无话找话，也不是漫无边际地瞎侃，而是有目的地接近人、了解人，同时也让对方了解你，觉得你平易近人。话讲得好不好，不仅要看话语是否恰到好处地表达了自己的思想感情，还要看谈话是不是符合谈话对象的需要，对方是否乐于接受。

3. 谦虚礼让

交谈时应该把自己和对方摆在平等的位置，用商讨的口吻和语气、温和的语调、易于为对方接受的言辞与之交谈。

4. 举止得体

交谈时不可用手指指向对方；在长辈、领导和师长面前，不要指手画脚；不要做不尊重谈话对象的动作，如揉眼睛、掏耳朵、搔头发、修指甲、伸懒腰、玩弄手机等。

（二）称呼礼

称呼是人们在日常交往中所采用的彼此之间的称谓。在人际交往中，选择正确、恰当的称呼，既反映了自身的素养、对对方的尊敬，也体现了双方关系发展所达到的程度和社会风尚，因此不能随便乱用。每一位社会成员都在社会的大舞台上扮演一个特定的社会角色，而社会成员之间的称呼最能反映人际关系的亲疏远近、尊卑高下。称呼的格调有文雅和粗俗之分，不同的称呼可以使人产生不同的感受。刚开始交往时，只有使用高格调的称呼，才会使交往对象产生交往的欲望。同学、朋友之间年龄相仿的，一般可直呼其名，三个字的姓名可免称姓氏，显得亲切。比较正规的称呼，则要将姓氏、职务或职称并称才合适，如“张老师”“李处长”“王教授”等。社会上有称呼领导职务时的简化版本，将“长”字省略，如“李处”“刘局”等，但在公共场合是不提倡的。对熟悉的长辈，称呼时加上姓氏比较好，如“孙爷爷”“杨阿姨”“赵叔叔”等。至于“三爸”“四婶”等俚称，“甜心”“宝贝”等昵称，以及网络用名，则不适合在正规场合使用。

1. 一般原则

（1）礼貌原则。这是人际交往中称呼方面的基本原则之一。每个人都希望得到他人的尊重，而合乎礼节的称呼，正表示了对他人的尊重和己方的礼貌修养。在交往中称呼他人时，要记得使用尊称。常用的尊称敬语有：“您”——您好、请您、您走好；“贵”——贵姓、贵方、贵校、贵体；“大”——大名、大作；“高”——高寿、高见、高明；“尊”——尊姓、令尊等。

（2）尊崇原则。中华民族历来有“从大”“从老”“从高”的心态与文化传统，比如，对长于自己的同龄人，称呼对方为哥、姐；对于长辈，根据年龄可称爷或伯。在日常的公务及商务场合，对于职务方面的副职，称呼时免去“副”字，一律以正职相称，此乃习惯成自然，不宜细抠；在正式会议、重要场合，则应按照当事人职务的正副职来称呼。

（3）适度原则。对不熟悉的人，如理发师、厨师、工人等，可称其为“师傅”。但对老师、医生、军人、干部、商务工作者以“师傅”相称就不合适，一般以职务称呼，不知其职务时可用“先生”“女士”之类的称呼。

2. 称呼的类型

（1）职务性称呼。以交往对象的职务相称，以表示身份有别、敬意有加。可以直接称呼职务，也可以在职务前加上姓氏，还可以在职务前加上姓名（适用于极其正式的场合）。

（2）职称性称呼。对具有职称者，尤其是具有高级、中级职称者，在工作中以职称相称。可只称呼职称，也可在职称前加上姓氏或姓名（适用于十分正式的场合）。

（3）行业性称呼。对于从事社会公共事业工作的人士，有时可按从事的行业进行称呼。对从事某些特定行业的人，可直接称呼对方的职业，如老师、医生、会计、律师等，若知道对方的姓名，也可以在职业前加上姓氏、姓名。

（4）性别性称呼。对于从事商业、服务业的人，一般约定俗成地按性别的不同分别称呼“小姐”、“女士”或“先生”，“小姐”用于称呼未婚女性，“女士”用于称呼已婚女性。

（5）姓名性称呼。这一般限于同事、熟人之间。在工作岗位上，可以直呼全名；也可以只呼其姓，但要在姓前加上“老、大、小”等前缀；还可以只称其名，不呼其姓，通常限于同性之间，尤其是上司称呼下级。在亲友、同学、邻里之间，也可使用这种称呼。

3. 谦称与敬语

（1）谦称。主要用于自称及向他人称呼自己的家人，这类称呼在当今社会常见于书面文字中。如“愚”——愚兄、愚见、愚意等；“舍”——用于称比自己辈分低和年龄小的亲属，如舍妹、舍弟、舍侄，同“小”的用法有相似之处，如小儿、小婿、小弟、小侄等；“家”——家兄、家父等；“鄙”——鄙人、鄙职、鄙意等；“拙”——拙见、拙作、拙笔等。

（2）敬语。自己言行失误时，说“对不起”“很抱歉”“很惭愧”“失礼了”“不好意思”等；请求他人谅解时，说“请原谅”“请多包涵”“请别介意”等；对他人的致歉、致意报以友好态度时，说“没关系”“别客气”“您太谦虚了”等。

谦称和敬语，在许多方面是对应关系，如初次见面时有这样一种习惯，就是问对方姓名、年龄通常是说贵姓、贵庚等。一个“贵”字把对方的地位抬高，表现了对对方的尊重；而对方的回答则是“免贵姓×”。这样的回答又把自己降到了与问话者同一高度，表现出谦虚和对对方的尊重。例如，“令尊”同“家父”、“令妹”同“舍妹”、“贵府”同“寒舍”、“令爱”同“小女”、“高见”同“愚意”等都是互相对应的一敬对一谦，表现交往双方的文明礼貌修养。

（3）常用的谦称与敬语。与人相见说“您好”，问人姓氏说“贵姓”，问人住址说“府上”，初次见面说“久仰”，长期未见说“久违”，求人帮忙说“劳驾”，向人询问说“请问”，请人协助说“费心”，请人解答说“请教”，求人办事说“拜托”，麻烦别人说“打扰”，请给方便说“借光”，请改文章说“斧正”，接受好意说“领情”，求人指点说“赐教”，老人年龄说“高寿”，身体不适说“欠安”，看望别人说“拜访”，送礼给人说“笑纳”，送人照片说“惠存”，欢迎购买说“惠顾”，希望照顾说“关照”，归还物品说“奉还”，请人赴约说“赏光”，对方来信说“惠书”，需要考虑说“斟酌”，无法满足说“抱歉”，请人谅解说“包涵”，言行不妥说“冒犯”，慰问他人说“辛苦”，迎接客人说“欢迎”，宾客来到说“光临”，等候别人说“恭候”，未及时迎接说“失迎”，客人入座说“请坐”，陪伴朋友说“奉陪”，临分别时说“再见”，中途先走说“失陪”，请人勿送说“留步”，送人远行说“平安”，请人决定说“钧裁”，接受教益说“领教”，谢人爱意说“错爱”，受人夸奖说“过奖”，交友结亲说“高攀”，祝人健康说“保重”。

（三）打招呼

见面打招呼、问好是人们在交往中借助交谈互表友好和认定的一种方式。打招呼是人们见面时最简便、最直接的礼节，主要适用于在公共场所相见时彼此问安问好，致以敬意或表达关切之意；对方来到自己生活或办公的环境时，自己主动与对方进行联络。

（1）得体。中国人见面较喜欢互相问候，而且越是先问候别人，越显得热情、有素养、知礼、明礼。例如，在工作中最普遍的用语是“您好”，有时再加上一个恰当的称呼，如“王师傅，您好”“李老师，再见”就会显得亲密。当然，随着社会的发展，人们在社交中所用的交流词汇也在发生变化，用于打招呼、问候的语言越来越丰富。其实最重要的不是说什么，而是交往中主动热情的态度。

（2）适度。打招呼的方式、语言要考虑环境、场合等因素，在生活场合，关系密切者可以运用轻松、随意的打招呼方式和语言，而在工作、社交乃至国际交往中就应该选用较正式的打招呼方式和语言，以与自己的身份相符。通常，问候之后，人们会很自然地行见面礼，以表示友好。

（四）询问与应答礼

在日常工作中，经常会遇到需要请教他人问题或他人来询问事情的情况。怎样询问他人或回答他人，都体现了一个人的礼貌和修养。

1. 询问

（1）询问的原则。

1）注意态度。不要让对方感觉像是在查户口。

2）选择合适的招呼语和请求语。询问是一种请求，请求别人帮忙应使用合适的招呼语和请求语。比如对较有身份的人士可称“先生”“女士”，而对普通人可称“师傅”“同志”。请求语有“请”“麻烦您”“劳驾”“请问”“请帮忙”等。如果想咨询某方面的问题，可以说“我想向您请教一个问题”。

3）对被询问者的感谢。不管询问的结果如何，都要表示真诚的感谢，这是询问者最起码的礼仪，不可一言不发急速离去。

（2）询问的用语。

1）询问对方的籍贯。若面对的是同龄人，一般可以问“您老家是哪儿的？”若面对的是长辈，可以问“您府上是在××吧？”对方一般会很高兴地告诉你自己的籍贯，每个人对老家都怀有一种特殊的感情。当对方告诉你自己的籍贯时，你可以提及那个地方的特产、名胜古迹等。

2）询问对方的年龄。对未成年人可以这样问：“看你办事情这么老练，今年有 18 岁了吗？”未成年人都希望自己成熟一点，所以他们希望对方估计自己的年龄时说大一点。询问老年人的年龄则恰恰相反，他们都希望自己年轻一点。如果对 60 岁的老人说“您今年 50 刚出头吧？”他会很高兴；如果实在看不出对方的年龄，也可直接问“您贵庚？”“您高寿？”

3）询问对方的姓名。可以说“请问您贵姓？”“请问尊姓大名？”如果对方自我介绍时自己没有听清，可以说：“对不起，刚才没有听清您的大名，您能重复一遍吗？”

4）询问对方的文化程度。对于这个话题，不宜直问，最好不问，有时也不妨模糊一点，如果你问“您是哪个大学毕业的？”假如对方是高中毕业，开口就问是哪个大学毕业的会使对方尴尬，也显得问话者过于冒失。

5）询问对方的职业。可以问“现在您在何处供职？”“您在哪儿工作？”“近来在哪儿高就？”若不知对方有无职业，可以问“最近在忙些什么？”这样可以从谈话中弄清对方的职业。

2. 应答

应该本着互助的精神，热情回答他人的询问。

在办公室有人询问时，应暂时搁下手中的事情热情接待。回答应耐心、细致、周到、详尽，不能模棱两可、简单了事。当被问到不了解的情况时，应向对方表示歉意，或者找其他人帮助解答，不可敷衍或信口开河。

3. 雅语

使用雅语是一种良好的习惯，而多用雅语也体现出一个人的文化素养以及尊重他人的礼仪素质。

雅语常常在一些正规的场合以及有长辈和女性在场的情况下使用，用来替代那些比较随意甚至有些粗俗的话语。例如，对于体重，会用“富态”“丰润”来代替“胖”字。

在待人接物中，使用茶来招待客人时，应当说“请用茶”。如果还有点心，可以说“请用一些茶点”。假如先于别人结束用餐，应当向其他在场的人打个招呼，如“请大家慢用”。

在陌生人家里做客，如果要上卫生间，应说“可以使用一下这里的盥洗室吗?”或者说“请问，哪里可以方便一下?”

谦称、敬语、雅语等主要适用于初次交往、因公交往或外交场合。要注意言谈的环境因素，非正式场合可以比较自然轻松，庄重场合则要注意分寸。谈话要有强烈的对象意识，应根据谈话对象的年龄、性别、社会地位、文化知识水平及思想状况区别对待。熟人应亲切、自然，生人应礼貌、客气；对上级应尊重、有礼貌，对下级应严肃又不失随和；对异性应大方、有分寸。若好朋友碰到了不顺心的事，宜表同情，多加劝导。无论是与关系多么密切的谈话对象交谈，切忌使用粗俗、污秽的语言，忌说脏话、黑话、荤话、怪话和尖酸刻薄的话。与残疾人相处，不宜说伤害对方自尊的话。喜庆场合，不宜谈论天灾人祸、某人去世等话题；遇到正办丧事的人，只应讲些“节哀”之类的劝慰话语。总之，交谈中说符合场合的话是有必要的。

（五）致谢与致歉

受人帮助要及时表示感谢，得罪他人要及时赔礼道歉。受惠不谢，知过不改，在社交中是严重的失礼行为。

1. 致谢

在交往中，互相关心、互相帮助是素质高的具体体现，一旦获得别人的帮助、接受别人的恩惠或者得到别人的称赞，就必须及时、诚恳地表达谢意。

（1）致谢的方式。

致谢的方式有当面致谢、书信致谢、中转致谢、电话致谢等。

（2）致谢的要求。

1）要诚心诚意，饱含感情，不可轻描淡写。

2）要使用尊称，如果向几个人致谢，要逐一进行。

3）要选择适当的时机，有时还需及时地给予酬谢。

4）要采用得体的体态语，微笑着注视要致谢的人。

5）要注意对方的反应，如果对方不解，要当场说明致谢的原因。

（3）致谢的常用语。

致谢的常用语主要有“谢谢”“非常感谢”“感激不尽”“多谢您”“恩重如山”“不胜感激”等。

（4）致谢的技巧。

谢人酒宴招待，不妨称赞菜肴可口、厨艺独特；谢人借用工具，不妨称赞此物使用顺手；谢人代购物品，不妨夸奖代购者的眼力；谢人称赞，不妨答“不敢当，您过奖了”；谢人帮助，不妨答“您受累了，真叫我不知道该怎样感谢您”。

致谢无一定规范，要因事而异、相机而言，主要的原则是使对方切实感到答谢人诚挚的谢意，从而产生进一步交往的愿望。

2. 致歉

适时致歉有利于人际关系的改善和个人形象的修正与优化。向他人赔礼道歉是一种交际补偿，是尊重别人、尊重自己的必要礼节，不能认为致歉有失身份和体面，以致在人际关系上留下阴影。

（1）致歉的原则。

1）不可过分。致歉是认错的客套话，比如无意中踩到了别人的脚而使他人感到不悦时，不能说“活该”之类的话，实事求是地赔礼道歉易获得对方的谅解，如果随意夸张，反被认为是虚情假意。

2）配合必要的行为。口头致歉是主要方式，但要配合适当的补偿行为。在人际交往中，如果给对方造成了一定的物质损失，不仅要口头道歉，还要给予经济补偿。

（2）致歉的常用语。

确认自己言行不当，可以说“对不起”“失礼了”“太不应该了”“真抱歉”“很惭愧”“打扰了”等。请求对方谅解，可说“请原谅”“请多包涵”“您宰相肚里能撑船”“请高抬贵手”“请多批评”等。

（六）交谈的禁忌

1. 个人隐私

交谈中不要涉及令对方不愉快的事情。不愉快的事情包括“敏感事”和“隐私”。病亡、贫困、身体缺陷等都是较为敏感的事，这类话题不提为好。例如，不询问对方的婚姻状况、履历、工资收入、家庭财产、家庭住址、家庭电话等。

2. 年龄和容貌

与女士交谈时最好不要过多谈论对方的年龄、美丑、胖瘦等。但在社交场合，有时对女士的衣服、发型、气色表示真诚而适度的称赞不在此列。

3. 服饰价格

与不熟悉的人交谈时不可问对方衣服的质量、价格，首饰的真假等。如果在社交场合问及这些问题，会使对方难以回答，甚至陷入难堪境地。

4. 健康状况

除了亲朋好友外，没有人会对个体的健康感兴趣。有严重疾病的人通常不希望自己成为谈话的焦点。

5. 涉“性”话题

在社交场合不可以黄色、淫秽的内容为话题，也不得开低级庸俗的玩笑，那样只会证明你的格调不高。

6. 政治话题

除非很清楚对方的立场，否则应避免谈论具有争议性的敏感话题，如体制、党派等，这容易引起双方对立僵持的局面。在涉外场合，一般不要谈论当事国的政治问题，也不应随便议论政治人物的宗教信仰、个人爱好等。

三、沟通礼仪

交谈是人际交往中最迅速、最直接的沟通方式，在传递信息、增进了解、加深友谊方面起着十分重要的作用。遵守沟通礼仪，是顺利获得交往效果的“润滑剂”。

（一）沟通的态度

1. 真诚

能否打动他人，使交谈顺利进行，取决于交谈者的态度，即交谈者用什么方式、什么感情进行交谈，交谈者的态度有时比交谈的内容更为重要。

真诚的态度，应该是平易、稳重、热情和坦诚的，而不是傲慢、轻浮、冷淡和虚假的。只有诚心待人，才能换取对方的信任和好感，为进一步的交谈创造融洽的气氛。

2. 专注

在交谈中，出于对他人的尊重，有必要对自己的神态加以约束，特别是要注意自己的眼神和手势。当和他人讲话时，不要东张西望，不要不看对方，也不要一边讲话一边摆弄手指、掏耳朵、伸懒腰、看电视、翻报纸、问时间、看手表等，这些动作会让对方产生被轻视、不受欢迎的感觉。

3. 尊重

在交谈时要处处注意体现对谈话对象的尊重。与人交谈的时候多说恰当的赞美之词，不说欠考虑和伤人的话语。要考虑到谈话对象年龄、性别、职业、爱好、地位、兴趣的差异，谈话内容和表达方式要因人而异，不要将自己作为谈话的中心而不顾别人、滔滔不绝。

（二）沟通的语言

1. 礼貌谦逊

语言文明有礼是交谈最基本的规则。许多文明礼貌用语多是约定俗成的，形成了常用谦语与敬语，具有一定的规范性。例如，请人批评用“指教”。

2. 委婉含蓄

交谈时语言委婉含蓄是有素养的表现。语言委婉是指将那些他人可能不爱听或可能引起误会的话语变成动听的、不引起对方反感的话语。

“入境而问禁，入国而问俗，入门而问讳。”非礼勿言才是文雅之士。由于民族心理习惯、地方风俗的影响，某些忌讳词语在交谈时一般不能直接说出，而是要换用一个委婉含蓄的词语来表达。另外，一些容易引起不愉快联想的事物，在交谈时也用委婉的说法来代替。

3. 适度幽默

在社会交往中，适度幽默会使令人不悦或难以应付的场面变得轻松，同时也会赢得他人的好感。

幽默是思想、爱心、智慧和灵感在语言运用中的结晶，是良好修养的标志。它体现了说话者的风度和素养，可借助轻松活泼的气氛赢得对方的好感。人际交往中的双方有时会产生分歧或者沟通障碍，如果随机应变开个玩笑，借助幽默巧妙地化解争论，要比义正词严有效得多。当然，做任何事情都有一个度，幽默也是如此。

4. 距离适度

在至少有两个人的交谈场合中，应根据各方的身份、谈话性质、亲疏关系，注意保持适当的交谈距离。

心理学家提出如下假设：当与人说真话的时候，身体将与对方接近；当与人说假话的时候，身体将离对方较远。心理学家对此假设进行验证时发现：如果要求不同受试者分别向别人陈述明知是编造的假话与正确的事实，说假话的受试者会不自觉地与对方保持较远的距离，而且身体向后靠，肢体活动较少，但面部笑容反而增多。

（三）沟通的技巧

交谈是一种语言的沟通，对一般人而言，交谈的要求是将自己的信息准确地传达给对方，使对方听懂、理解。但是在有些场合，不仅要使对方听懂、理解，还应使对方认清事实，同意自己的观点，进而改变态度、修正行为，这便是人们常说的沟通的技巧。

1. 接近

接近对方是人际关系发生、发展的起点。良好的开端，有利于增进双方的相互信任。

（1）问候寒暄。任何语言都要注意使用的空间和时间，寒暄也应该与环境保持一致，在庄重的场合，要热情但不失庄重；在轻松的场合，则要轻松但又不庸俗，尽量避免寒暄不当使人产生尴尬。正式场合的标准问候语有："您好""认识您很高兴""见到您十分荣幸""久仰""幸会"等。人们在见面时，若能选用适当的问候语及寒暄语，更易于打破陌生局面、缩短距离，为双方进一步交谈做好铺垫。

（2）请人介绍。介绍是人与人之间相识的一种手段，当想接近一个陌生人时，最好的办法是请人介绍。在别人介绍时，要认真倾听，记住对方的姓名、职务，必要时还要记住其专业、爱好和特长，以便在交谈中有共同的语言。

（3）熟记对方的姓名。对于初次见面的人，要尽量记住对方的姓名，待再次相遇时能准确地道出其姓名，这对对方来讲无疑是非常令人愉快的事情。因为每个人都希望自己在社交活动中被别人注意，若其名字能被记住，心中自然会感到愉悦，接近也就显得更自然和融洽。

无论使用哪一种接近方法，关键都是要给对方一个良好的印象，这是人们产生进一步交谈欲望的一个重要因素。

2. 闲谈

闲谈就是轻松谈话，具有很强的休闲性质。对精神常常高度紧张的人来说，轻松愉快的闲谈可以放松神经、解除疲劳，有利于放松紧张的情绪、调整心境，从而有利于身心健康。

（1）根据交谈双方的熟悉程度选择话题。关系密切者，可推心置腹，甚至无话不谈，话题可随心所欲；关系一般者，要顾及对方的爱好和兴趣，选择"中性"话题，保持恭敬之心；关系生疏者，可选择问候、寒暄等客套性话题，以缩短双方的心理距离；关系相抵触者，可坦诚相见，借闲谈消除误会，增进了解；关系敌对者，不妨主动上前问候，避重就轻地聊上几句。一般来说，陌生人或不太熟悉的人之间宜选择比较简单却又基本永远适宜的话题，如天气、环境、新闻等。这些话题比较安全，不容易引起误会和不快。

（2）选话题时应投其所好。要使闲谈充分发挥作用，就要根据不同的交谈对象及自身与交谈对象关系的亲密程度选择不同的话题。一般而言，男士比较关心国际政治和体育，女士比较关心时尚与文艺，年轻人喜欢谈将来，老年人则常常怀旧。在与熟人、朋友交谈时，几乎所有的话题都可以作为谈资，如天气、新闻、体育、名胜古迹、个人爱好、电影、电视剧、畅销书、时装、政治、经济、社会问题等。

（3）就地取材。结合交谈双方所处的环境就地取材，引出话题。如果是在交谈对象家中，家中的装潢、墙上的字画、书架上的图书、桌上的陈设及室内的花卉，都可以作为交谈的开场白。

（4）循趣入题。从侧面了解对方的兴趣或最近正在从事的活动，循趣生发，进入话题。例如，体育运动、小说、电视剧、饮食文化、流行时装、个人喜好、社会热门话题等。

总之，闲谈不是胡谈、瞎谈、乱谈，而是正式交谈前的开场白，一切闲谈话题都是为进入“正谈”服务的。在闲谈中要善于察言观色，发现话题“触礁”、气氛不对时，应及时调整，使闲谈真正成为“正谈”的良好开端。

3. 赞扬

每个人在心理上都有一种对赞扬的期待，交谈中若能适度地赞扬对方几句，就容易使对方产生亲近心理，这种亲近心理可以成为转变态度的开始。赞美别人，就要善于发现别人的长处和优点。可赞美的方面有很多，但是不管称赞哪方面，都应注意用语要准确，不能言过其实，乱给别人“戴高帽”，以免变成讽刺。

4. 说服

（1）先肯定后否定或在肯定的基础上局部否定。对对方意见中合理的部分加以肯定，对不妥当的部分加以指明和纠正，这样要比一上来便直接否定容易让对方接受。不管是肯定还是否定，都必须客观公正。

（2）以数据讲话，以事例服人。在说服过程中，数据是最有力的工具。比如，在商谈中对某一商品的价格对方认为过高不能接受，非要降低价格方能成交，此时不妨把原材料涨价的幅度、成本提高的百分比等数据一一告诉对方，让对方在数据和实例面前觉得商品价高事出有因、情有可原，这样，对方对商品价高就能理解，易于成交。此外，也可将双方的观点进行比较，通过对比证明对方思路有失偏颇、存在漏洞，同时阐明自己观点的正确性，让对方在对比中权衡利弊，最后放弃自己的观点。

运用说服技巧时，应注意以下几点：第一，了解对方，设身处地为对方着想，缩短心理距离。第二，语义明晰，语气委婉，神情平和。即使对方提出反驳意见，也不要急躁、恼怒，应善于启发和开导。第三，借此说彼。利用两件事的相似之处，借甲事说乙事，让对方于其中有所感悟，达到委婉说服的目的。

5. 拒绝

（1）直截了当。对一些实在不合理或者无法接受的要求，应该直截了当地予以拒绝，如“实在对不起，这个要求无法满足您”，不能含糊其词、模棱两可，否则容易使对方产生误解，抱有不切实际的期待。当然，拒绝时要注意态度和语气，尽量不引起对方的反感。

（2）借故推脱。借故推脱是指借他人之口或拖延时间来加以拒绝。用于拒绝的借口有很多，除了客观事实外，还可以用制度、惯例等。这样做实际上是向对方表明自己的拒绝是迫不得已，从而使对方放弃要求，甚至能够获得对方的谅解。显然，这种方式的拒绝就比简单地说“不”要让人容易接受得多。

（3）模糊多解。模糊多解是指利用某些语言或表达的模糊性、多义性巧妙遮掩拒绝的锋芒。比如，一个活动正按预定的日程进行，有人中途要求增加几项内容，但时间不够，不能满足其要求，则可以这样说："这个建议非常好，也非常重要。如果有时间，我们将尽量予以安排。"这种说法比较模糊，怎么理解都可以，并且巧妙地表达了拒绝之意。

（4）先扬后抑。先扬后抑是在拒绝之前先表示理解、同情甚至同意，而后再巧妙地加以拒绝，使拒绝之辞委婉而含蓄。有一次，马克·吐温向邻居借阅一本书，邻居说："可以。但我定了一条规则：从我的图书室借的书必须当场阅读。"一个星期后，这位邻居向马克·吐温借割草机，马克·吐温笑着说："当然可以，毫无问题。不过我定了一条规则：从我家借的割草机只能在我的草地上使用。"当面对难以满足的要求时，可以诚恳地说："从感情上讲，我非常愿意帮助；但在严格的规章制度面前，我实在无能为力。"虽然是拒绝，但对方在心理上还是容易接受的。

（5）使用敬语。大家都有这种体会：如果熟人、朋友之间客客气气，说话彬彬有礼，张口敬语闭口谦辞，就会觉得双方的心理距离被一下子拉大了，产生一种陌生感。因此，如果想拒绝别人的话可多用敬语，既能表现出对对方的尊重，又能使对方在心理上产生一种可敬不可近的距离效应，使对方不好意思将要求提出来。这种做法对交往不深的朋友比较适用。

（6）说明原因。拒绝对方往往是有原因的，这些原因对方未必都清楚，在拒绝对方的同时，不妨将拒绝的原因及自己的难处一并向对方陈述，只要是真诚的，对方多半会理解和谅解。但同时也应对对方的处境表示同情，也可帮对方想其他办法或提一些建议。这样拒绝不仅不会伤和气，而且有可能促进双方关系的发展。这种做法对交往深和交往浅的人都适用。

（7）转移回避。一些问题比较复杂，不便直接表态，必要时可以答非所问，先行回避一下。当某人提出棘手的问题或过分的要求时，既不好说"是"，又不好说"不是"，便可以采用这种方式，"王顾左右而言他"，避实就虚，将问题回避。这种方法比较适用于不便回答提出的问题又不想将关系弄僵的情况。

（四）聆听的技巧

在交谈过程中，每个人既是言者，又是听者。有一句名言说得好："善言，能赢得听众；善听，才会赢得朋友。"可以说，善于说是一种天性，而认真倾听是一种修养，它体现了对说者的尊重，能创造一种与说者心理交融的谈话氛围。因此，听别人说也是一门学问，有时说也是听，听也是说；但会说的人不一定会听，而会听的人则一定会说。或许说的最高境界就是无言，而实现会说的最佳办法就是聆听。

1. 专注有礼

聆听时，应目视对方，全神贯注。可以通过点头、微笑及其他体态语言，使对方感觉到你的专注。对外界的种种干扰，要尽量做到视而不见、听而不闻。主观上产生的心理干扰，也要尽量控制。一个出色的聆听者，本身就具有一种强大的感染力，能够引起对方的交谈兴趣。注视对方的技巧，是将目光置于对方的双眉至上唇之间。

2. 呼应配合

聆听不是毫无反应地听，而是随着说话者情感和思路的变化而呼应配合：对方讲到精彩处，可以击掌应之；对方讲到幽默处，可以一笑回之；对方讲到紧张处，要避免弄出声响；对方表达的观点与自己的观点一致时，可轻轻点头以示赞同。呼应配合在某种程度上可极大地调动说话者的情绪。在聆听的过程中，提问一定要巧妙、恰到好处，切忌盲目或提问过多。在允许的情况下，精炼、简短的提问会使说话者知道你在认真、仔细地听。其实，善于提问也是一种高级的交谈技巧。

3. 适度解读

聆听时，弄清对方的意图很重要。要善于体会对方的话外之音，听清对方话语的内在含义和主要思想观点，以便正确判断其真正意图。当自己还不能完全摸透对方的意图时，切不可自以为是，以免曲解或误解对方的本意。为使信息接收更准确，一些重要的意见最好能得到对方的认可。如果符合对方的本意，便会得到肯定；如果不符合对方的本意，对方会做出解释。如此一来，还会给对方留下一种自己听得很认真的印象。

4. 不打断话题

无论多么渴望谈论一个新的话题、多么想发表自己的见解，都不要打断说话者，而要默默地将想说的话记在心中，直到对方讲话结束，再发表自己的见解。在同他人交谈时，应时刻不忘克己敬人，在礼仪上尽量做到中规中矩，需要自己说话时是如此，需要自己倾听时也是如此。

（五）沟通的禁忌

1. 不以自我为中心

交谈中切忌自吹自擂，以自我为中心，这样会令他人反感。具有强烈的自我表现欲，无视别人的存在，都很难与对方顺利沟通。

2. 飞短流长不可取

与人交谈时不说他人的坏话，也不传闲话，这不仅是讲礼仪的需要，更是交往成功的保证。日常交谈一般不应涉及他人的是是非非，也不要不负责任地传播小道消息。小道消息一是没有经过证实，二是在传播过程中往往被添枝加叶，极易对他人造成伤害。背后对人说长论短也是没有修养的表现。

3. 恶语伤人六月寒

在交谈中彼此尊重是第一位的，交谈时出现意见分歧是常有的事，甚至争辩都有可能。遇到这种情况，要冷静，不可动怒，不得失礼，更不可出言不逊，甚至讥讽、辱骂对方。

4. 妄下结论不客观

人际关系错综复杂，在交谈中不要一听到某事、讲到某人就妄下结论。这样做的结果不是扰乱了人们的判断，就是增加了人与人之间的矛盾，对人对己都没有好处。

5. 无休止攀谈要不得

男士不要参与女士圈内的谈论，也不要与女士无休止地攀谈，以免引起女士的反感及旁人侧目。男士与女士交谈要注意分寸，不可无休止论及美丑胖瘦，更不要随意开过分的玩笑。在一些活动及聚会场合忌滔滔不绝、只顾自己说个痛快，也忌高谈阔论显示自己的博学。

沟通是一面镜子，可以照出我们内心的世界与内在的修养及价值取向。所以，在沟通中不可不管不顾，只顾自己说个痛快，尤其在一些正式场合，交流要三思而后语。在沟通中还要做到不喧宾夺主、不随意插话，更忌在交谈中频繁地纠正对方，这些礼节的缺失是一个人修养不够的表现。

第三节 电话通信礼仪

一、电话

（一）拨打电话

1. 注意时间

打电话应该选择合适的时间，白天应在 8 点以后，节假日最好在 9 点以后，晚上应在 22 点之前，另外，12:00—14:30 尽量不要给他人打电话。没有特殊需要不要在他人吃饭、休息的时候打电话，以免引起对方的反感。

打国际电话还要考虑到不同国家之间的时差。比如，北京时间中午 12 点，柏林时间为早上 5 点，莫斯科时间为早上 7 点。如果忽视时差把对方从睡梦中惊醒，这是很不礼貌的。因此，打电话时要兼顾对方的时间，不能觉得自己方便就可以。

2. 备好号码

拨打电话之前，必须确保要拨打的电话号码无误。必要时，还可以同时准备好联络对方的各种有效方式，如移动电话、固定电话、传真机号码。当拨错号码时，应赶紧向接听者致歉，说一声“对不起”，不能说“真见鬼，怎么把号码拨错了”，更不能不说话就挂断，弄得神神秘秘，让对方摸不着头脑。

3. 想好内容

在电话通信礼仪中，有一条“3分钟原则”，即“以短为佳，宁短勿长”。打电话的人，要注意自觉地、有意识地将每次通话的时间限定在3分钟之内，尽量不要超过这一限定。如果一次通话要用5分钟以上，应先说要办的事，并问一句“您现在和我交谈是否方便?”如果对方不方便则另约时间。打电话前，应理清思路，拟好谈话要点和顺序，切忌表达含混不清、语无伦次，这会耽误时间、影响工作。尤其是重要事项，最好准备一份通话提纲，这样在正式通话时，既可以节约时间与费用，又可以抓住重点，说话有理，不遗漏内容。

4. 选择场合

在选择通话地点时应考虑以下因素：一是通话内容是否具有保密性，需要保密的通话一般不宜在大庭广众之下拨打，尤其不宜使用公用电话拨打；二是尽量不要借用外人或外单位的电话，特别是不宜长时间借用。

5. 注意用语

在工作场合打电话时，电话接通后应使用礼貌用语：“您好，我是××公司的××，请帮忙找××先生（女士）接电话，谢谢!”对方答应找人后应手持电话静候，不能做别的事或聊天。如果对方说你要找的人不在，也应致谢，如“谢谢，打扰了”。若打电话时路线出现故障，使谈话突然中断，依礼需要由拨打电话的人立即再拨打并说明原因。

6. 适时终止

按照惯例，应由拨打电话的而非接电话的人先挂断电话；与领导、长辈、女士通话则一般应让对方先挂电话。

（1）再次重复通话重点。即拨打电话的一方在认为有必要的情况下，可将通话内容的重点向对方复述一遍。

（2）暗示通话结束。通话的双方尤其是拨打电话的一方，可先向对方发出结束通话的暗示。如“还有什么要讲的吗?”“那么就这样吧”“我要讲的就是这些”“还有没有别的事情?”等。

（3）感谢对方提供帮助。在通话中，如果自己的请求得到了满足或者对方直接给予了一定程度的帮助，在即将结束通话时应向对方正式道谢。

（4）代向他人问候。若通话双方已是旧交，那么在通话结束之前，不妨相互问候一下对方的家人。

（5）互相道别。结束通话时通话双方互道“再见”。

（二）接听电话

1. 准备

因工作需要经常接电话的人要做好通话的准备，无论是私人电话还是公务电话，尤其是后者，应该在通话之前准备一些物品，如电话号码簿、电话记录本、记录用笔等。不要总是在需要时说“请等一下，我找一下纸和笔”，这样既拖延通话时间，也是不礼貌的行为。

2. 时机

在日常生活中，电话铃声一响，不应马上接，但也不要等它超过三声再接，一般第二声响起时再接，这样既可防止误打，又不会给对方自己有所怠慢的感觉。如果是在办公室，应尽快放下手中所做的事情去接电话，不应等第二声响起时再接。

3. 接听

工作中，接电话时忌用“喂”字，应先说“您好”，然后报出单位名称或部门。这样做不仅礼貌，还可帮助对方确认自己没有拨错电话号码。如果是接听私人电话，则不必自报家门，直接用“您好”即可。帮忙找人接听电话是常有的事，不要说一声“他不在”就立马把电话挂掉，也不能过分追问对方情况，比如找他有什么事、是他什么人等。这都是非常失礼的表现，而应说“请稍等”。如果对方要找的人不在场，要立即告知：“对不起，××不在，有需要我转告的吗?”

电话铃响时，如果自己正在与客人交谈，则应先向客人打声招呼，然后再接电话。

接电话时，嘴里正在吃着东西，要尽快把东西吞下去再接，免得对方听不清楚并有失礼之嫌。

拨错号码是常有的事，在办公室接到拨错号码的电话时不能仅说一声“打错了”，然后重重地挂上电话，要语气温和地告诉对方：“您打错了，这不是××单位。”

4. 通话

无论在哪里接电话，都要坐姿挺立、仪态文雅，电话应轻拿、轻放，把电话机移向自己时，不要伸手猛拉过来。通话时，不要拿腔拿调，声调应该适中，语气应该柔和沉稳。

不要在接听电话时与旁人打招呼、说话或小声讨论某些问题，如遇接电话时房内有许多人正在开会、聊天，可先请他们停下来，然后再接电话。

在通话过程中，为了使对方知道自己一直在倾听或表示理解与同意，应时不时地轻声说“是的”“没错”“好的”之类的词。

通话完毕，可以询问对方“还有什么事吗?”或者“还有什么要吩咐的吗?”这既是表示尊重对方，也是提醒对方。

（三）代接电话

1. 注意说话的语气

代接电话时，因为打电话的人看不见发生了什么事，不能简单地说“他出去了”“他不在”“不知道”等，而应说“××刚出去，我帮您留话好吗?”或者“他正在跟人谈话，我等会让他给您回电话，好吗？”

2. 尽量及时找到接听电话者

被找的人如果就在身旁，应告诉打电话者“请稍候”，然后立即转交电话。若其在别处，应迅速过去寻找，不要懒于行动，更不可蒙骗对方说“他不在”，也不可大喊大叫“××找××”，这有可能将他人的隐私公开化。

3. 委婉表达转告之意

被找的人不在时代接电话，应在接电话之初立即告知“××不在”，并适时表示自己可以代为转告，比如“有什么我可以为您效劳的吗？”这句话听上去“可进可退”。不要一开口就说“有什么事尽管说，我一定会帮助你的”之类的话。只有在比较熟的人之间，才可以直接问“您有留言吗？”“要不要我告诉××，让他一回来就打电话给您？”

4. 准确及时记录留言

对拨打电话的人要求转达的具体内容，要认真做好记录。在对方讲完之后，还应重复一遍，以验证自己的记录正确无误，免得误事。

5. 及时传达给当事者

替人代接电话时，应尽快将拨打电话的人请求代为传达的信息传达给当事者，不要置之脑后或拖延时间。

二、手机

（一）使用手机

虽然手机的应用给人们的生活带来了很多便利，但如果使用不当，也会给他人造成不必要的困扰。

1. 非需勿扰

拨打对方手机时，最好先想一下这个时间对方是否方便接听。如非必要，最好不要过早、过晚或在非工作时间拨打别人的手机；即使拨打了，也要做好对方不方便接听的准备。如果对方一时未能接听，可以使用语音留言功能，或者发送短消息告知，而不要一次又一次地重复拨打，这样很有可能引起对方反感。而对于家人、挚友，则需时不时地打电话问候。

2. 体贴对方

在与对方用手机通话时，要注意对方所处的环境并及时做出反应。如果对方压低声音，则可能表示正在开会或在忙碌中，应及时说明来意，或约定另一个合适的通话时间，而不能自说自话、长篇大论。就职场而言，在联络时最好先拨打办公室电话，其次才是手机；在用手机通话时，在确认对方的身份后，“您现在通话方便吗？”是必须问的。

3. 控制音量

现代手机技术已经十分成熟，不需要用很大的声音对方也可以听清，使用一般交谈时的音量就已足够。在人们最讨厌的手机使用行为调查中，对着手机高声讲话排在第一位。大声喊叫不仅有失修养，对自己的身体也有害。

4. 关注周边

乘坐公共交通工具、在银行或电影院排队、繁忙的机场候机室等公共场合应将手机的使用次数降到最低。如果必须接听或拨打电话，尽量压低声音，或者找一个不会打搅别人的隐蔽区域。在公众场合接听电话时应注意自己的言语谈吐、肢体动作，尽量不打扰身边的人。在接听或拨打手机之前应及时对身边朋友说“请稍等片刻”，让对方感觉到你对他的尊重。

（二）收发短信

（1）发短信要署名，除非已确认对方手机已存有你的号码。短信署名既可显示对对方的尊重，也是达到目的的必要手段。

（2）祝福短信一来一往。来而不往非礼也，就祝福短信来说，一来一往足矣，二来二往就多了，三来三往就显得过于频繁。

（3）及时删除不希望别人看到的短信。在生活、工作中，难免会有经不起推敲的短信，一定要及时删除。如果有人看到会引起误会的短信，就可能引起麻烦。

（4）上班时间不可没完没了地发短信。上班时即使不忙碌，也不能频繁地发与工作无关的短信，这不仅会影响自己的形象，也会干扰对方工作，甚至可能让对方违纪。

（5）发短信不能太晚。晚上 10 点之后不方便给对方打电话，发条短信告知即可。不过，发短信虽然更加简便，但如果太晚，也一样会影响对方休息。

（6）提醒对方最好用短信。如果事先已经与对方约好参加某个会议或活动，怕对方忘记时可以再提醒一下。提醒时适合发短信而不要直接打电话，发短信提醒时语言应当委婉，不可生硬。

（7）短信内容要健康。短信内容的编辑，也显示出个人的礼仪素养。比如，某些带调侃性质的短信在朋友之间相互转发是被允许的，但不适合发给上司或生意伙伴；还有某些少儿不宜的短信内容，若贸然发给并不熟悉的异性，或是上司发给下属，有“骚扰”之嫌。

（三）铃声设置

1. 铃声使用应注意场合

个性化铃声为生活增添了色彩，人们选择它无可非议，但“爸爸，来电话了”“妈妈，来电话了”之类的铃声在办公室和一些严肃场合不断响起，对周围人来说是一种干扰。

2. 铃声内容要文明

从铃声内容来说，不能有不文明的内容，那样显得不雅。用音乐来代替铃声时，应该选择高雅的音乐，而非怪异及过分激烈的音乐。

3. 铃声要与身份相匹配

相对来说，过于个性化的铃声与年轻人比较匹配，一些长者或者有一定身份的人如果选择与身份不太匹配的铃声，则会损害自己的形象。

4. 铃声音量不能太大

无论是座机铃声还是手机铃声，都不能调得过大，以离开座位两米可以听见为宜。过响的铃声会成为一种公害，在大家埋头干活时突然刺耳地响起，会让人心跳加快。

（四）微信礼仪

1. 非需勿扰

当下，微信已经成为人们必备联络软件之一，不论是工作还是生活，都离不开它。但使用时必须注意，不要随意发信息，例如群发信息、拼团信息、砍价信息、点赞信息等。尤其不要随意拉群，如果你需要建群，你在拉对方进群之前应先征得对方同意。

2. 谨慎发语音信息

给对方发信息时，不要贸然发语音信息，要以文字信息为主。原因有三：第一，语音信息进度条不可以快进；第二，不方便对方信息检索；第三，对方所处环境可能不方便收听。如果实在需要发语音信息，应事先和对方说明，获得对方允许后再发。

3. 朋友圈状态要积极阳光

在社交生活中，和陌生人加完微信后，通常会查看其过去的朋友圈状态，尤其是你在求职应聘时，人力资源主管往往会根据你朋友圈过去的状态来增强他对你的第一印象。积极阳光的朋友圈能给你的简历增加背书，反之则会大大降低你的求职成功率。

三、传真

（一）呼叫清晰得体

接收或发送传真时，如果需要先进行人工呼叫，在接通电话时应口齿清晰地说“您好”，然后报出自己公司或单位的名称以及详细的部门名称等。通话时，语气要热诚、口音要清晰、语速要平缓。

（二）注意传真首页

发送传真时应先仔细查阅相关资料，传真内容包括发件人的信息以及传真文档的日期和页数，应该在传真首页注明传递者和接收者双方的单位名称、人员姓名、日期、总页数等，每页都应该有页码标注，这样接收者可以一目了然。

（三）传真信件完整

要注意传真信件的完整性，信尾的签字常被忽略。信尾的签字代表信件是发件人知道并且同意才发出的，否则任何人都可以轻易冒名发件。传真盖有公章的文字材料，公章一定要清晰，保证清楚地传过去。

（四）传真后要确认

发送传真前，可向对方通报一下，以免发错；如果传真页数较多，要特别告诉对方。发送之后，要再次和对方确认所发传真的页数多少、内容是否清楚等。同样的道理，如果收到传真后对方没打电话来确认，则要尽快通知对方。

四、网络

网络上的常用工具和新媒体种类主要有电子邮件、QQ、微信、易信、陌陌、微博、博客、BBS、SNS等，用途主要有收发邮件、浏览新闻、获取信息、在线影视收看及下载、即时通信、在线音乐收听及下载、网络购物、网上招聘、网络聊天、网络教育、网络销售、网上预订、网上监督、网络交友等。

网络礼仪应主要把握以下几点。

（一）尊重他人

在网络交往中，尊重他人是基本礼仪，要学会推己及人，“己所不欲，勿施于人”，尊重他人人格，尊重他人兴趣、爱好，尊重他人隐私，不使用侮辱他人人格、践踏他人尊严的语句。此外，还要体谅对方因带宽、私事等原因未能及时回复，耐心等待。

（二）保护隐私

在网络环境中，一方面，个体可以迅速而有针对性地搜索、整合交际圈的一切资源，实现信息共享；另一方面，个人隐私被窥探的现象越来越严重，如QQ、微信的摇一摇功能等，容易在猎奇感得到满足的同时不知不觉地泄露自己、朋友或家人的私密信息，很容易被不法分子诱骗。所以，应注意对隐私的保护。

（三）自我克制

“去抑制性”是网络导致用户于网络无礼的最根本特性。由于受网络匿名性、平等性、自由性等特点的影响，加之现实社会中的礼仪、道德、法律等对广大网民网络言行的约束力明显减弱甚至消失，有些网民在网络交往中不在意他人的存在，目中无人、我行我素、随心所欲。要知道，网络空间不是法外之地，在现实生活中应遵守的行为、道德标准，在网络上同样要遵守，不然会受到法律的相应制裁。

（四）文明用语

不能为了张扬自己的个性、吸引别人的眼球，就滥用网络用语，忌在网络中使用不规范、不文雅的语言，忌滥用特殊符号，忌滥用奇怪表情，忌错字连篇。此外，不雅的网名与青少年健康向上的社会形象是格格不入的。

（五）入境随俗

不同的网络环境，由于功能不同、操作有所不同，因此对网民的礼仪要求也不同。比如发送电子邮件要求主题明确、用词严谨，收到别人的电子邮件应尽快回复，但要注意避免回信时将原信附上，这种偷懒的做法会占用对方的信息储存空间。而在聊天室聊天时则不需要主题明确，语言也可相对随意，但要避免肆意侮辱、攻击他人。

情境角色

（一）

时间：周末。

地点：宿舍。

事由：你要借用同学的自行车外出，可上次你已经把同学的自行车弄丢过一次了。

问题：这次你要怎么开口？

（二）

为了掌握日常交往礼仪，王明决定前去拜访他父亲的一位老朋友，这位长者已经离休，原来是王明所就读城市的政府官员。请你给王明规划一下前去拜访的着装、见面的礼节及拜访要带的礼品。

第四章
公共场所礼仪

导引

在德国公共场所的扶手电梯上，不论人多人少，也不论是结伴而行的朋友还是亲密无间的情侣，没有人是并排站着的。有人觉得不可思议，就询问德国人，得到的解释是：上楼、下楼时站在右侧，空出左边的位置，以便让有急事的人从左侧先行。

在日常生活中，我们经常会看到这样的现象：在马路上同行，往往是男的走在外侧，女的走在内侧；小辈走在外侧，长辈走在内侧；主人走在外侧，客人走在内侧。走在外侧的人是为了保护走在内侧的人。

第一节　行道散步礼仪

一、基本守则

（一）遵守规则

随着城市发展和人口增多，路上交通日渐繁忙甚至拥堵。为保证交通顺畅和人身安全，在路上行进时必须注意交通规则，遵守行路规则。这既是遵纪守法的表现，也是一种文明行为，不仅保障了自己的出行安全，也是尊重他人生命的表现。

（二）讲究卫生

良好的环境是人类健康生活的前提，讲究公共卫生是最起码的社会公德。建设公共卫生环境，需要树立“公共卫生，人人有责”的责任意识，培养既注重个人卫生又注重公共卫生的习惯。只有大家都能在思想上重视公共卫生，自觉爱护和维护公共卫生，城市才能真正实现“既卫生又文明”。

（三）注意礼让

礼让是中华民族的优良传统，礼让也是实现人与人和谐相处的必备要件，知晓且做到“礼让、谦和”是文明公民的起码品德。谦和者要有博大的胸怀，有包容心，严于律己、宽以待人，尊重他人。

（四）注重仪表

关注自己的仪容，关注自我形象，是人类文明进步的标志、个人修养的体现，是自尊自爱的表现。注重自己的仪表从自身的整洁、端庄、优雅、有风度开始，直到能用社会公认的道德准则规范自己、约束自己、塑造自己，这个过程就是完善自我的过程。

二、路上行走

（一）坚持“右行”

按照通行规则自觉走在道路的右侧，一般不可在左侧逆行。如果道路较窄，应注意观察，及时给各种车辆让路。不要不自觉地走在道路中间，给其他想超越的行人造成不便。

（二）速度适当

在路上行进时要保持一定的速度，不能太慢，以免阻挡身后的人；不能在路上停留、休息或与人长谈。但速度也不能太快，要与其他人保持适当的距离，防止冲撞到前面的人，尤其是拐弯时更要注意控制速度，防止与行人、车辆碰撞，造成事故。

（三）走姿适宜

走路要抬头挺胸，目光直视前方，顾及前后左右，肩臂自然摆动，不要左顾右盼、东张西望，也不能左右摇摆，忌八字脚或者小碎步。多人同行时，不宜把手搭在对方肩上；也不宜多人携手并肩行走，以防堵路。男性路遇不相识的女性时，不能长时间注视，甚至回头追视，这样显得很没有修养。

（四）讲究位序

一般情况下，行走时，请尊者、长者、女性走在马路的内侧；单行时，尊者、长者、女性居前。若一位男性与两位或两位以上女性同行，男性应走在外侧；若两位男性与一位女性同行，则女性走在中间（要注意在马路上三人及以上不并行）。若夫妇两人陪长辈外出，走在宽阔的公共场所，丈夫应走在外侧，长辈居中，妻子走在内侧。若夫妇两人陪长辈外出，走在马路上，丈夫应走在外侧，长辈居中，妻子走在前方。

（五）注意事项

（1）如果路上遇到熟人，应主动打招呼，不能视而不见，但要适可而止。一是尽量不要交谈。如果需要进行简短的会话，应站在不碍事的路边。二是双方相距较远时可招手致意，或者紧走几步到近处再喊，不要隔着很远的距离就大喊大叫。

（2）走路时不要边走边吃/喝东西。这样既不卫生，也不雅观。如果实在太饿或太渴，可停下来在路边找个适当的地方，吃/喝完再赶路。

（3）问路时要礼貌用语。首先是打招呼，如“对不起，打扰您一下”等，年轻者问路应选适当的称呼，如“爷爷”“阿姨”“叔叔”等，然后再问路；听完回答之后，一定要说“谢谢您！”如果被陌生人问路，则应认真、仔细地回答，自己不清楚时应说“很抱歉，我也不知道，请再问别人吧。”

三、广场散步

（一）正确使用广场座椅

广场上的座椅是公共物品，不能把它当成床；广场上的座椅是供人们短暂休息、放松用的，一般不宜坐在上面“干私活”，如拣菜、织毛衣等，不能长时间霸占；也不能因为觉得座椅不干净就蹲在上面或者让小孩站在上面玩耍，这样既不文明也不安全。

（二）行为举止要得体

广场不是私家“花园”，因此不适合有太私人化的动作。如在广场上宽衣解带、搂搂抱抱、打情骂俏或坐下休息时脱鞋袜等，都是不合适的，很不雅观。

（三）垃圾应进“箱”

有关市民广场成为垃圾广场、市民广场一夜产生许多垃圾的事情屡见报端，这说明人们对乱扔垃圾的反感。因此，在广场散步时如果产生垃圾，一定要按照分类要求将垃圾放进垃圾箱；如果附近没有垃圾箱，最好自带垃圾袋，将自己的垃圾带走，做到“杂物随人走，垃圾不落地”。

（四）不做“大喇叭”

很多人喜欢在公共场合大声说话、大声接听电话，或者夸耀自己，或者宣泄心中不满。这种行为不会获得大家的认同，只会因为影响别人而招来白眼。宣泄也会让旁边的人郁闷，“大喇叭”惹人烦。

（五）管好宠物

携带宠物散步时，要做好管理工作，不能让宠物吓人、伤人；狗等部分宠物还需要拴链子；藏獒等高大、凶猛型宠物不能带入广场。同时，注意不能让宠物随地大小便，如果出现“垃圾”，一定要及时处理。

四、上下楼梯

（一）基本规范

1. 注意位置顺序

关于上下楼梯的位序，说法不一。

传统礼仪认为，上楼时，女士在前，男士在后；长者在前，幼者在后，以表示尊重。下楼时，男士在前，女士在后；幼者在前，长者在后，主要顾及安全。

也有人认为，如果女士穿短裙走在前面，那么走在后面的男士视线正好落在女士腿部或臀部上，这会让女士感到难堪和尴尬，属于失礼行为。

在实践中，出于安全和尊重的双重考虑，让尊者处于侧上方即可。即上楼时，客人、年长者、地位高者走在右前方；下楼时则相反（如图 4－1 所示）。

图 4－1　上楼梯

2. 引导陪同礼仪

如果客人认识路，应该客人在前，陪同人员主动跟在客人左后方。

如果客人不认识路，对前进方向不明确，陪同者可先声明带路，然后走在左前方，距离为一两个台阶，身体侧向客人，左手引导方向，不得背对客人，速度不要太快（如

图4-2所示)。上楼梯时，陪同者还要在楼梯转弯处稍停，等客人意会后重新引领；下楼梯时，同样应不时回头关注客人。

图4-2 楼梯引导礼仪

(二) 上下楼梯的技巧

(1) 上下楼梯应遵循右上右下的原则，也就是靠右侧而行。

(2) 上下楼梯要注意与身前、身后之人保持一定的距离，以防碰撞。

(3) 上下楼梯均应单人行走，不宜多人并排行走。

(4) 在商场、展馆、景点等聚集性场所，上下楼梯遇到拥挤人流时，如果人流方向与自己行走的方向相反，应立即避到一旁，如避到楼梯拐角处并抓住楼梯扶手，但不要奔跑，以免摔倒。如果已经陷入人流中，一定要先稳住双脚，不要急于前行，也不要身体前倾或重心下移，即使出现鞋子被踩掉的现象，也不要弯腰提鞋，防止被踩踏。应尽量紧抓楼梯扶手等牢固的东西，待人流过后再离去。

(5) 上下楼梯时，若遇到长者、尊者，应注意避让一旁，请其先行。

(6) 上下楼梯时，大家都需要留心脚下，故不应交谈，更不应站在楼梯上或楼梯拐弯处长谈，以免妨碍他人通行。

第二节 乘车、电梯礼仪

一、乘车

(一) 乘坐公共汽车的礼仪

1. 候车

排队候车。人多时，应自觉在站台上依次排队等候，不要进入车道，以免妨碍交通。

2. 上车

车辆进站停稳后，应按上下车规则上车，公交车一般从前门上车、后门下车。上车时不要争先恐后，切勿推拉、挤撞他人。发现老幼或女士上车时，要主动让其先上车。对行动不便者，应主动提供帮助，并优先让其上车。不能自恃身强力壮就推开别人往前冲，更不能明明看到车内满员已上不去还硬扒住车门不让关门，这些做法是十分野蛮无理的，而且影响行车安全。

3. 乘车

上车后应主动按规定购票。距离售票员较远时，应有礼貌地招呼或请人传递。接过车票时要点点头，说一声“谢谢”。

进入车厢后要向里走，不要站在车门口，以免妨碍后面的乘客上车。

不应抢占座位，更不应将随身携带的物品放到座位上替别人占座。遇年迈、患病、残疾、怀孕、幼小及怀抱婴儿的乘客，应主动让出自己的座位；如果自己是站着的，也要把有扶手或空间大的地方让出来，切勿熟视无睹。

有空位时不要争抢，要看周围是否有更需要座位的人。当他人为自己让座时，应立即道谢。

不要横向站在车厢中央，这样会堵住供乘客穿行的通道；也不要背靠别人坐着的椅背，因为这样可能使人反感。

4. 下车

下车要提前准备，向车门靠近，以节省时间。如果车上人多，需要他人让路，应先礼貌示意，不要默不作声地横冲直撞，更不要发脾气或出言不逊。如果离车门较远，要有礼貌地问一下前面的乘客是否下车，并及时调整位置；如果自己不下车，应主动为下车的人让道。

下车时，以方便为先。如果多人同时走到车门口，男性、年轻者、地位低者应让女性、年长者、地位高者先下车。遇到年迈、患病、残疾、怀孕、幼小及怀抱婴儿的乘客，应尽量提供帮助。

5. 注意事项

（1）不要携带宠物上公交车。

（2）在调换位置的过程中，动作要轻缓，不要碰撞别人。如果自己暂时不下车，应主动为下车的乘客让位。

（3）提较大的包或袋子上车时，应尽可能地和别人保持一定的距离，以免碰到别人，特别是走在别人后面时，如果拎的大包碰到别人的脚后跟，则容易使人摔跤。

（4）即使车内人少，也不要将行李放在座位上，以免弄脏座位。

（5）坐在座位上不要跷起二郎腿，以免妨碍车内乘客通行或蹭脏别人的衣服。

(6) 不在车厢内吃油煎或有异味的食物，不吃需要吐壳的食物，应主动维持车厢内清洁，不要随地吐痰、乱丢果皮纸屑。

(7) 不要在车内有过于亲密的举动，表达情感要讲分寸，不可让其他乘客感到尴尬。

(8) 夏日乘车时要注意衣着文明，勿赤膊乘车，勿穿超短裙、超短裤、拖鞋乘车。

(二) 乘坐火车的礼仪

1. 候车

候车时，要爱护候车室的公共设施，不要大声喧哗，携带的物品要放在座位下方或前面，不抢占座位或多占座位，不要躺在座位上使别人无法休息。保持候车室内的卫生，不要随地吐痰，不要乱扔果皮纸屑。

自助取票和检票时要自觉排队，不要拥挤、插队。进入站台后，要站在安全线后在指定车厢停靠处排队等候。等火车停稳后，方可上车。

2. 上下车

上下车都要自觉排队，不拥挤，下车时不要因一时之急将行李从车窗口扔出。多人同行时，位卑者先上车、先下车，位尊者后上车、后下车，目的是便于位卑者寻找座位，照顾位尊者。

在下车前，应与邻座道别。遇到乘务员，也要主动说一声“再见”。一般情况下，如果不是一见如故、相见恨晚，就没有必要主动与他人交换联系方式。下车要提前准备，整理好自己的物品，不要遗忘在车上。

3. 上车就座

乘坐火车应坐指定车次、指定座位，不要占据不属于自己的座位，或以看望他人为由赖在高等车厢不走。

火车座位靠窗为上，靠边为下；靠右为尊，靠左为卑；面向前方为佳，背对前方为次。多人同行时，主动为长辈、女性、儿童、病人或晕车者让出上座。若座位不够，则应请其先坐下。与不相识者一同对号就座时，则视具体情况而定。

不在车上吸烟。普通列车大多全列禁烟，尤其在车厢内不要吸烟；高速动车车厢内、卫生间，甚至站台上都不允许吸烟。

4. 车内休息

在火车上休息一般不应宽衣解带。除非是在卧铺车厢，否则脱鞋脱袜也不合适。

不要东倒西歪，卧倒于座位、茶几、行李架或过道上。不要靠在他人身上，或把脚跷到对面的座位上。也不要把腿伸到车厢过道里，以免绊倒别人。女性要注意姿势，不雅的睡相会让人尴尬，若是夏天，更要注意自己的前襟和裙摆，不可走光。坐累了可以到两个车厢相接的地方活动一下筋骨，但不要走来走去，以免影响别人。

带孩子的人，一定要管好孩子，不要让其坐在茶几上，也不可让其随地大小便、哭闹不止、到处乱跑，以免影响别人休息，也不要让其乱动他人物品或纠缠他人。

在卧铺车厢休息，不要与恋人、配偶共用一个铺位，不要采用不雅的睡姿。晚间出入卧铺车厢，如遇他人正在宽衣就寝，应当到走廊稍候片刻。不要去注意他人睡前的准备和睡相。自己脱衣就寝时，应背对其他乘客。日间换衣则应去洗手间。女性不要当着其他人的面化妆和整理衣裙。

5. 车上用餐

若不去餐车，则可在自己的车厢内享用自带的食物，或购买服务员售卖的盒饭、方便食品。一般情况下，不要接受他人的食物。当他人请自己品尝时，应当婉言谢绝。尽量不要在车上吃气味刺鼻的食物。吃剩的东西不要扔到过道上或投出窗外。在茶几上不要过多地堆放自己的东西，以免影响他人使用茶几。

去餐车用餐时，若人数较多，应耐心排队等候。用餐时，应节省时间，不要大吃大喝、猜拳行令。用餐完毕，应立即离开，以免影响他人用餐。

6. 车上交际

在火车上与他人交际，有三点要求应注意：

（1）主动问候。上车之后，应主动向邻座打招呼问好。若有必要，还可简单自我介绍。若对方反应一般，则可向其点点头、微微一笑，不必过分热情、说得过多。

（2）交谈适度。与邻近的乘客交谈，要注意话题的选择和言语的分寸。不要瞎吹乱侃，大发牢骚，传播小道消息与政治谣言。当他人兴致不高或打算休息时，交谈应适可而止。有人跟自己交谈，不要置之不理。与异性交谈，则要避讳个人隐私。

假如身旁的乘客正在阅读书刊或闭目养神，不要大声谈笑或自言自语。不要未经允许就随便取阅他人的书刊，也不要悄悄凑过去与别人一起“分享”一张报纸，可等对方不看了再向其借阅。

（3）相互关照。乘客组成了一个临时的“大家庭”，大家要相互关心、相互照顾。当别人拿不动行李时，应主动帮忙。有人去用餐或方便时，应为之照管行李。有人晕车或生病，应多加体谅，并给予照顾。他人帮助自己，要表示感谢。

7. 注意事项

（1）行李应放在行李架上，不应放在过道或桌子上。

（2）用行李架时，应相互照顾，不要独占太多的空间，不要粗暴地将自己的行李放在别人的行李上。要移动别人的行李时应征得同意。往行李架上放行李时，不要穿鞋直接踩踏座位；行李安放好后，应礼貌地向邻座的乘客点头示意。

（3）不要浪费水，尤其是只在大站停靠的列车，途中补足水源的机会较少，浪费车上的水会让其他乘客面临没有水用的困境。

（4）不要长时间占用火车上的厕所，以免影响他人使用。

(5) 乘务员来打扫卫生时主动配合，并表示谢意，必要时应给予帮助。

(6) 看到不良行为、不法行为时，要协助乘警、乘务员进行制止。

(三) 乘坐轿车的礼仪

1. 轿车座次

在比较正规的场合，乘坐轿车时一定要分清座次的尊卑，并在适合自己的位置就座。轿车座次的尊卑与驾车人、车型、座次安全系数和乘车人意愿有关，具体见图 4-3。

(1) 驾驶者。

轿车的驾驶者一般分为两类：专职司机与主人。

1) 主人亲自驾车时，一般前排为上，后排为下，以右为尊，以左为卑。

在双排五人座轿车上，座次由尊至卑依次为：副驾驶座、后排右座、后排左座、后排中座。

在双排六人座轿车上，座次由尊至卑依次为：前排右座、前排中座、后排右座、后排左座、后排中座。一般来说，前排中座不宜安排客人，多为空置。

在三排七人座轿车上（中排为折叠座），座次由尊至卑依次为：副驾驶座、后排右座、后排左座、后排中座、中排中座、中排左座。

在三排九人座轿车上，座次由尊至卑依次为：前排右座、前排中座、中排右座、中排中座、中排左座、后排右座、后排中座、后排左座。

当主人亲自开车时，不能让前排座位空着，一定要有人陪伴。主人驾车送友人夫妇回家时，友人一定要坐在副驾驶座上，与主人相伴。主人驾车时，主人夫妇坐前座，客人夫妇坐后座，男士要服务自己的夫人，宜开车门让夫人先上车，然后自己再上车。主人驾车，若只有一位客人，客人应坐在主人旁边。若多人同坐，中途坐前座的客人下车后，坐在后面的客人应改坐前座，此项礼节最易被疏忽。

2) 专职司机驾车时，座次为：后排为上，前排为下，以右为尊，以左为卑。

在双排五人座轿车上，座次由尊至卑依次为：后排右座、后排左座、后排中座、副驾驶座。

在双排六人座轿车上，座次由尊至卑依次为：后排右座、后排左座、后排中座、前排右座、前排中座。

在三排七人座轿车上（中排为折叠座），座次由尊至卑依次为：中排右座、中排左座、后排右座、后排左座、后排中座、副驾驶座。

在三排九人座轿车上，座次由尊至卑依次为：中排右座、中排中座、中排左座、后排右座、后排中座、后排左座、前排右座、前排中座。

吉普车是一种轻型越野轿车，大多是四座。不管由谁驾驶，吉普车上的座次由尊至卑依次为：副驾驶座、后排右座、后排左座。

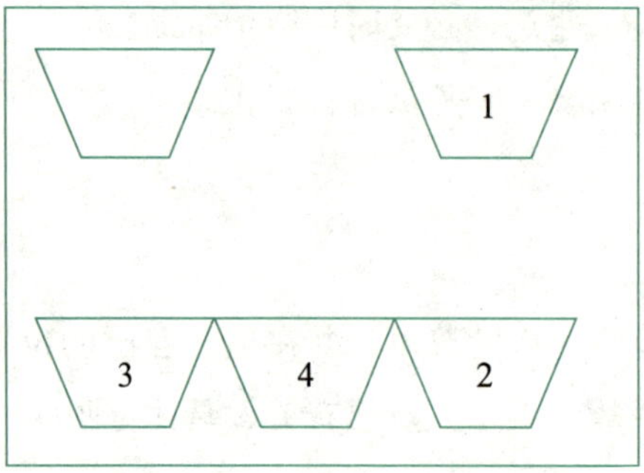

双排五人座车：主人驾车

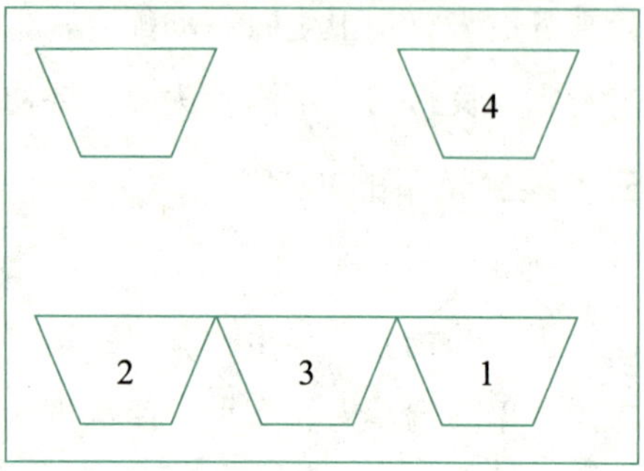

双排五人座车：司机驾车

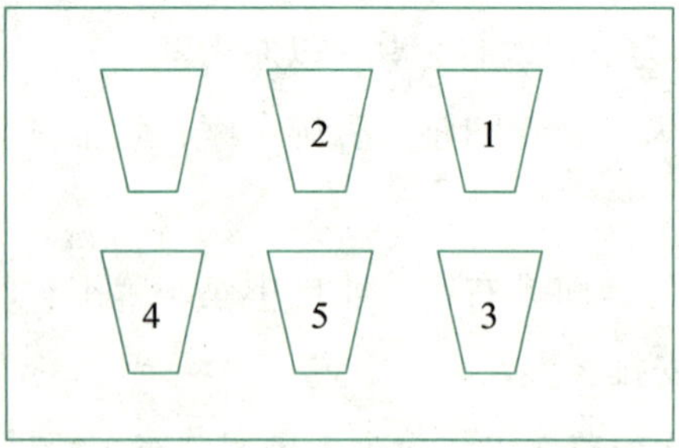

双排六人座车：主人驾车

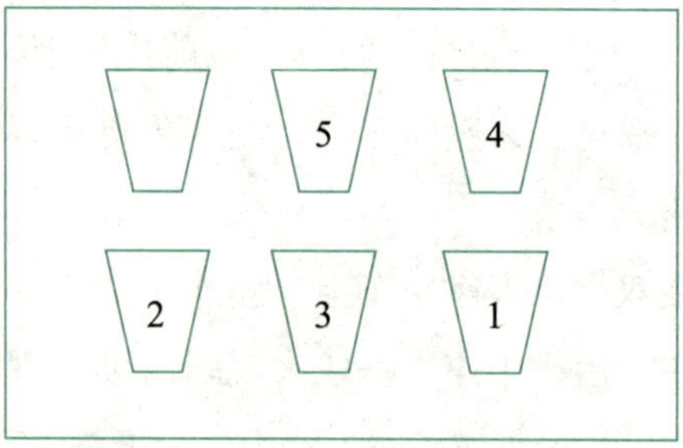

双排六人座车：司机驾车

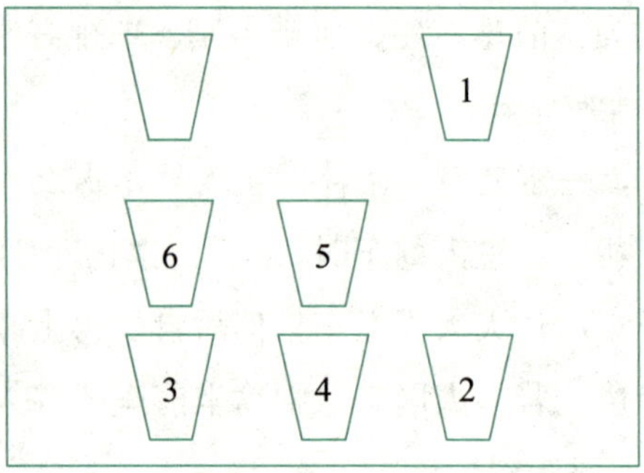

三排七人座车：主人驾车

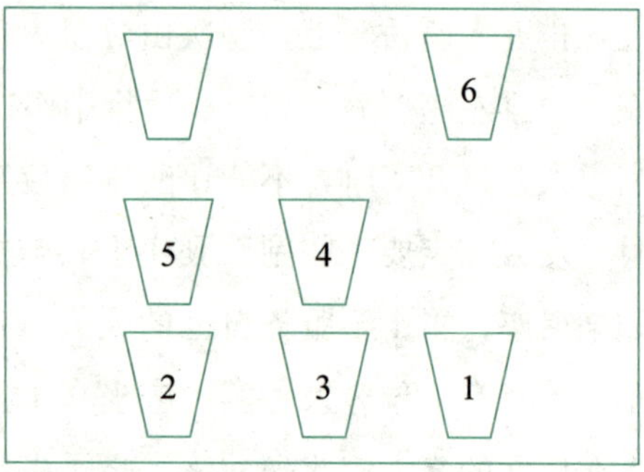

三排七人座车：司机驾车

三排九人座车：主人驾车

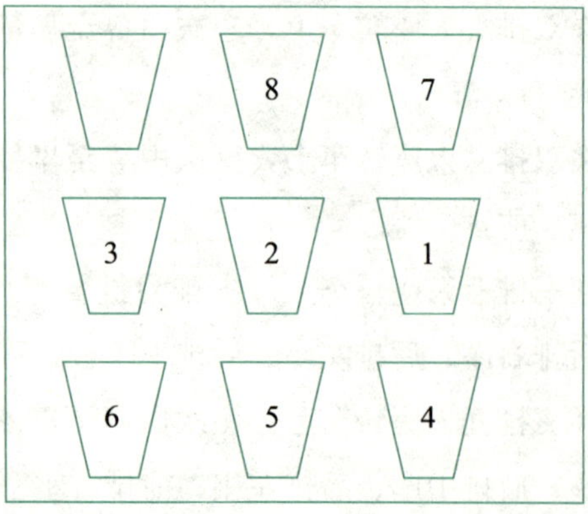

三排九人座车：司机驾车

图 4－3　轿车座次

（2）轿车类型。

关于轿车的座次，还要考虑轿车的类型。上述做法主要适用于双排座与三排座，其他类型的轿车并不适用。

四排座或四排座以上的中型或大型客车，不管由谁驾驶，以前排（即驾驶员身后的第一排）为尊，其他各排座位的尊卑由前向后依次递减。而就各排座位而言，则又讲究“右高左低”，座次的尊卑应当从右向左依次递减。

（3）座次安全系数。

众所周知，轿车后排座比前排座要安全得多。轿车的前排，特别是副驾驶座，是车上最不安全的座位，最安全的座位则是后排左座（驾驶员正后方的位置）。因此，按惯例，在社交场合，轿车的前排座位不宜让女性或儿童就座。而在公务活动中，副驾驶座特别是双排五座轿车上的副驾驶座，被称为“随员座”，专供秘书、翻译、警卫、陪同者等随员就座，尊长不宜在此就座。

当主人亲自开车时，之所以副驾驶座为上座，主要是为了表达对主人的尊重，表示要与主人患难与共。

（4）乘车人意愿。

通常，在正式场合乘坐轿车时，应请尊长、女性、来宾就座于上座，这是对对方的一种礼遇。然而更为重要的是要尊重乘车人本人的意愿和选择。乘车人坐在哪里，即应认定哪里是上座。即使乘车人不明白座次，坐错了地方，也不要轻易指出或纠正。这时，务必要讲“主随客便”。

2. 上下车顺序

在正式社交场合，与他人一起乘坐轿车时，上下车的先后顺序有一定的讲究。一般来说，应当恭请客人、尊者最先上车，最后下车；位卑者则应最后上车，最先下车。上下车时，位卑者在为客人或尊者打开车门的同时，左手固定车门，右手护住车门的上沿（左侧下车相反），防止客人或尊者碰到头部，确认其安全上车或下车后再轻轻关上车门。但下列情况要具体区别对待：

（1）主人亲自驾车。主人驾车时，主人应尽可能后上车先下车，目的是照顾客人上下车。

（2）专职司机驾车。如果分坐于前后排，则坐于前排者人都应后上车先下车，目的是方便坐于后排者上下车。如果坐于同排，应先请尊者、女性、来宾从右侧车门上车，自己再从车后绕到左侧车门上车，就座于后排左座。到达目的地后，若无专人负责开启车门，则应先从左侧车门下车，从车后绕行至右侧车门，协助尊者、女性、来宾下车，即为他们开启车门。如果左侧车门不方便开启，须于右侧车门上车时，则应里座先上、外座后上；下车时，则应外座先下、里座后下。总之，方便易行最重要。乘坐有折叠椅的三排座轿车时，应当由在中间一排加座上就座者最后上车、最先下车。乘坐三排九座轿车时，应当由位低者，即男士、晚辈、下级、主人先上车，而请位高者，即女士、长辈、上级、客人后上车。下车时，顺序正好相反。

（3）特殊情况的上下车次序。如果外出办事，同去的人较多，对方热情相送，这时应在主动向对方道谢之后先上车等候。因为送别仪式的中心环节是在双方的主要领导之间进行的，如果所有人都非要等领导上车后再与主人道别上车，就会冲淡双方领导互相道别的气氛，而上车时也会显得混乱无序。

所以，如果大家是同乘一辆轿车，要先上车，并主动坐到后排去。如果分乘几辆轿车，则应到各自的车内等候，只留下一个与领导同车的人陪同领导道别即可。

如果陪领导出席重要的场合，到达时对方已经做好迎接准备，则一定要等领导先下车，否则就会有“抢镜”之嫌。这种情况下，如果是面包车，由领导边上的人为其开门，再避到后排，为领导下车让出通道；如果是轿车，欢迎的人群中自然会有人为领导开车门。

职业女性许多时候穿的是西装套裙，在乘坐轿车或出租车时，应采用“背入式”上车：车门开后手自然下垂，可半蹲捋整裙摆，顺势坐下；将手臂作为支点，腿脚并拢提高；继续保持腿与膝盖的并拢姿势，脚平移至车内；略调整身体位置，坐端正后，关上车门。

“背入式”下车要点：第一，身体保持端坐状态，侧头，伸出靠近车门的手打开车门，然后略斜身体把车门推开。第二，双膝并拢，抬起，同时移出车门外（尤其是女士穿短裙时），身体随转。第三，双膝并拢脚着地，一手撑着座位，另一手轻靠门框，身体移近门边。第四，将身体从车内从容移出，双脚可分开些，但保持膝盖并拢。第五，起身直立后转身关车门，关门时不要东张西望，而应面向车门，并避免用太大力气。

上下车时，应当注意主动照顾与帮助位高者。具体来讲，当位高者准备上下车时，位低者应当先行一步，为位高者拉开车门。拉开车门时，应尽量将其全部拉开，即车门与车身大致形成直角。

3. 其他注意事项

（1）严禁酒后驾驶。

（2）夜晚乘车时要同司机适当聊天，以免司机打瞌睡。

（3）搭乘朋友的车时，如果是长途旅行，应一起分摊油费和过路费。建议轮流开车。

二、乘坐电梯

（一）候梯

乘坐箱式电梯时，要先按下电梯口的上下按钮，站到电梯的一侧，不应挡住电梯口，以免妨碍电梯内的人出来。

候梯时如遇熟人，不必过分客气、相互谦让，以免耽搁时间引起电梯门前其他乘客的不满。但应注意地位低者、男性、年轻者要主动为地位高者、女性、年长者按电梯按钮。

（二）进出顺序

乘坐箱式电梯讲究先出后进，不可争先恐后。即让电梯里的人先出来，电梯外的人后进入：出电梯时，靠近电梯门口的人先出；进电梯时，靠近电梯门口的人先进，然后为后面进来的人按住“开门”按钮。要注意的是，在自己的日的楼层快要到时，应尽早走到电梯门旁，不要等电梯打开才匆匆忙忙挤出来。

与熟人同乘箱式电梯，尤其是与地位高者、女性、客人同乘时，应视电梯类别而定：有人管理的电梯，应主动后进后出；无人管理的电梯且人多，主人、地位低者、男性先进后出。先进去是为了控制开门按钮，防止电梯关门夹伤尊者，待同行者全部进入后按下要去的楼层按钮；后出来也是出于安全考虑，为了控制开门按钮。

如果乘坐的是自动扶梯，一般顺其行进方向上下即可，单人行进，要让地位高者、年长者、女性先上。

（三）站法

箱式电梯内正确的站法：先进入电梯的要靠墙而站，正面朝向电梯口；后进入电梯的人进入后立即转身面向电梯门，侧身面对客人，避免与他人面对面而立，并尽量避免靠近他人和背对他人；尽量站成“凹”字形，挪出空间，以便让后进入者有地方站立。有人管理电梯时，尽量把无控制按钮的一侧让给尊长和女性，越靠内侧越是尊贵的位置。如果与同乘电梯的人不相识，目光最好放在显示楼层的数字上，不要四处张望或盯着某一个人。

自动扶梯上正确的站法：自觉靠向右侧，给有急事的人留出一条通道。

（四）语言

电梯是一个封闭的公共场合，要保持安静，不宜高谈阔论，不谈论有争议的问题或有关个人的话题，特别是不要在电梯里谈公事。在人多的电梯里大声说话是没有修养的表现。当陪伴客人或长辈进电梯时，可礼貌地说“请进”；出电梯时则说“到了，您先请”。当请人帮忙按楼层按钮时要及时致谢。

在电梯内可视具体情况决定是否寒暄，熟人相见且没有其他人员在场时可略做寒暄，有外人或其他同事在时可斟酌是否要寒暄，遇到熟人打招呼不方便时可点头示意。

拎着鱼、肉等物品乘坐电梯时，不可将物品随处放置，同时检查包装袋是否严密，以免弄脏电梯；有人候梯或电梯内有人时，不带宠物进电梯；不能把垃圾丢在电梯里；不可对着电梯里的镜子旁若无人地整理头发或者涂口红。这些都是无声的语言。

第三节　购物消费礼仪

一、基本要求

购物消费是生活中一件极为普通的事情。也正因为普通，很多人不知道或者不注意购物礼仪。营业员与顾客之间，应该相互尊重、文明相处。营业员固然要礼貌服务，顾客同样应尊重营业员的劳动，讲究文明购物。

（一）相互尊重

商场里每个柜台或店铺都有专人接待，购物消费时应礼貌、客气。当需要营业员提供服务时，应礼貌、客气地提出请求，不要用命令的语气说话，也不要“借题发挥”，把从别处带来的坏情绪发泄到营业员身上，更不可盛气凌人。营业员正在为其他顾客服务时，应在旁边稍等片刻，不要急于招呼。如果营业员没有听见招呼声，未能立刻提供服务，千万不要用手敲击柜台或大声吼叫，应耐心等待或继续招呼。

离开柜台时，应对营业员所提供的服务表示感谢。

（二）耐心排队

在需要排队的地方，要按照先来后到的顺序依次排列，不能插队。同时，要注意保持间距，前后之间不应有身体上的接触，尤其是在收银台前排队时，前后之间的距离应适当增大。标有“一米线”的，应在“一米线”后依次排队。没有标“一米线”的，也应保持一定的距离。

排队过程中因故需要短暂离开，应向身后的人说明，如果对方同意，返回后可在原处继续排队。如果对方不同意，则应从队伍末端重新排起。

（三）注重卫生

讲究公共卫生。穿着要整洁无异味，出门前要洗手，如果手有污渍，应避免触摸商品，尤其不可触摸食品。购买熟食、酱菜之类的要请工作人员帮忙，不要用手去抓。其他不让触摸的东西也不要强行触摸。

在公共场所要克制自己，不要吸烟。《公共场所控制吸烟条例》规定室内公共场所全面禁止吸烟，并明确了室外全面禁止吸烟的公共场所。不在商场吸烟，这是一个人有素质的体现。

从爱护商品和保护自身角度出发，试穿衣服时注意防止口红、眼影等损污衣物，造成不必要的麻烦。尽量不光脚试鞋。

（四）乐于帮忙

对老、弱、病、残者及妇女、儿童，应有礼让精神。既要主动向遇到困难的人提供帮助，如搀扶、拎提物品、抱小孩等，又要区分对象、把握分寸，在征得对方同意后才施以援手。尤其是对残疾人，应充分尊重其个人意愿，注意其情绪反应，以免伤其自尊。

二、注意事项

生活离不开购物消费，但要想让自己消费时的心情更加舒畅、愉悦，就必须注意如下细节。

（一）有备而来

去饭店或宾馆，人们普遍重视自己的着装，但去超市购物则比较随意。事实上，在超市购物时也要注意着装合理整洁。即使超市开在自己家附近，也不能穿着睡衣、背心、拖鞋或光着膀子去超市购物。

本着环保、节约的目的，超市、商场、集贸市场等场所实行塑料购物袋有偿使用制度，一律不免费提供塑料购物袋。因此，去超市购物应该自备可降解购物袋，减少使用塑料购物袋。

（二）取放有道

进入超市购物，要按规定存包。使用超市手推车时，注意停放位置，避免堵住通道，用完应停放到指定位置。

浏览商品时，保持安静，不大声说笑。带孩子购物时，应主动规范孩子的行为，不要让他们四处乱跑，以免损坏商品或遭遇危险。

挑选商品时，应该事先考虑一下，不应在选购时过分挑剔、换来换去。尤其是某些贵重衣物，试穿时要格外注意，小心损坏或弄脏。对某些易碎易坏物品，要小心轻放，以免造成不必要的麻烦。

选购商品时，不要随意打开包装。如果对包装内的物品不太熟悉，可以请促销员或相关人员讲解说明。购买水果、蔬菜时，不要用力去捏，也不要不停地翻来翻去，以免损坏新鲜的水果、蔬菜。

选取后又决定不要的商品，应及时放回原来的货架上，不能随意放置，尤其是冷冻商品。如果错拿了部分商品，将其放回原处，也可以将其放在指定的地方。购买衣物时，要将试过的衣物放回原处或者交给相关人员，不要随便放在角落就扬长而去。

（三）文明消费

超市内的商品不能随意品尝、试用。即使有一些可免费品尝、试用，也不可贪图小便宜，无休止地享用，不要带小孩子到超市里去解馋。即使是受邀品尝的食物，也应得体地尝一下就决定买与不买，这样的购物好习惯会潜移默化影响自己身边的人。

（四）慎重调换

有时事先未能考虑周全或其他原因需要退换货时，应在规定的时间内带上购物小票或发票和原包装前往，耐心地向有关人员说清楚原因，态度要和气友善。如果按照规定不能调换，不可强词夺理，以免影响营业现场秩序。有些商品如熟食、洗过的衣服等不能调换，对此要给予理解。如果理由正当而遭拒绝，应寻求其他途径解决，不应与营业员争吵。

（五）善待差错

选购商品时若遇纠纷，应以事实为依据，心平气和地耐心说明，不要发生无谓的争执。有时，营业员难免也会发生一些差错，如拿错商品、找错零钱等，作为顾客，应给予谅解，耐心指出，善意提醒，帮助营业员及时纠正。如果营业员不虚心接受，也不要当面争吵，可以找柜台负责人或商场负责人说明情况，妥善解决。

（六）妥当使用公共卫生间

使用公共卫生间时，如遇人多，应在卫生间门外排队等候；使用时关好门，使用后及时冲水；便后洗手，湿手不应边走边甩。使用公共卫生间时，卫生间的手纸应本着够用不浪费为好，切不可将公共卫生间的手纸拿走据为己有，这是公德缺失的表现。

第四节　歌厅舞会礼仪

一、歌厅娱乐

（一）歌厅选择

选择歌厅时，除了考虑费用问题外，还要考虑客人的兴趣爱好。一般来说，主随客便，否则就不是娱人而是娱己。

应选择正规的、口碑好的歌厅。在征得客人同意后，应由主人负责选定娱乐的具体场所。如有必要，还须提前预订，或派遣专人提早前去现场安排。在选择具体场所时，首先，看其口碑。在口碑好的地方请客，不仅意味着重视客人，而且意味着会享受到优质、高档的服务。其次，看其治安状况。假如那里涉黄、涉毒，打斗不时出现，抢劫经常发生，则无论如何都不要前去“探险”。最后，看其配套服务。对商界人士来讲，娱乐往往是另一种形式的商务活动，因此娱乐场所若能提供完善的配套服务，则会更受青睐。

此外，还要考虑路途的远近和娱乐的时间，以不影响双方的工作、休息为要。一般情况下，必须考虑娱乐地点的交通是否便捷、路程是否过于遥远。若让客户在路上长时间颠簸，或饱尝堵车之苦，难免会令其萎靡不振，娱乐兴致顿减。娱乐的时间一般以2个小时为宜。

（二）点歌礼仪

点歌要注意礼让。在歌厅点歌时，要遵循“先来后到”的原则，注意照顾他人。一般应当请客人、女士、长辈、上级先点歌。必要时，应该注意选择一些脍炙人口的歌曲，由大家合唱，从而引起共鸣、活跃气氛。点歌时，切忌以自我为中心，不管不顾成为“麦霸”，这样就失去了融洽、娱乐的氛围。

宾主落座后，主人可以率先为客人点歌，以表示欢迎之意。有时，也可邀请客人尤其是主宾点歌。点歌时，应当选择那些健康、轻松、愉快的歌曲，不要点那些曲高和寡、不健康、沉闷压抑的歌曲。

（三）听歌礼仪

听歌要专心。当他人唱歌时，务必洗耳恭听。交头接耳、随意走动甚至公然退场，都是没有教养和缺乏风度的表现；如要方便，应在歌曲间歇悄然进行。当他人表现出色时，可为之喝彩或者鼓掌以表示认可和感谢。即使演唱者并不在行，也不要对其演唱予以贬低，或者吹口哨、鼓倒掌，更不可切断他人正在演唱的歌曲。

（四）唱歌礼仪

唱歌要注意保持风度。唱歌之前，要先问候大家。若得到在场者的掌声鼓励，要表示谢意。每次限唱一首歌。在唱歌过程中，切莫忘乎所以、手舞足蹈或者胡言乱语。不要在歌厅里制造令人厌烦的噪声。大喊大叫、大说大笑，或者在演唱歌曲时有意变调走声，都是缺乏教养的表现。

（五）注意事项

在歌厅里与异性共处时，务必掌握分寸。男士要处处优待女士，保持自己的绅士风度。女士要认真维护自己的得体形象。与异性尤其是刚刚结识的异性一起就座时，切勿相距过近，拉扯打闹。与异性一起唱歌时，要先征得对方同意，并且应以一首歌为限。此外，不要跟异性合唱格调低俗的歌曲；若迫使别人和自己合作演唱，则更为失礼。

二、舞会礼仪

（一）邀舞礼仪

在正式的舞会上，第一支舞是主人夫妇、主宾夫妇共舞，第二支舞是男主人邀主宾夫人、男主宾邀女主人共舞。接下来，男主人还须依次邀请在礼宾序列上排第二、第三的男士的女伴各跳一支舞，而那些被男主人依照礼宾序列相邀共舞的女士的男伴，则应同时邀请女主人共舞。

舞场是男士展示风度的最佳场所，在舞曲奏响以后，男士要大方地走到女士面前约一米处邀舞。如果女士的家人同在，则应先向女士的家人点头致意，征得他们的同意后走到女士面前立正，微欠身致意，说："小姐，可以请您跳一支舞吗？"有时还要向陪伴女士的男士征求意见："先生，我可以请这位小姐跳一支舞吗？"得到允许后，再与女士走进舞池共舞。

一般情况下，男士应主动有礼貌地邀请女士跳舞，女士是不用主动邀请男士的。但如果是上下级关系，不论男女，下级都应主动邀请上级跳舞。需要请尊者或贵宾时，可以说："先生，请您赏光。""我能有幸与您共舞一曲吗？"

在正式场合邀请舞伴，不能单凭个人好恶，还须兼顾社交任务。一是要有意识地多交换舞伴，扩大社交面。二是主人要重点照顾自己的主要客人。自第二支舞开始，主人应按尊卑顺序依次邀请主要客人各跳一支舞。三是作为来宾，在邀请舞伴时有较大的选择。但应当主动抽时间邀请一下主人，而不是非要等对方来邀请自己。对同来之人，以及被介绍给自己的人，如果有可能，也应相邀一次。

同性尤其是男性不宜共舞。在正式的舞会上，一个人不宜单独跳舞，更不宜与同性共舞，尤其是有外宾参加的舞会，这是最基本的规矩。在西方人看来，两位男士共舞等于宣告他们不愿意邀请在场的任何一位女士。

（二）拒舞礼仪

不要轻易拒绝邀请。舞会是通过跳舞交友、会友的场合，所以在舞会上不能轻易拒绝他人的邀请。特殊情况下，女士可以拒绝个别"感觉不佳"的男士的邀请，但要注意分寸和用语，要委婉地表达。

拒绝邀请应该得体。出于某种原因，不想接受他人的邀请，只要拒绝得体，也不算失礼。最佳的拒绝方法是，对发出邀请的人说"我想暂时休息一下"，或者"这支舞我不太会跳"，以便给邀请者一个台阶下；要注意的是，拒绝后不要马上接受其他人的邀请。

两位及以上男士同时向一位女士发出邀请时，从国际礼仪的角度考虑不难解决，最能顾全他们面子的做法是全部委婉地谢绝。要是多位男士一前一后走过来邀请，则可以"先来后到"为顺序，接受先到者的邀请，同时诚恳地对后面的人说："很抱歉，等下一曲吧。"并尽量兑现自己的承诺。

一般情况下，女士可以拒绝男士的邀请。男士如果被对方拒绝，不应反复纠缠。而女士邀请男士时，男士一般不得拒绝。

（三）跳舞礼仪

跳舞时，舞姿应端庄。通常为男士领舞，领舞者与伴舞者之间不宜相距过近，双方胸部应相距 20 厘米左右。跳舞时，男女双方不应目不转睛地凝视对方，表情也不应显得不甚自然。男士动作应轻柔文雅，切忌轻浮鲁莽，以免引起别人反感；不宜将女士拢得太紧、过近；不可把女士的手捏得太紧；不可把整个掌心完全向内贴于女士腰上；不应在旋转时把女士拖来扯去，或是腿部过分伸入女士两腿之间。女士不应把双手套在男士脖子上，也不应把头部主动俯靠在对方肩上。交谊舞舞姿如图 4－4 所示。

图 4－4　交谊舞舞姿

上下舞场时，应讲究规矩，要有礼貌，尊重舞伴。上场时，男士应主动跟在女士后面，让对方来选择跳舞地点。一曲终了，方可停舞，不宜在舞曲未完之际先行离去。男士可在原处向女士告别，或是把对方送回原来的地方再离开。

第五节　旅游观光礼仪

旅游是综合性的审美实践活动。现代旅游，实际上是一项以满足精神、文化需求和享受为基础，涉及地理、人文、经济、政治、社会、国际交流等内容的综合性大众活动。

一、旅游准备

（一）与旅行社打交道

1. 选择合适的旅行社

判断一家旅行社是否合法，要看它是否拥有“一证”“一照”。“一证”是指由旅游行政管理部门颁发的旅行社业务经营许可证，它包含一个重要的信息，那就是拥有该证的旅游经营者已向旅游行政管理部门缴纳了规定数额的质量保证金。“一照”是指由工商行政管理部门颁发的营业执照。

2. 签约旅行社

在正式签订旅游合同之前，应要求对方出示旅行社业务经营许可证正本或副本原件、营业执照正本或副本原件，以确定与自己签订旅游合同的当事人行为的合法性。

旅游合同中应包括旅游行程、旅游价格和违约责任等基本内容，主要有：

（1）所乘坐的交通工具特别是客运汽车一项，应就其产地、品牌、型号、有无空调、多少座等内容明确描述。

（2）旅游景点一项，应包括旅行社广告中的所有景点，并明确开始与结束游览的时间，必要时可将旅行社广告日程约定为合同的附件。

（3）住宿标准中应注意对“标准间”一词的理解。只有在星级酒店，“标准间”一词才有具体意义，一般旅馆、招待所的“标准间”是没有具体意义的。因此，当住宿设施是一般的旅馆、招待所时，应明确约定房间内的床位数、有无卫生间、有无电视机、有无电话等设施、设备。目前，不同的酒店有不同的等级，但只要酒店位置合适、功能完善、服务态度良好，就不失为理想的选择。

（4）购物一项，应明确购物次数、购物点名称及在每个购物点所逗留的时间。

（5）旅游价格一项，应尽可能细化，明确到各项交通费、各住宿点的食宿费、景点门票费、导游费等费用。

（6）违约责任一项，应包含纠纷处理方式、投诉受理机构等。

（二）旅行事宜筹备

1. 证件备齐

办理有关证件，如护照、签证等，并确认所需证件都在有效期内。出门旅行须带能证明自己身份的有效证件，如身份证（夫妻带结婚证）、军官证、士兵证、户口簿等。同时，还要带上旅游合同。

2. 景点查询

通过旅行社介绍、网络查询、电话咨询等方式，了解目的地的情况，包括风土人情、民俗礼仪等。

3. 车票咨询

提前订好机票、船票或车票。向航空公司查询有关行李的规定，包括托运行李和随身行李的各项规格与限制，如数量、重量、尺寸、受限物品等。

4. 物品准备

准备所需衣物及个人用品，包括牙膏、牙刷、拖鞋、雨具等。应根据季节和旅游经过地及目的地的气候、环境进行准备，衣服、裤子应宽松、柔软，以棉质的为佳。若旅游时间较长，则尽可能多带几套衣物，以防天气不好，衣服洗后不干。鞋子以旅游鞋为宜，鞋底不能打滑。

5. 药品莫忘

出门在外可以准备一些常用药品，如感冒药、消炎药、跌打损伤药、清热降火药等，以备不时之需。其他药品则根据自身情况另备。

6. 费用充足

不管是跟团旅游还是自助旅游，都应带足旅游费用。在山区或偏远地区旅游时，应提前准备好现金（旅游途中有些地方没有银行，有些地方也没有信号，致使无法用手机支付）。

（三）心理准备

俗话说："在家千日好，出门时时难。"在整个旅游期间不可能任何事情都如意，应早有心理准备，千万不能对任何事都斤斤计较，与同伴及接待人员的相处应多些宽容与谅解，少些抱怨与争斗。

（四）注意安全

在旅途中应有安全意识，凡事要多留心，尤其是在人多及环境复杂的地方。在游人拥挤及其他有安全隐患的地方，须坚持"安全第一，旅游第二"的原则。

（1）贵重物品放置在酒店保险箱，勿随身携带。

（2）行程中或自由活动时若有刺激性活动项目，身体状况不佳时不要参加。

（3）跟团旅行时不可擅自离队，若离队，应先知会导游，并随身携带所住酒店地址、电话，以免发生意外。

（4）抵达景区游览前，切记导游交代的集中地点和时间、所乘游览巴士车号。万一脱团，应于集中地点等候导游返回寻找。

（5）外出旅行，应注意身体健康，少吃生食，不要接受陌生人的食物、饮料。

二、交通住宿

（一）旅游交通

1. 准备工作

了解有关行李的规定和限制，并严格遵守。注意个人的清洁卫生，上车、船、飞机前不要吃大蒜等有特殊气味的食物。避免使用浓烈香水，因为在车、船、飞机等空间狭小的地方气味比较浓郁。

2. 过安检

最好穿一双轻便且容易穿脱的鞋，不但自己在旅途中会更舒适，有时也方便过安检。过安检时要遵守秩序，在黄线外耐心排队候检。

3. 候机（车、船）

在候机（车、船）室等候时，保持安静，如果需要接听手机，应尽量低声通话。在广播宣布开始登机之前，不要站在登机口，应该找座位坐下，避免走来走去，也不要把物品放在椅子上，以免影响其他乘客休息。

4. 登机（车、船）

登机（车、船）时一定要遵守秩序并礼让残障、老弱、妇幼等特殊人群。登机（车、船）后，将所携带的行李提到自己的身前，而不是提于身侧，以免碰到已经入座的乘客。找到自己的座位后，快速把行李放在行李架内或座位下。

登机入座后检查手机是否已关闭或处于飞行模式，系上安全带，安静聆听、观看安全操作演示。坐在过道边时切勿把手或脚伸到过道上，以免发生意外，这同时也是尊重他人的表现。对其他乘客和乘务人员要以礼相待，使用礼貌用语；接受帮助时要微笑道谢。此外，在飞机上不要脱鞋。

飞机起飞和降落时，要拉开遮阳板，并且不能使用任何电子产品，以免影响飞行安全。起飞和降落时，应系好安全带，调直椅背。邻座观看电影时或到了休息的时间，不要拉开遮阳板，以免影响他人看电影或休息。在飞机上应尽量保持安静，同时看管好同行的儿童，避免儿童在机上蹦跳、嬉戏或喧闹。

使用洗手间时，关上门后确定指示灯亮起，表示门已上锁，以免造成尴尬局面；用毕应冲水。离开洗手间前擦干洗脸台，以方便下一位乘客使用。在洗手间内不能吸烟。

在整个旅程中都要保持耐心，尤其是飞机降落后未停妥之前，不要急于起身取行李，应等待安全灯熄灭后再起身。

（二）酒店住宿

（1）登记住宿时，应出示护照、身份证或其他有关证件，填好住房登记表，并告知离店日期。

（2）进入酒店时要安静。在酒店大堂不要聚成一大群，应该三三两两地站或坐在一起。可轻声交谈，但不可大声喊叫，更不应跑来跑去。到了居住楼层后，仍需保持安静，尤其是在夜间。进入房间以后，把门关好并上锁。酒店的房间通常隔音不太好，在房间里无论是打电话还是看电视，声音都要放低，以免干扰其他房客。

（3）贵重物品可放在酒店保险箱内，若随身携带，注意保管，切勿离手。

（4）出入酒店房间要随手关门，不要穿睡衣在走廊走动，更不可穿睡衣到餐厅用餐。入住时不要将衣物披到灯上或在床上抽烟。房间内要经常开窗换气，使空气对流，以保持室内空气的清新。

（5）退房前，仔细检查所携带的行李物品，特别注意证件和贵重财物。

（6）国外的酒店一般不提供热水和开水。如果需要热水和开水，可以打电话申请客房服务，但最好先问清楚是否收费，以免到时因为误解而发生不愉快。

（7）在很多地方，尤其是在美国，给服务员小费是一种习惯。旅行中是否给小费、给多少，可向导游咨询。

三、景点观光

（一）爱护环境资源

做一个文明的观光者，要自觉地爱护旅游资源，大至公共建筑、名胜古迹，小至花草树木。特别是名胜古迹，那是一国古老文明的象征，是一个民族的骄傲，每一个观光者都要珍惜这些无价之宝，不在文物古迹上涂刻。不踩踏草地，不摘折花木，不在树木上涂刻，不捕捉动物。

不能随手涂抹，不能信手乱摸，尤其是在一些有宗教禁忌的地方。不要随意搬动游览区内的物品，破坏雅致的环境。在游览区还要保持必要的安静，不要大声喧哗。另外还要遵守规定，如很多观光点及展馆明文规定不能拍照、不能录像。

（二）讲究卫生

一个文明有礼的观光者，要注意保持游览区的环境卫生，不要乱抛果皮纸屑和其他杂物，更不要把这些东西抛入水池和河道中。在旅游过程中，用随身携带的塑料袋把自己生产的垃圾收拾好，并分类放到垃圾箱里。

（三）做到文明礼让

作为一个文明的观光者，在旅游时要关心他人，以礼待人，礼让残障、老弱、妇幼等特殊人群，常用礼貌用语；自觉排队，遵守秩序；入乡随俗，按当地规定行事。

遵守行为规范：保持平和的心态，不急躁，不与人争吵、打架。不在公共场所吸烟。在小路、小桥、山洞与人相遇时，不要争先恐后。注重个人形象，衣着整洁、得体，不在公共场所袒胸露背。不在旅游地的长椅上睡觉，也不能把脚踩在椅面上。

尊重国际礼仪：女士优先，注意礼让。尊重他人隐私，切勿擅闯私人的地方。

尊重民俗礼仪：尊重各民族风俗习惯和宗教习俗。

在公共场所拍照时，应抓紧时间尽快结束，一般每人在同一地点拍照的张数不宜超过三张，让人久等是非常不礼貌的行为。如果对拍摄的角度把握不准，应礼让他人，确定好角度后再进行拍摄。不要长时间占用一个拍照的场景，免得他人久等。当他人无意间进入自己的镜头时，应有礼貌地予以提醒，不可大声叫嚷，更不可呵斥或上前推搡。

情境角色

（一）进出电梯

实训目标：掌握进出电梯的顺序和站法。

实训准备：模拟箱式电梯（可用椅子代替）。

实训方法：若干人组成一组，并确定各自的角色（客人、女士、上级或主人、男士、下级等），表演按正确的顺序进出电梯。

(1) 客方1人，己方3人（主要接待员1人、秘书1人、司机1人）。

(2) 客方2人（领导1人、秘书1人），己方3人（主要接待员1人、秘书1人、司机1人）。

（二）行走与上下楼梯

4人一组，其中2人扮演客人（1人为经理、1人为秘书），2人扮演主人（1人为经理、1人为秘书），表演4人单人行走、并排行走和上下楼梯。

注意行走的方位、姿态，可以边走边谈。

（三）乘坐轿车训练

实训目标：掌握轿车座位的安排。

实训准备：模拟轿车座位（可用椅子代替）。

实训方法：若干人组成一组，并确定各自的角色（客人、女士、上级或主人、男士、下级等），表演按正确的座次乘车。

(1) 客方1人，己方3人，乘一辆车。

(2) 客方2人，己方2人（主要接待员1人、司机1人），乘一辆车。

(3) 客方3人，己方3人（主要接待员1人、陪同1人、司机1人），分乘两辆车。

第五章 校园交往礼仪

导引

东汉时，有一个名叫魏昭的人。他在求学的时候见到了郭林宗，心想“这是一位难得的好老师”，便对人说：“教念经书的老师是很容易请到的，但是要请到一位能教人成为老师的人，就不容易了。”所以他就拜郭林宗为师，还请人侍奉郭林宗。郭林宗体弱多病，有一次，他要魏昭亲自煮粥给他吃。当魏昭端着煮好的粥进来时，郭林宗便责备他煮得不好，魏昭就再煮一次。这样一连三次，到第四次，当郭林宗看着魏昭端粥进来且没有不快的脸色时，笑着说：“我以前只看到你的外表，今天终于看到真心了！”于是，他将毕生所学全部教给了魏昭，而魏昭也终成大器。

当真心对待他人时，他人也必定会以真心回报。大学是人际关系走向社会化的一个重要转折期。步入大学校园，会遇到各方面的人际关系：师生之间、同学之间、同乡之间，以及个人与班级、院系、学校之间的关系等。处理好人际关系对大学生的大学生活和未来事业都至关重要。

第一节 师生相处礼仪

老师和学生是大学校园里的两大基本群体。随着时代的发展，师生观念和师生关系不断演变。早在汉代，我国就形成了严格的等级师生观，古语云“师徒如父子”。近代著名教育家陶行知提出了“共学、共事、共修养”的师生观。在高等教育大众化的背景之下，民主、和谐的新型师生关系是我们所倡导的。

一、师生相处基本原则

（一）民主平等

在新型师生关系里，老师与学生的人格是完全平等的，老师不再是居高临下地教导学生，而是以一个引路人的角色来帮助、点拨学生。老师是学生平等的合作者、耐心的倾听者、真诚的赏识者。老师可以批评学生的错误，而学生也可以对老师的失误给予指正。

（二）互相学习

21 世纪是信息化时代，面对无穷无尽的知识和信息，韩愈所提出的“弟子不必不如师，师不必贤于弟子”的论点得到了有力的验证。师生之间应该互相理解、真诚相待、共同进步。老师可以凭借自己的经验引导学生，学生也可以凭借自己的敏锐、朝气影响老师。教学不再是老师生硬的灌输，而是师生之间智慧的启迪、思想的碰撞，是师生之间共同探讨、共同成长。

（三）互相尊重

“尊师重教”是中华民族的传统美德。在与老师交往的过程中，学生应从心底里热爱与尊重老师，接受老师的教育和管理。作为老师，则要尊重学生的人格和权利。

（四）交往有度

师生的职责不同，和谐的师生关系要求师生之间以民主的方式进行交流，但不宜过分随意，应交往有度。如果交往过密，关系过于特殊，不仅无助于教育任务的完成，还会给老师、学生带来麻烦。

二、课堂上

（一）课前

（1）遵守上课时间。在打预备铃之时或之前进入教室。

（2）帮助老师做好课前准备。如擦干净黑板、收拾好讲台、准备好教学仪器等。

（3）做好上课准备。准备好课本、笔记本、练习本和文具等学习用品并摆放整齐，安静端坐，等待老师的到来。

（二）上课

老师来上课，学生应向老师行注目礼，起立向老师问好时姿态要端正。具体要求如下：

（1）头正，双目平视，嘴角微张，下颌微收，面容平和自然。

（2）双肩放松，稍向下沉，人体有向上的感觉。

（3）躯干挺直，做到挺胸、收腹、立腰。

（4）双臂自然下垂于身体两侧，手指贴拢裤缝。

（5）双腿直立并拢，脚跟相靠，脚尖分开成 60°。

示意如图 5－1 所示。

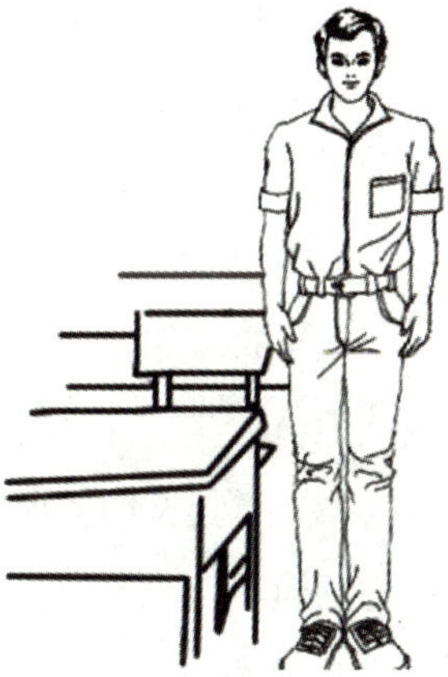

图 5－1　上课起立姿势

（三）听讲

1. 认真听讲

学生应集中精神，积极思考，上好每一堂课，不要心不在焉或打哈欠，更不宜吃着东西、玩着手机听课。

2. 端正坐姿

入座、离座的要领：从椅子左侧入座，左脚先起步。离座时借助腰、腿的力量，右脚先撤半步，慢慢起来。

就座要领：就座要轻、稳、直，坐椅面的 1/2～2/3。身体不要前倾后仰或歪歪扭扭、东摇西晃，也不要斜靠在椅子上。抬头挺胸，上体自然垂直。不要抱起胳膊，也不要摊开双臂趴在桌子上或放在臀部以下。双膝自然并拢，双腿放正，与地面垂直。双腿不要不停地抖动。不需要记笔记时，双手应规范地放于课桌面，即双手分开放、交叉或交叠摆放，如图 5－2 所示。

图 5－2　听讲时双手姿势

3. 礼貌问答

学生回答老师提出的问题或向老师提问时，应在原位起立后再回答或发问，不应边举手边说。态度要严肃认真，姿态和表情要大方，目光正视老师，声音清晰、音量适中，不要故意做出一些动作或弄出一些声音引人发笑。回答不出问题时，应对老师说："对不起，老师，我还没考虑好。"

对老师讲述的内容有异议时，最好下课后单独找老师交流意见、共同探讨。若课上非提不可，要注意方式，态度要诚恳、谦虚恭敬，不可扰乱课堂秩序，影响老师的授课计划。

4. 举止端庄

（1）衣着整洁。课堂上，夏天不能穿拖鞋和袒胸露背的服装，冬天不能戴帽子，不能戴墨镜。

（2）举止文明。课堂上，男女同学不宜过分亲密，不宜取笑同学，不宜以私下的绰号称呼同学；也不宜给老师起绰号，不可当面顶撞老师或指责老师。

5. 遵守纪律

（1）不交头接耳、窃窃私语、大声喧哗，要保持安静。

（2）不离开座位走动，不做小动作、怪动作。

（3）关闭手机等电子工具，上课不接听电话、不戴耳麦听音乐。

（4）不宜吃东西、嚼口香糖。

（5）认真完成课堂作业。

（四）下课

若老师还未宣布下课，学生应当安心听讲，不要忙着收拾书本，这是对老师的不尊重。待老师离开课堂后，学生再自由活动。如果有听课老师，在听课老师离开后学生才能活动。

老师也要注意，尽量不要拖堂，让学生有充分的时间休息和准备下一节课的学习。

三、办公室

（一）进出办公室

（1）敲门并得到允许后方可进入。进办公室之前，要主动喊"报告"或敲门，得到老师的允许后才能进入老师办公室。切忌探头探脑、四处张望。

（2）向老师问好。进入老师办公室后，主动向老师问好。如果要找的老师不在，要礼貌地向其他老师询问，不要一声不响扭头就走。如果要找的老师正与别人讲话、打电话或正专心于某件事，应在旁边静候。如果有急事，可以说："对不起，老师，打扰一下行吗?"如果要交作业或其他物品，要双手递交。如果递交的是文字类的东西，要注意，文字一定要朝老师的方向。不要直奔要找的老师，而对其他老师熟视无睹。

（3）不要随便坐老师的座位和翻动办公室内的物品。进入老师的办公室，不要不请自坐。到办公室借东西或替老师取东西时，应向在场的老师主动说明，切勿在老师的办公室乱翻乱动，更不能随便打开老师的抽屉或柜子。

（4）办完事后立即离开办公室，并向老师礼貌告别。

（5）进出办公室动作要轻快，不要影响老师的工作。开关门时要用手轻开、轻关，不要用身体的其他部位开关门；走路脚步要轻，以免影响他人。

（6）如果到校领导办公室，应提前预约，并准时到达。

（二）与老师交谈

1. 态度诚恳，认真倾听

与老师交谈时态度要诚恳，实事求是。既不要有太多的客套话，过分谦虚，也不要信口开河。不要随便打断老师的话，如果有急事需要打断，应向老师打招呼致歉。

2. 语调平和，音量适中

与老师交谈时要尽可能使声音听起来柔和，音量要适中，以老师能听清楚为宜。切忌大声说话“惊扰四座”，但声音也不宜太轻、太低，使得老师听不清。

3. 动作适度，距离适中

听老师讲话时，与老师的目光交流时间应占50%以上，注视的位置大致是老师的双肩与头形成的三角区，必要时可点头应和。交谈过程中要少打手势，一般来讲，手势的幅度上不过肩、下不过腰。与老师保持1.5米左右的距离，交谈起来双方都比较自然。

4. 尊重老师，委婉表达

当不同意老师的观点时，不要直接顶撞、反问和质问，应当婉转地表达自己的看法，比如：“这个问题我再考虑考虑，不过我认为……”

四、图书馆

（一）仪表整洁

图书馆是文明之地，在图书馆学习时应衣着整洁，不要穿背心、露背装、超短裙、短裤、拖鞋等入内。

（二）遵守秩序

进入图书馆应主动刷卡或出示证件。在计算机上检索、查阅书目及到柜台还书时，应按先后顺序排队。阅读时，不要抢占座位或为自己及他人划地盘。不要用私人物品占座位，公共场所所有空位都可就座，但欲坐到他人旁边的空位时，应有礼貌地询问旁边是否有人、可否入座，得到许可后致谢并安静入座。

（三）保护环境

办理借阅手续需要与图书管理员交谈时，应压低声音。与同学、朋友交流时，应轻声细语，若需要长时间讨论、交谈，应到图书馆外进行。入座、离座应轻起、轻落，翻书、走路要轻，随身携带的手机等应调到震动或静音状态，避免打扰他人。

注意保持环境卫生和整洁，不要随手乱扔包装纸等杂物；不吃零食、喝饮料、嚼口香糖等；不吸烟，不随地吐痰。离馆时要将桌面清理干净，将椅子复位。

（四）爱护公物

自觉爱护馆内的图书报刊、文献资料和公共设施。阅读时不在图书报刊上做注解或乱涂乱画，不在图书报刊上“开天窗”或撕毁书页，不将图书报刊卷角、折叠或手沾唾液翻页。不在书桌、椅子上刻字、乱画。使用电脑要按程序操作。

（五）“完璧归赵”

在图书馆，图书的开架和摆放顺序都是为了方便读者而设置的。在查找和阅览图书、资料时，不应同时将几本书“占为己有”，应看一本取一本。看完后不要随手乱放，应放到相应的地方。借阅图书、资料后，应抓紧时间，及早看完归还。一些热门书、紧俏书更应该速看速还，以免影响他人借阅。倘若确实因为工作、学习需要想多借几天，也应提前申请续借。自觉养成遵守图书馆制度的良好习惯，制度面前人人平等。

五、师生路遇

（一）主动问候

1. 称呼

可使用人称敬称、姓名敬称、职衔敬称。常用的人称敬称是“您”。姓名敬称就是在老师前面加上老师的姓，如“张老师”“王老师”等。职衔敬称是在姓或姓名后加上老师的职称或头衔，如“李教授”“王处长”“黄校长”等。

2. 问候语

视时空条件而定，如早晨相遇要说“早上好”，一般情况下说“老师好”。问候与让行往往同时进行。

3. 敬礼和致意

视场合而定，可根据场合采用注目、鞠躬、握手、挥手、点头致意等。相遇时距离较远，可行注目礼或点头致意、挥手；相遇时距离很近，可行鞠躬和握手礼。

（二）礼让在先

1. 在校外相遇

在校外与老师相遇，应主动和老师打招呼，并请老师先行，不要抢行。在人多的公共场合，简单示意即可。

2. 在楼梯（电梯）相遇

在楼梯上与老师相遇，主动靠右让路，不要在楼梯上多人并排行走。在电梯上与老师相遇，要主动帮助老师，应先进电梯、后出电梯，主动为老师按楼层的指示键。

3. 在教室（办公室）门口相遇

在教室（办公室）门口相遇时，一般要注意礼让及先后顺序。如果门朝里开，应先入内把住门，侧身，请老师进入；如果门朝外开，应打开门，请老师先进入。

4. 在校内公共场所相遇

在校内公共场所相遇时，学生要主动为老师提供方便。如在图书馆内要让老师先行查找、阅读资料，在食堂就餐主动为老师让座等。

第二节 同学交际礼仪

一、学习交往

（一）主动帮助同学

1. 热情主动

主动帮助同学，解答问题时，要建立在尊重同学自主学习的基础上，有问才答，有问必答，既不要太冷淡，又要防止过于热情，否则会挫伤同学的学习积极性。

2. 谦虚有礼

求教和讨论问题时，态度要谦逊、温和，这样让人容易接受。多用商量、征询的语气而不用命令的口气讨论问题。

3. 保护自尊

帮助同学解答问题时要注意保护同学的自尊心，不使用刺激性的语言，说话不要太生硬、直白，要用柔性和引导性的语言。

（二）有礼貌地请教问题

1. 选择适当时间

向同学请教问题，不能一有问题就打扰或影响同学的学习。在一个学习时段内，最好把要问的问题集中后再向同学请教。

2. 使用礼貌语言

请教问题时使用礼貌语言，并在对方同意后再提出问题。当同学解答了自己的问题，向其道谢后才可离去。

3. 讲究求同存异

请教问题时，最明智的方法是求同存异。所谓求同，就是把注意力放在寻求彼此的共同点上。双方一旦就某些方面达成共识，就比较容易增进了解、加深信任，从而促进双方的进一步交往，增进友谊。所谓存异，就是对双方一时各持己见、难以达成共识的问题，可以避而不谈或不进行争论，允许双方各自坚持自己的见解。

二、舍友交往

（一）遵守管理规定

生活无小节，大学生要严格遵守学校的各项规章制度，如学生宿舍的纪律制度、卫生制度、财产管理制度、安全保卫制度、舍长和值日生制度等。

（二）注意生活细节

1. 尊重集体生活的秩序

不随便使用、翻弄或移动别人的东西。个人用品若遗失，不胡乱猜疑别人。

平时在宿舍里不高声谈笑，夜间就寝后上下床动作要轻，并尽可能使用微型手电筒照明，以免影响别人休息。听音乐时尽量使用耳机，或尽可能把音量调低。

2. 保持室内和个人卫生

保持宿舍整洁，定期擦桌椅和门窗，定期打扫宿舍。被褥要收拾整齐，衣服、鞋帽要整齐地放在一定的地方。

换下的脏衣服、脏鞋袜要及时清洗和晾干，不可乱丢乱放。

毛巾、擦脚布要摆整齐，并且不与别人的靠在一起；脸盆等其他洗漱用具安放在一定的地方。

食物和碗筷等，不仅要摆放整齐，还要注意密封、遮蔽，以确保卫生；对于已变质的食物，要及时处理掉。

重要图书、簿册或其他重要物品，不能乱丢乱放，要放在自己的书桌上或者衣柜内并保管好。

3. 不干预他人私事

同学病了、情绪反常，要主动关心。

不可私翻、私看他人的日记和手机。有的同学没有养成随手收拾东西的习惯，有时连日记本也很随意地丢在枕边或放在桌上，甚至翻开摆在那里。即使碰到这种情况，也不应以任何借口私自翻阅。

不可私拆、私藏他人的信件或包裹。有时知道某同学的某件来信或包裹是大家感兴趣的，但无论在什么情况下，都无权私藏或私拆别人的信件或包裹。

不可打听同学的隐私。有些同学不愿意让他人知道自己的某些情况，这是个人隐私，应该受到尊重。在集体生活中，每位同学都要培养良好的品行，尊重和保护别人的隐私权，凡是别人不愿谈及的事，就不要去打听。

当同学有亲朋好友来访时，考虑到他们可能会谈及一些私事，要适当回避。有时，同学离校去处理私事，也不应该主动打听和追根寻源。

4. 爱惜公共财物

不损坏宿舍的各种设备，若无意中损坏公物，要主动承认、自觉赔偿。要随手关灯，节约用水，不浪费粮食。爱护宿舍及周围环境，宿舍内外的绿植要注意爱护。

5. 借物要如数归还

宿舍内的畚箕、扫帚等公用物品，用后要及时放回原处，不随便外借。借用他人物品，虽是同宿舍，但必须征得物主的同意，用后要及时归还。物品若有损坏，应照价赔偿。

6. 重视公共安全

要注意用电、用火安全。电风扇和蚊香要放在安全的地方。不可在宿舍内使用违禁的电器，防止发生意外。

7. 言语讲究文明

在宿舍内应与在学校其他场所一样，不乱叫同学绰号，不讲粗话和下流的话。

8. 注意事项

一般情况下，不随便去其他宿舍串门，尤其是异性宿舍；也不能随便把外人带进宿舍。

有同学相邀并得到该宿舍其他同学的许可时，方可串门。未经允许，不能动用串门宿舍内的物品，未经允许不可移动和翻看同学的东西。谈话声音要轻、逗留时间要短，以免影响其他同学学习、休息。

去异性同学的宿舍串门，除了注意上述诸点外，还必须在该宿舍其他同学方便的情况下进入（尤其是在夏天）；谈吐要文雅，逗留时间不宜过长。不要进入不允许异性进入的宿舍区。

接待亲友或外人来访时，在其进入自己的宿舍之前，应先向宿舍的同学打招呼。进入宿舍后，应主动向同学介绍来访者。

三、异性交往

（一）异性交往的一般礼仪

1. 心态自然

与异性交往要消除不自然感，应像对待同性那样对待异性，友谊本来就是感情的自然发展。

2. 言谈有别

男女毕竟有别，有些话题只能在同性之间交谈，不宜在异性面前讨论。

3. 举止得体

（1）异性交往时不应过分冷淡。善于控制自己的感情是有必要的，但不理不睬会伤害对方的自尊心，也会使人觉得你不可接近。男女双方都要主动寻找话题，或谈论人生，或谈论学习、交流信息，或回忆过去、畅想未来，这些都能达到交往、沟通的目的。

（2）异性交往时不应过分亲昵。男女双方应自尊自爱，言谈举止稳重、端庄，切不可勾肩搭背、搔首弄姿。即使是恋人关系，在行为上也要十分注意，过分亲昵的行为不仅显得轻佻，还会引起周围同学的反感。

（3）异性交往时讨论问题有张有度。在与异性交往时，绝不可卖弄自己的才识，或者在争辩中得理不让人、无理也要辩三分，这会使人反感；也不要缄口不言，或只是"嗯""啊"应付，否则，尽管面带笑容也会使人扫兴。

（二）与异性交往的艺术

1. 建立广泛的友爱圈

大学生与异性交往，要建立广泛的友爱圈，使男女同学都处在一个和睦融洽、往来自如的环境中，形成男女同学团结友爱、互敬互助的良好风气和习惯。

创造这种环境的最好方法就是开展集体活动，如外语角、兴趣小组、集体旅行、社团活动、社会实践等。在这些活动中，大家因共同关心的问题或共同感兴趣的活动聚在一起，在一定程度上消除了对异性的敏感性，交往也就自如得多。集体中的异性交往，每个人所面对的是一群异性同学，他们各有所长，或幽默健谈，或聪明善良，或乐观大度，或稳重干练……这就使得我们在吸收众人优点的同时开阔了眼界和心胸。

2. 选择适当的交往场所和时间

大学生在与异性交往的过程中，要有正确的动机，即为寻找真挚的感情、完善的人格而交往。这种交往应当是健康的、文明的。大学生在与异性交往时，要注意选择适当的场所和时间，到异性的宿舍停留时间不宜过长，以免给他人带来不便。

3. 不轻易否定异性

与异性沟通时，最关键的是采取肯定和亲切的态度，不要轻易否定异性，因为这样容易伤害对方的自尊心。不要一接触异性就显得紧张，不能坦然相处。要把沟通作为一种技巧，充分了解沟通对象的特点是必不可少的一个环节。对方相约一同参加某项活动，如听音乐、看电影、观画展、逛书市、打球，这是正常的、公开场合的两性交往，完全可以大大方方地赴约。

4. 切忌"自作多情"

有个成语叫"过犹不及"，它告诉人们一个道理：凡事都要掌握分寸。生活中，人们常说的“自作多情”就是异性交往缺乏分寸的表现。“自作多情”是男女交往中的一忌。掌握分寸，必须正确对待异性朋友的恋爱要求。恋爱是双方的事，如果对方不想与你谈恋爱，那就要将自己与对方的交往严格控制在友情的范围内，可以适度减少往来。

5. 处理好知心朋友和友爱圈的关系

“物以类聚，人以群分”，友情也是有层次的。在男女同学的友爱圈中，有一个或几个关系比较密切的朋友，属于正常现象。但这种关系与大集体必须是统一的，知心朋友也是集体的一员，应以集体的和谐为前提。如果一对男女同学在集体中显得过于特殊，甚至一对一地亲密交往，就会脱离集体。异性朋友也是有层次的，知心异性朋友之间的交往，自然会比一般异性朋友的交往密切一些，但这种密切如果超出了友情的范围，就是恋爱关系了。在异性友情的发展过程中，有时会因对方某一优点而产生倾慕之情，这时候感情的堤围最易被冲破。如果任意冲破感情的堤围，让感情之水四溢，那就违背了友情原则。因此，异性朋友之间最好不要过多地单独相处。

6. 处理好异性交往与学业的关系

大学生需要处理好与异性的交往，更应处理好异性交往与学业的关系。在这个问题上，要克服两种倾向：一种认为异性交往需要时间，必然影响学习，因此不愿与异性交往，把自己封闭在自我的小天地里；另一种热衷于异性交往，影响学业甚至忘了学业是学生的主要任务，为了同异性交往，可以不上课、不考试以至留级、退学。大学生应学会用理智控制感情，掌握与异性交往的艺术，正确与异性交往，切忌把异性交往的广泛内容理解为恋爱，片面认为爱情是学业的“伟大推动力”，严重影响学业。

四、恋爱交往

（一）树立正确的恋爱观

爱情的主要基础在于思想一致，志趣、爱好、性格相投。正确地选择爱情、理解爱情，才能真正得到爱情。

1. 志同道合

所谓志同道合，就是有共同的志向、抱负和事业心，具有共同的人生态度、人生理想和人生道路。这是爱情牢固、可靠的基础，有了这样一个基础，其他方面的不足都可以慢慢弥补。

2. 品德为重

心灵和外表相比，前者更为重要。在恋爱问题上，大学生应当树立这样一种观念：人不是因为美丽才可爱，而是因为可爱才美丽。

3. 认真对待

爱情不是俯首拾来、随手抛去的花朵，绝不能朝三暮四、见异思迁。真正的爱情应当是忠诚的、持久的。青年男女一旦进入恋爱阶段，就不允许任何一方同时和两个及以上异性处于恋爱状态，这就是爱情的专一性和严肃性。

（二）怎样“示爱”

当面表白时，要知彼知己，确定对方对自己有一定程度的好感。要会选择时机，最好在自己感动对方的时候。要营造浪漫的气氛，先说一些轻松的话题，让彼此处于轻松的状态。表白时要真诚、自信，看着对方的眼睛，让对方能感受到自己的诚意。

用间接的表达方式来表明爱意较为自然，而且也比较容易表达。至于要如何表达，一定要事先计划周全，选择不会令对方感到反感的方法，并且“台词”也不能只准备一套，一定要多准备几套。

利用间接的表达方式传达爱意，可以避免尴尬，对方也能很自然地了解语句包含的意思。如果一次不成，就在对方不排斥的情况下多试几次，总有一次对方会明白的。

如果多次间接表达不能使对方明白自己的心意，则可以把面对面时说不出口的话付诸笔端，用生花的妙笔来表达心意。

（三）如何婉拒对方

在准备答应对方之前应问自己几个问题：我能承担爱情关系带来的结果吗？他（她）是真的喜欢我还是只图一时新鲜？今后如果两人的关系发生改变，我怎样消除此事带来的心理阴影？

如果没有找到以上问题的明确答案，就不要轻易答应对方建立恋爱关系。

轻易答应对方的结果可能是：如果对方只图一时新鲜，目的达到以后，很快会“弃旧图新”，另觅新人；如果对方喜欢自己，太轻率反而会使对方不再如以前那样尊重自己，甚至产生各种猜疑。

如果是一个极有原则的人，有极强的自我约束力，那么无论在怎样的情况下都能抵挡住诱惑。当然，要做的绝不是板着面孔说“不”，更不是指责，否则拒绝的结果是坚持了原则，对方却丢了自尊，使感情蒙上阴影。

明智的回答有很多，试举几例：

（1）对不起，我不能答应你。我们不那么合适。

（2）我现在只想和你做朋友。我希望能从朋友关系顺其自然地走到一起，你愿意等吗？

（3）你的话很让我感动，但我不只想听你怎么说，我还要看你怎么做。

（4）若真有缘分，总会属于彼此，让我们来日方长。

（5）如果你真的喜欢，请尊重我、尊重我的选择，让我们一起不断走向成熟，好吗？

如果没有建立恋爱关系的想法，拒绝对方时语气要温柔但坚决，相信只要对方通情达理且真的喜欢你，会因你的坚持而接受你的拒绝。而你也会发现，学会拒绝会使人变得思想细腻、成熟稳健。

第三节 演讲、辩论礼仪

一、一般常识

（一）演讲与辩论的区别

演讲又称讲演或演说，是指在公共场所，以有声语言为主要手段，以体态语言为辅助手段，针对某个具体问题，鲜明、完整地发表自己的见解和主张，阐明事理或抒发情感，进行宣传、鼓动的一种语言交际活动。

辩论是指彼此用一定理由来说明自己对事物或问题的见解，揭露对方观点的矛盾之处，以便达成最后的认识或共同的意见。

中国著名青年演讲家柏君先生认为，演讲与辩论的主要区别为：演讲多为陈述性的，演讲是为了向大众陈述一个事件、过程、计划或道理、感悟；辩论多为说服性的，是通过辩论渲染一种气氛，以逻辑性的论辩达到说服对方的目的。

（二）演讲、辩论与能力修炼

1. 有助于开阔视野

许多参加过演讲、辩论的选手都有一个感觉：做完一场演讲或赛完一个辩题，就像修了一门课，学到了相关专题的很多知识。比如，就“屈原是积极抗争的还是消极逃避的”“当今中国更需要胡适类型的知识分子还是鲁迅类型的知识分子”等辩题，辩手需要了解屈原、胡适、鲁迅，为了取胜，选手必须广泛搜集和阅读相关的文献资料，不断请教老师。取胜的欲望越强，学习的兴致也就越高，所学到的知识也越多。

2. 有助于增长才艺

演讲、辩论赛是一个练兵场，是思维能力、表达能力、应变能力和团队合作能力的较量，选手们在较量中增强了各种各样的能力。以辩论赛为例，在思维方面，辩手们必须学会深入细致地分析、严谨缜密地推理、全面系统地总结，在此基础上制定稳妥的战略战术；在表达方面，辩手们必须学会清晰充分地陈述思想、纵横捭阖地论证观点、尖锐犀利地驳斥对方论点；在应变方面，辩手们必须学会沉着冷静地控制局面、机智巧妙地与对方周旋、出其不意地发起进攻、不失时机地攻其弱点；在团队合作方面，辩手们在场上场下都必须学会相互协作、相互照应，达成一种默契，以团队的力量克敌制胜。

从组织演讲、辩论的角度来看，选手们要学会选题，学会组织人员，学会安排赛事。上述种种能力，无论哪一种，都是大学生走上社会必不可少的，在演讲、辩论方面表现优异的学生在求职中总是更容易得到青睐。

3. 有助于通晓事理

通晓事理是知识和能力的综合体现。演讲、辩论的题目有很多是探究事理的，大学生探究得越多，也就知晓得越多，知晓得越多，也就运用得越好，这样就提高了分析问题、解决问题的能力，也给自身的成才创造了更好的条件。所以，大学生多参加演讲、辩论，会更多地掌握相关的社会规律和自然规律，学会客观、辩证、全面地看问题，能够掌握正确的学习方法，找到一条适合自己的成功发展之路。比如，辩论中有些辩题涉及行为方法和规律，如“革新技术是否比革新思想更重要”；有些辩题涉及成才目标和条件，如“有为才能有位还是有位才能有为”等；有些辩题直接探讨人们如何获取成功，如“大学生打工自立弊大于利还是利大于弊”等。弄懂、弄通这些事理，无疑对大学生的成才非常有益。

（三）演讲、辩论与个性发展

1. 有助于怡养性情

从趣味性、娱乐性来讲，演讲、辩论这种活动形式优于一般的课堂教学。大家聚于一堂演讲或辩论，有交流、有竞争，就有欢乐；大家共同求是明理，展示语言魅力，有追求、有欣赏，就有意趣。过分紧张、长久地学习会造成大脑皮层的兴奋性减弱，如果能适时地穿插演讲、辩论这样的活动，会使大脑得到积极的休息，有助于保持旺盛的学习精力。大学生身处急剧变化的现代社会，各种复杂的矛盾、纠葛及种种挫折，会导致大学生产生烦躁、焦虑、忧愁、怨愤等情绪，进而对其学习或生活产生影响，精彩的演讲、辩论有助于排解和疏导这种不良情绪，帮助其发展良好的情商。

2. 有助于个性发展

当今时代是一个开放的时代、一个追求个性的时代，在人才培育过程中需要注意人的个性化需求。大学生演讲、辩论之所以有强大的吸引力，其中一个原因就是它在较大程度上满足了这种个性化成长的需求。演讲、辩论中的个性体现在三个方面：

（1）对口才的崇尚。很多大学生因为崇尚口才而热衷演讲、辩论，他们都希望自己能语出惊人，达到“一人之辩重于九鼎之宝，三寸之舌强于百万之师”的境界。

（2）争强好胜的性格。参加演讲、辩论的大学生总是有着强烈的取胜欲望，常怀有一种拼搏的激情，期待用自己的观点说服别人，用自己的口才征服别人。

（3）自我表现。演讲、辩论满足了大学生展示自我的愿望。大学生在演讲、辩论场上，向观众展现了风采，向评委展示了才智，释放了情感，敞开了心扉，获得了身心的愉悦。

3. 有助于激情励志

演讲、辩论包含许多激励因素。例如，辩论的对抗性、挑战性、竞争性是最强烈的激励因素。若战果辉煌，自是豪情满怀；若交战失利，同样能激励选手越挫越勇。辩论是一个集体项目，无论是其他成员的殷切期望还是沉甸甸的团队责任，对选手来说都是一种激励。辩论前后，他人的赞赏、老师的鼓励、组织的认可等，都会给选手带来受到尊重和肯定的满足感，由此信心得以增强，精神得以鼓舞，进取心得以巩固。现在很多辩题就很有挑战性，有些辩论队因为抽签的结果而不得不否定传统的道理，如有些辩论队就必须否定“愚公移山”“仁者无敌”等具有褒义的做法或理念，而有些辩论队则必须赞赏“班门弄斧”“东施效颦”等向来具有贬义的做法或理念，这种辩题的挑战性也有激励作用，使选手以更大的勇气、更多的智慧和更深的思考去克服困难，取得胜利。

二、主办者

（一）精心策划

（1）确定主题。演讲的主题要有针对性、教育性；辩题严谨，要有可辩性，正反方题目必须明确。

（2）选拔活动主持人。

（3）明确环节。对于辩论而言，一辩、二辩、三辩、四辩依次轮流发言。根据实际情况约定时间。比如，一辩陈述观点 2 分钟；二辩盘问 3 分钟；三辩自由辩论 5 分钟；四辩总结陈词 3 分钟。双方交替发言，用完自己的时间将不能再继续发言。

（4）安排评判。根据学生文化、思维水平，确定评分标准，邀请评委。

（二）拟发通知

通知要规范，一般由标题、主题、活动目的、参加对象、活动要求、活动时间、活动地点组成。通知要及时发放、送达。

（三）做好布置

1. 场所的选择

根据活动的具体要求选择合适的场所，要考虑场地的大小。班级活动，大一点的教室即可；院系活动，一般要考虑公共大教室；校级活动，可选择在学校礼堂等空间较大的场所。

2. 场所的布置

视具体活动对活动场所进行相应的布置。场所的布置要与活动的主题、规模等相协调。辩论赛的赛场布置：中间放主席台，主席台两边各放一排桌椅，成 150°角朝向主席台。

3. 设备的安排

活动开始之前，要准备好活动所需设备，如音响、计时器、照明、投影、摄像、录音、多媒体等设备，并进行必要的调试。

4. 与外界沟通

与校内记者站、保卫处进行沟通，保证活动的有效宣传和安全。

5. 采办物品

活动所需的物品要准备齐全，如纸张、笔、座位卡、饮品、奖品等要事先采办。

（四）现场服务

在活动过程中，每人负责一项工作，工作人员要尽职尽责、恪尽职守，对临时可能出现的问题要及时排除，保证活动现场井然有序、顺利进行。

（五）后续工作

活动结束以后，组织者要做好善后工作，如场地的清理、物品的归还、奖品的发放、活动的报道和总结等。

三、选手

（一）演讲

演讲一般由学生个体来完成，为了保证演讲质量，选手应注意演讲准备和演讲过程中的一些礼仪。

1. 拟订题目

拟订题目时应明确四个目的：使演讲让人知、让人信、让人行、让人悦。满足四个基本要求：贴切、简洁、引人、悦耳。题目应平仄相间。

2. 写好讲稿

不管写什么内容，讲稿一定要有事、有理、有情，即事实、道理、感情要有机结合。没有事实的议论和抒情是苍白的，没有议论和抒情的事实是呆板的。

3. 熟记讲稿

演讲者只有熟记讲稿的内容，才能保证与观众进行有效的交流。

4. 反复演练

演讲者事前可以讲给同学听，也可以对着镜子反复演练，注意细节的安排，不断提高演讲的水平。

5. 演讲过程

（1）候台。演讲不是从演讲者说话才开始的，而是演讲者一出现在演讲台上就开始了。演讲者在一旁等候主持人的引导时要注意站姿：昂首，挺胸，立腰。穿着得体大方，妆容干净整洁，不宜佩戴复杂的首饰。

(2) 上台。演讲者要情绪饱满，充满自信，步伐稳健、自然。上台后环视全场，向评委和观众鞠躬问好，然后开始演讲。

(3) 演讲。注意“字正腔圆”，断句、断词准确，有抑有扬、有快有慢、有张有弛。

表情、手势要自然。内容决定形式，在台上的表情可以比在生活中稍为夸张，但不宜过分，注意与观众的眼神交流。在使用手势时要注意：胳膊不要伸得过直，以免呆板；手指不宜弯曲，以免拙笨。手势运用要和所配合的那句话同始同终，以免分裂。

站姿要恰当。演讲比朗诵自然、自由，可以随着讲稿的内容而变化站位。演讲者应靠近脚跟，腿站直，这样显得有精神，切忌双脚分立，显得松垮。

(4) 退台。退台时步伐要平稳，避免“得意洋洋”或“神情疲惫”等。

(二) 辩论

辩论与演讲不同，是在双方之间进行的。在现场辩论过程中，双方选手应遵循一定的礼仪规范，使活动顺利进行。

1. 熟悉辩论赛程序

(1) 宣布辩论赛开始。

(2) 宣布辩题。

(3) 介绍参赛代表队及所持立场。

(4) 介绍参赛队员。

(5) 介绍评委及点评嘉宾。

(6) 正式辩论。

(7) 评委及点评嘉宾退席评议。

(8) 观众自由提问。

(9) 评委入席，点评嘉宾评析发言。

(10) 宣布比赛结果。

(11) 宣布辩论赛结束。

2. 遵守规则

(1) 攻辩规则。

1) 质询者控制质询时间，可以提出与辩题有关的问题。

2) 攻辩时间内，质询者应询问问题，不得自行申论或就质询所获结果进行引申，否则视为违规。质询者自行申论或引申发言时，答辩者有权要求其停止。

3) 原则上，答辩者应回答质询者所提出的任何问题，但问题明显不合理时，答辩者可说明理由并拒绝回答。

4) 答辩者可以要求质询者重述其质询，但不得恶意为之，否则视为违规。

5）答辩者不得向质询者询问，否则视为违规。

6）答辩者反质询时，质询者可要求其停止，并拒绝回答。

（2）自由辩论规则。

自由辩论是检验一个队伍整体配合能力及每一位辩手实力的重要阶段。辩手应充分利用这段时间，简洁、明了地强调自己的论点，机智、有力地反驳对方的论点。空洞无物的攻击，有意回避对方的质询及观点，出现语误、空场等，都将影响成绩。

1）自由辩论的时间规定。自由辩论有明确的时间规定，选手要清楚并遵守时间要求。

2）自由辩论必须交替进行。当自由辩论开始时，先由正方任何一位队员起立发言。正方发言完毕，反方的任何一位队员应立即发言，双方依次轮流发言，直到双方时间用完为止。

3）在自由辩论时间里，每一位辩手的发言次序、次数和时间均不受限制。

4）当某一队的发言时间将要用完时，组织者会进行提示。队员在自由辩论时要清楚相关要求，当出现提示后，应当停止发言。一般来说，自由辩论时间剩下 30 秒时，将有一声“嘀”声提示；当该队的发言时间用完时，会有两声“嘀”声提示，该队队员应立即停止发言。

5）如果某一队的发言时间已经用尽，另一队还有剩余时间，则该队的辩手可以继续发言，直到时间用完为止。

3. 语言文明

在辩论过程中，不要用挖苦、嘲笑等语言和态度，更不能用带有攻击性和侮辱性的语言，这是尊重对手的表现，也是选手自身素养的体现。

4. 尊重裁判

在辩论中，裁判依照相关规则进行裁决，作为选手，既要自觉遵守比赛规则，更要服从裁判的裁决，并且对其表现出应有的尊重。辩手入场、退场时应当主动向裁判致以敬意，不要对其评头论足。

5. 善待观众

无论是支持自己的观众还是支持对手的观众，都要善待。参赛者在上场和下场之前，要主动向观众挥手致意。在取得优异成绩之后，要以适当的方式向观众表达自己的谢意。当己方观众给予支持的时候，要予以回应，表示感谢。当对方的支持者给对方支持或给己方带来麻烦的时候，要宽厚，不要对观众有过激的反应。

6. 注意仪表

一般来讲，正式辩论赛要求辩手着装整齐，注意个人卫生，男选手不留长发，女选手所佩戴的首饰应简洁、大方。

四、观看辩论赛

（一）主动维护秩序

不仅是观看辩论赛，在观看其他赛事时也如此，为了保证比赛的顺利进行，应采取一切必要的措施，确保赛场秩序井然、有条不紊。对观众而言，自觉维护赛场秩序是其应尽的责任。

1. 入场

进入比赛场地，应自觉排队，依次进场，不要插队或故意起哄，以免造成拥挤。比赛结束后，应依次离场，不要拥挤。

2. 就座

入场以后，要按照事先安排好的座位就座。不要坐在不属于自己的座位上，不要抢占别人的地理位置好的座位或到处游荡。

3. 观看

文明观看比赛。不要携带或使用违禁的物品、做违禁的事，如放电子鞭炮、发传单等；不要随手乱丢废弃的物品；不要大声喧哗、起哄、喝倒彩等。

（二）文明支持选手

（1）适时、及时鼓掌。

（2）热情欢呼。

（3）挥舞彩旗、标语。

（4）使用表示胜利的手势。

（5）敬献鲜花。

（6）组织“啦啦队”集体行动。

（三）适度宣泄感情

在活动过程中，由于活动现场气氛热烈，观众的情绪容易受到感染。作为一名文明的观众，在宣泄个人情感时应把握分寸。

1. 不要言行粗鲁

观看比赛的过程中，言行要文明，不要因高兴而忘形、因失利而失态。动手推搡、连声叫骂、满口脏话等都是不应该的。

2. 不要偏袒起哄

在观看比赛的过程中，不要过于偏袒己方，也不要动辄起哄闹事，制造混乱局面。

3. 不要纠缠参赛者或评委

由于某种原因对参赛者或评委有看法时，要把握交流的方式和尺度，不要过分纠缠，不要给他人造成负担。

第四节　社团活动礼仪

一、了解社团

在校园中，社团是学生自发性组织的总称。“中国的文化传统寄望于以友辅仁，二三同志，以志趣相交结，分其趣与同道，示其志以躬行，是为社团。”现代大学社团在课堂之外为意气风发的大学生提供了实践所学、知行合一的组织条件。

学生社团活动根据所涉及的活动内容可分为以下几类：

（1）理论研究类社团。以理论学习、宣传研究为主要内容和目的的社团，如大学生马克思列宁主义研究会等。

（2）专业知识类社团。以专业学习、交流、实践为主要内容的社团，如英语协会、书法协会等。

（3）活动艺术类社团。依据文艺特长和共同兴趣组建而成，以注重艺术享受、提高艺术素养为主要特征的社团，如舞蹈协会、大学生艺术团等。

（4）体育类社团。依据体育特长和共同兴趣组建而成的社团，如足球协会、篮球协会、乒乓球协会等。

（5）社会服务与管理类社团。以服务社会、锻炼自我为宗旨的社团，如志愿服务协会等。

（6）科技类社团。以宣传科学精神，弘扬科学文化，普及科学知识，培养科研意识，致力于科技发明而组建的社团，如无线电俱乐部、天文爱好者协会、航模协会、电子协会等。

（7）创业类社团。即在当前市场经济背景下，利用自身专业特长，利用科技发明和科研成果，依托校园，以勤工助学和创业为主要目的的社团。

社团活动是大学生在自主选择的活动中认识世界的实践形式。参加社团活动，一方面可以发展大学生的个人兴趣爱好，另一方面可以拓宽大学生的交往范围，提高交往的质量。社团活动是开放的，参加社团活动使大学生的交往对象超出班级、年级、专业、院系，锻炼、交往的机会大大增加；同时有利于加深对社会的认识和进行自我教育。在趣味各异的社团活动中，不同院系的大学生得以相互沟通，其组织能力、知识应用能力和实践创造能力都能得到相应的锻炼。众多社团在校园里争奇斗艳、各显神通，造就了活泼生动的校园氛围，让每位大学生都渴望潮头一试。

二、选择社团

（一）以兴趣为导向

明确自己的兴趣和爱好，据此参加相应的社团。例如，对街舞感兴趣的同学自然参加街舞协会，对足球感兴趣的自然参加足球协会。

（二）定位社团活动的目的

参加社团是为了培养能力，发展兴趣，提高社交能力、实践能力、自制能力、生存能力，增进同学之间的相互了解，结识更多的新朋友，扩大交友范围，丰富校园生活。若参加社团活动是为了在每年的综合测评或品德考评中加分，从而获得如“社会工作奖”之类的荣誉，或者希望能够在社团活动中成为学生领袖，以此来提高自己的知名度或增加简历的分量等，诸如此类带有功利性的想法尽量弃之，这样参加社团活动才会身心愉悦，也能更好地培养兴趣点，从而挖掘自身的潜力。

（三）综合考虑多方面因素

选择社团时，要综合考虑多方面的因素和条件，如自身条件和社团实际情况，时间是否允许等，应考虑清楚后再做决定，不要草率。一些同学盲目选择加入一个社团，一段时间后觉得不适合就放弃，可谓“来也匆匆，去也匆匆”，结果什么也没学到，还浪费了时间、精力。

（四）控制参加社团的数量

参加的社团数量应根据个人的精力和时间确定，在同一时期内应控制在1～2个。参加社团的前提是不要与正常的学习相冲突。有的人觉得社团活动丰富多彩，很有意思，就一连参加好几个社团，整天不是到这个社团开会，就是去那个社团值班，如此忙碌，难免顾此失彼，更有甚者严重影响学业，得不偿失。

三、参加活动

（一）遵守学校规定和社团章程

每个社团成员都要遵守和服从学校的相关规定与要求，也要遵守社团章程，享受相应的权利并履行相应的义务。

（二）培养真诚的服务态度与合作精神

可将社团视作一个微观的社会，参加社团是大学生步入社会前最好的锻炼之一。在社团中，可以培养一个人的团队合作能力和领导才能，也可以发挥一个人的专业才干。但是，在社团中不仅仅要展示自己的才能，更重要的是要做一个诚心诚意的服务者和志愿者，服务同学和老师，这些都将成为你宝贵的经验。

（三）认真对待社团活动

一旦入选某个社团，就要认真做好社团的每一项工作，坚持到底。自己心里要清楚在社团中应该做什么，以及怎样培养社会实践能力，不要把在社团中的职务看得过重，要知道，不论做什么工作，对自己而言都是很好的锻炼。

（四）积极促进学业发展

参加社团活动要与学业紧密结合、互相促进，不要影响专业学习。在毕业学年，应主动减少或者退出社团活动，既为了学业，也为了培养新人。

四、自我修炼

（一）培养表达与沟通的能力

表达与沟通能力是非常重要的，不论工作如何出色，如果不会表达，都不能让更多的人理解和分享。比如面试，每个人的时间只有 10 分钟左右，如果不能在有限的时间里好好展示自己，可能就与一个好机会擦肩而过。我们常说“行胜于言”，主要是强调做人应该多做少说。但现代社会是个开放的社会，好想法要尽快让别人了解。在社团活动中，要注意培养这方面的能力，抓住一切机会锻炼表达能力，积极表达自己对各种事物的看法和意见，并掌握与人交流和沟通的艺术。

（二）培养宽容与合作的品质

现代事业是集体的事业，现代竞争是集体的竞争，一个人的价值在集体中才能得到体现。所以，在 21 世纪，失败将不是败于大脑智慧，而是败于人际交往。有些人的动手能力强，想法也不错，但当其观点与别人的不一致时，就固执己见，不肯与人沟通探讨；当让其评价他人时，对他人很挑剔，缺乏客观的评价。有的大学生在家里是被照顾、被包容的“珍宝”，特别是一些家庭条件比较好的人，由于有优越感，更不容易做到宽容待人和与人合作。

实际上，集体中的每个人各有长处和缺点，关键是以怎样的态度去看待。能够在平常之中发现对方的优点，而不是挑他人的毛病，培养自己求同存异的素质对当代职场人士来说尤其重要。这就需要在日常生活中培养与人相处的良好心态。

（三）培养组织与活动的才能

作为社团的组织者，首先，要建立健全一种有效的监督和约束机制，营造一种团结做事的工作氛围。其次，消除不必要的工作界限，培养社团成员整体配合的协作精神，形成“分工不分家”“互相支持和互相鼓励”的工作习惯。再次，相信每一位成员。让每位成员都能拥有自我发挥的空间，但要破除个人主义、唯我才行、夜郎自大的傲慢心理，把社团成员的力量凝聚到同心协力的行动上和同甘共苦的感受上，树立团队集体主义观念。最后，尊重每一位成员。让每一位成员都学会包容、欣赏、尊重其他成员的个别差异性，使全体成员团结，树立共同目标，共创未来。

培养团队活动技能不是无原则地搞一团和气。原则、感情与共同的利益和目标，是维系一个团队的纽带，少了哪一个都不行。团队精神是在原则的基础上产生的，放弃原则、迁就个别虽然满足了个别人的利益需要，但起了误导作用，必然导致人心涣散，从而使团队失去凝聚力。没有凝聚力，也就没有团队精神。

情境角色

角色扮演

（1）晚自习的时候，经常有社团的师兄师姐到教室里介绍他们的社团，请你扮演本来就想参加社团的大一新生。在这种情况下，你应如何选择社团？

（2）小云是个非常能干又多才多艺的女生，她身兼校女生部部长和系文艺部部长两职，同时还参加了校舞蹈队。教师节来临之际，校、系都要组织文娱活动，而且校女生部的日常工作也要正常开展。请你扮演小云，体验一下她的校园生活。

（3）一次上公开课，老师请班长通知同学们到实验室去上课。江华住在校外，没有接到通知，等他赶到学校上课时，发现原来的教室是空的。于是，他就给要好的同学小李发信息，这时已经打过上课铃了。小李接到信息，告诉江华上课的地点。等江华匆匆赶到实验室时，已经上课 5 分钟了。请你分别扮演不同角色，看看该怎么办。

（4）小王是学生会主席，在工作中经常与辅导员老师接触，加上两人性别相同，有共同的兴趣爱好，因此关系非常密切。但最近小王发现，学生会的其他同学好像对她有些疏远，有时候她感觉自己在同学中有些被孤立，同学间交往也有些别扭。请你分别扮演不同角色，谈谈该问题的处理方法。

第六章

择业求职礼仪

导引

过去的习惯决定今天的你，今天的你将决定未来的你。

某IT公司招聘面试，一名女大学生前来应聘。她涂着鲜艳的口红，上身穿着吊带衫，双脚踩着露趾凉鞋，脚趾上的指甲油鲜艳夺目。轮到她面试时，面试官只说一句“你不合适”就换下一位面试者了。

永远不要对这样的话照单全收——“能力是第一位的，其他全都是次要的。”这句话只说对了一半。事实上，没有一个面试官会对一个形象夸张的、仪容仪表不得体的应聘者心生好感，他考虑更多的是：你可能并不重视这次面试和这家公司，或者一个对自己很马虎的人怎么可能认真对待公司交给他的工作。

所以从现在起，检查一下自己着装打扮的每一个细节，认真考虑所面试公司的需求和期待，学会应用求职礼仪实现就业也是大学生必修的一门课。

第一节 求职应聘须知

大学生学业期满就将踏入社会，步入职场。要实现就业，除了具备就业的基本条件外，有效且成功地推销自己将是大学生面临的新课题。要在竞争激烈的就业市场赢得用人单位的青睐，大学生不仅需要体现自己的综合素养，同时也要体现良好的礼仪修养。

一、大学生求职的基本途径

大学生毕业后将面临就业问题，这是一个社会热点话题。大学生择业前先要了解就业的渠道与途径，最方便的招聘消息获取渠道是本校的就业指导中心，大学生要抓住这些机会，顺利步入职场。

通常就业的渠道与途径有以下几个方面。

（一）校园招聘

校园招聘包括学校推荐、校园招聘会。学校推荐通常是由校就业指导中心或学生工作处、院系相关部门推荐就业上岗。所有大中专院校都会设有专门机构负责毕业生的推荐工作。

校园招聘是许多用人单位、招聘组织（主要是大型企业）直接与各个教学单位联系用人事宜，企业还会委托高校或专业学校培养定向专业人才，邀请学生到企业实习并选拔留用。此外，还有专业人才招聘机构、人才交流机构或政府机构举办的毕业生招聘活动。一些小企业小规模的招聘，一般也都到学校进行宣传和招聘。

（二）市场竞荐

市场竞荐，即带上个人材料到社会上的人才招聘会或双向选择会上推荐自己。招聘会场用人单位云集，就业机会众多，这也是大学毕业生自我推销的一个途径和渠道。

（三）他人引荐

他人引荐，即请老师、父母、亲友、同学引荐而达到自我推销的目的。一些老师拥有较广的社会关系或较高的学术声誉，他们的推荐容易为用人单位所重视和信任。利用这种方式有利于双向沟通，就业成功率较高。

（四）上门自荐

上门自荐，即带上个人材料到用人单位推荐自己。如果对某单位很了解并非常感兴趣，但该单位没有公开招聘，可以大胆一试，直接去单位咨询并应聘。

（五）网络求职

网络求职，即在有关的人才网或招聘网上搜集，查看与自己专业有关的招聘信息。如果有自己感兴趣的职位，就记下该单位招聘专员的电子邮箱，然后将自己的简历发过去。

（六）信函求职

信函求职，即通过向用人单位邮寄个人材料的方式推销自己。这种形式不受时空限制，特别适用于学习成绩优秀、有较好文笔的毕业生，也适用于学习忙碌没有时间上门自荐或路途遥远不便于上门自荐的毕业生。

（七）广告求职

广告求职，即借助新闻传播媒介，比如自媒体、网络视频等进行求职的形式。这种形式主动性大、覆盖面广、时效性强。

（八）电话求职

电话求职，即通过电话联系，向用人单位推荐自己。电话求职的使用非常广泛，在电话联系的几分钟或几十分钟内，往往能通过彬彬有礼、简洁明确、自信谦和的话语引起用人单位的兴趣，取得“先声夺人”的效果。

二、大学生入职前的职业规划

大多数刚毕业的大学生，都没有明确的职业目标和清晰的自我定位，不了解自己到底适合什么样的企业，也不了解自己需要具备什么样的素质和能力才能与岗位匹配，更不知道以什么样的心态实现与所入职企业文化的融合。他们对职业生涯规划与职业的规律性也是知之甚少。

（一）认清职业规律

对于每个大学生来说，职业生涯是一个漫长的历程，虽然每个人都希望能在起点就先人一步，但在持久战中胜出才是真正的赢家。在职业生涯早期，让你得到锻炼最多的工作才是好工作；在职业生涯中期，让你收入最多的才是好工作；在职业生涯后期，让你人生价值最大的才是好工作。所以，刚开始就业不应把收入看得太重。第一家单位及第一份工作不代表一切，当然，频繁跳槽更不可取。

（二）选择好职业方向

当代大学生在求职时会产生两种极端：一种是目标过于远大，远大到“重建世界格局”；另一种是完全没有规划，在求职的路上一片茫然。在求职时，你的选择即是你的投资，职场也是投资场。职业投资，就是要想方设法扩大和充分利用资本，充分扩展和利用自己的经验、技能、知识和人脉资源，获得最大的利益。

求职时，根据自己的职业发展方向制定职业规划，细致地分析外部环境因素，这点很重要。比如，所在地区的发展状况（发展潜力、区域政策、发展方向）、行业的发展状况（发展趋势、竞争程度、对手及上下游的价值链）、所在企业的状况（最高领导、高层管理者、企业文化和制度、产品和市场）及所在部门的发展状况、所应聘岗位的发展前景等。大学生应当根据现实环境来调整期望值和目标。

（三）职业痕迹不留憾

在职业生涯初期，大多数人做的往往不是自己喜欢也想干一辈子的工作。自己要考虑清楚，是否喜欢这份工作，是否有能力做好这份工作。所以，大学生的择业心态与角色定位一定要端正。从第一份工作开始，每选择一份工作就要把这份工作尽心尽力地做好。职场上人们常说"职业留痕"，说的是每个人所做的每一份工作都会留下职业痕迹，每一段"职业痕迹"都会影响你未来的职业发展。所以，珍惜每一份工作，让自己的工作痕迹不留遗憾。

三、大学生如何写好自己的求职信

撰写求职信仍然是常用的求职手段。求职信是以书面形式与用人单位进行的第一次接触，是双向选择的桥梁，是自我描绘的具体画像，是求职的第一步。因此，求职信要突出自己的个性，表述求职动机，介绍自己的优势，强调事业心，表明归属意愿，从内容到形式既能显示求职者的实力，又能给招聘者良好的第一印象。那么，应该如何写好求职信呢？应从以下几点来把握。

（一）求职信的结构

求职信的结构一般由开头、正文、结尾三部分组成，字数不宜过多，一般以1 000字左右为宜。求职者也可以通过网络寻找格式化的求职表作为参考。

1. 开头部分

开头部分主要说明得知信息的渠道、写信的缘由，表达求职愿望。求职信的开头很关键，要有吸引力，力争在几秒钟内抓住对方的注意力。

2. 正文部分

正文部分是求职信的重点。要简洁而有针对性地概述自己的履历，要着重说明胜任某项工作的条件，与工作职位相符的专业特长、专业能力和兴趣爱好，说明你能胜任此项工作的原因，从而达到吸引用人单位的目的。

一般来说，求职信的正文部分应包括以下内容：

（1）个人的基本情况。包括姓名、性别、年龄、毕业学校及专业。

（2）申请的工作岗位。表明自己愿意到该单位工作的原因，阐述能胜任此职位的相关工作经历和资格，这是求职信的核心部分。主要是介绍求职者的知识、经验、专业技能，特别是与工作相符的特长、能力、兴趣与性格。如果是初次求职者，没有工作经历和经验，可以多介绍一些自己在校期间参加过的某些相关社会实践活动，如曾担任过何种社团职务，曾组织和参加过哪些社团活动等。还可简单介绍一下自己的兴趣、爱好、特长。介绍情况要做到言简意赅，重点突出。

（3）提出自己对所谋求职位的意愿和设想。在求职信中可以简单谈谈被录用后的设想，借以表达自己的工作态度和敬业精神，可以再次表达谋求该职位的意愿，希望用人单位加以考虑，表达面谈的愿望和对用人单位的感谢，并提供联系方式。

3. 结尾部分

结尾部分包括结语、祝颂语、签名与日期。

（二）写求职信的礼仪要求

1. 称谓要得体

称谓要在第一行起首的位置书写，单独成行，以示尊重。一般是用人单位的名称或单位负责人的姓名、职务，如“尊敬的××厂长（经理）”。称用人单位和部门时则要加上“贵”字，如“贵厂”“贵公司”等。

2. 问候要热情、祝愿要诚恳

抬头之后的承启语起到开场白的作用。求职信的开头应有问候语，如“您好”等。信的结尾要有祝愿，一般分两行书写，上一行空两格，下行顶格写，如“此致”“敬礼”“祝您工作愉快”等。

3. 书写要工整

电子版的求职信，一定要选择正确的字体，切勿花里胡哨；字体大小要适中，便于他人阅读。手写版的求职信要书写工整、字迹清晰。

4. 要有亲笔签名

不论是手写版还是打印版求职信，都应有求职人的亲笔签名，以示庄重和负责。

（三）认真准备简历

简历也称履历，其作用主要是针对所应聘的工作，将自己的相关经验、经历、能力、性格等有针对性地列举出来，以达到推销自己的目的。简历的内容包括：

（1）个人资料。个人资料主要是指姓名、性别、出生年月日、籍贯、身高、体重、健康状况、政治面貌、兴趣爱好、联系方式、通信地址等。

（2）学历。应按时间顺序写清所读学校、专业、学习年限，获得何种奖励和奖学金，获得何种相关证书，比如英语四、六级，计算机等级证书，参加过哪些技能竞赛及其名次等。

（3）工作经历或勤工助学经历。工作经历是对以往工作的记录，是简历的主体部分。

用人单位较为重视求职者的工作经历，在这一部分里应该写清楚曾经工作的单位、担任的职务及所实现的业绩。对于即将毕业的大学生来说，虽无工作经历，但可写上勤工助学、社会实践和课外活动的相关经历。即使这些经历与所应聘职位无直接关系，也能够显示你的意愿，并给人留下积极、勤奋、肯吃苦的印象。

（4）特长、兴趣爱好和性格。特长是指你拥有的技能。兴趣爱好与性格能够展示你的品德、修养、社交能力及团队精神，它们与工作性质关系密切，所以用词要贴切。

（5）参与社会工作。近年来，越来越多的用人单位渴望招到具有一定应变能力、组织能力的毕业生。学生干部和一些参加过社团的大学生颇受用人单位的青睐。所以，在简历中应写上上学期间参加的学生社团组织管理工作经历和社会实践经历。

（四）书写求职信及简历的注意事项

1. 站在对方的立场考虑问题

求职者为什么要撰写简历？目的只有一个，就是让招聘单位了解你、认识你进而聘用你。因此，在简历中，应让招聘单位看到你的能力与潜能。让招聘单位能据此判断你可以为它做些什么工作，你的能力可以胜任什么工作。

2. 有针对性

撰写求职信之前，一定要仔细研究招聘单位的状况与招聘要求，然后再有针对性地撰写求职信和简历。

当前，应聘者的求职信与简历大部分都是通过电子邮件来发送，这给很多“懒”人创造了“懒”的条件：有求职者将一份“标准版”简历群发给几十家企业，其实这样做弊远大于利，因为求职者发的“标准版”简历可能和其中许多企业的能力要求无法匹配，与企业的职位要求也不相符。

专业的人才网站均提供免费的格式化的简历模板，供求职者使用。这导致很多求职者在应聘不同企业时用的都是同样的简历，没有针对性，甚至有些求职者想要申请的职位都没有注明清楚，这样的简历很难引起招聘专员的兴趣。

在应聘目标企业时，对企业所属行业的发展前景，企业的现状及发展前景、文化制度、人际关系等都要认真考虑，尤其一定要仔细研究它的选才要求和用人标准，然后有针对性、有目标地撰写只为该用人单位准备的简历和求职信。

3. 简明扼要、重点突出

简历忌繁宜简，与用人条件相吻合的内容要重点强调，与用人条件无关的个人情况要轻描淡写。比如，公司要招聘的是计算机程序员，那么你的“钢琴考级证书”写在“兴趣爱好”一栏即可，而“××××年获××钢琴大赛第×名”之类就不必写上了。

发送简历的时候，一定先看清楚用人单位的简历发送要求。如果用人单位拒收附件，那么所有的内容都必须体现在邮件正文当中。另外要强调的是，在电子邮件的主题栏内一定要明确写出你的姓名和应聘职位，例如“××应聘计算机程序员”。

4. 认真对待简历

简历是求职面试的敲门砖，它决定了你能否获得第一次面试的机会。因此，要格外重视简历上的细节。比如，不能出现错别字和病句，格式和排版也要能够反映你的认真程度以及条理性。

简历上的照片，是简历的“门面”，若随便拍一张，你可能就输在第一印象上了。一定要认真拍摄简历照片，同时注意以下事项：

（1）尽量与自己的原貌相符，不要有太大差距。

（2）精神焕发，不要萎靡不振。

（3）妆容清新、仪表整洁，避免浓妆艳抹或蓬头垢面。

（4）服装款式尽量与应聘岗位的工作性质相符，看上去比较职业化。

（5）服装平整，不要皱皱巴巴。

（6）一定要用近期照片，不要用几年前的照片。

（7）不要对照片进行艺术处理，这样容易让别人觉得你的简历缺乏可信度。

（五）主动询问投信结果

简历投递一星期或十天之后，如果你没收到任何回音，就可以打电话给用人单位，询问对方是否收到了你的简历，利用这个机会还可以询问招聘是否有结果。对于已毕业的大学生，可以同时应聘多家公司。即使你总是受挫，也不要气馁，而是要总结经验，看看问题是出在职业方向上、知识技能上、求职礼仪上还是期望薪酬与用人单位不匹配等。只要找出问题所在，提高认识，加强能力，就一定会有所收获。

第二节 求职面试的准备

初次见面，人们往往通过容貌、表情、仪态、身材、服饰等外部信息获取对对方的第一印象。一般来说，人们通过最初见面的 30 秒钟来决定喜不喜欢这个人、接不接受他、愿意不愿意和他继续交往。这些首次获取的信息往往成为以后认识与评价对方的重要依据，只有接受了外在才更愿意了解内在。

一、求职的形象礼仪与仪容礼仪

一个人的形象是外表与内在的和谐统一，形象美是一种和谐之美。一个人的整体形象包括仪表、仪容和仪态。这三者是相辅相成、密不可分的有机统一体，如果三者互不协调，就会有损于形象。假设一个人穿着考究、化妆精致，但是站无站相、坐无坐相，一副无精打采的样子，也就谈不上形象美了。

一个人的外在形象，除了内在气质这个决定因素外，还受家庭条件、工作环境、职业性质、价值观、审美品位等因素的影响。因此，在完善自我行为规范的时候，不妨问一下自己："我属于什么类型的人？我想成为什么样的人？"经过这样的自我审视，一个人会更了解自己，也会认识到自己的形象风格，这样就可避免进入随波逐流、盲目模仿的误区。

（一）形象礼仪

形象礼仪涉及仪容、仪表、仪态，也就是人的外在形象管理。

求职时发型最好要符合职场要求，男生在求职时发型要做到前发不遮额头、侧发不遮耳朵、后发不长至后衣领口。女生求职时不要披散着头发，长发过了肩膀就要扎成马尾或盘起来。求职时要面带微笑地与主考官交流。

求职时，男生与女生尽量穿职业化的服装去面试。除了着装要注意，还要注重服装的材质、式样及配件，比如皮鞋、帽子、领带、围巾、手套、饰品等，这些都属于"衣"的范畴，它们必须整齐、和谐。

第一次见面，主考官往往依据自己的经验和阅历，凭着求职者的外在形象来判断其身份、地位、学识、个性等，并形成一种特殊的心理定式，也就是"第一印象"。它往往比一个人的简历、介绍信、证明等作用更直接，更能产生直觉效果。

1. 举止得体

面试时，行为举止要得体，站要直，坐要正。应试者的举止应符合身份、适合场合，并能恰如其分地借以传达个人的意思。有的专家认为，在人际交往中，约有80%的信息是借助举止这种无声的"第二语言"来传达的。

2. 走姿轻快

走动时应当身体直立，两眼平视前方，有节奏地向前迈步，女生步态为一条直线，男生步态为平行线。两臂在身体两侧自然摆动，摆动幅度不要过大。脚步声应轻快忌沉重，也不要两脚擦地拖行。行走时身体前俯、后仰或左右摇晃的习惯，或者两个脚尖同时向里侧或外侧呈"八"字形步态，皆为不规范、不雅观的举止。

3. 站姿挺立

站立时身形应当正直，头、颈、身躯和双腿应与地面垂直，两肩相平，两眼平视正前方，女生脚尖分开的距离以不超过一脚为宜（如图6-1所示），分得太开是不雅观的。男生站姿为跨式站立，双脚分开的宽度小于肩宽。站立时不应

图6-1 求职者得体的站姿

把手插在裤袋里或交叉在胸前。

4. 坐姿端正

坐姿要端正，应坐在主考官指定的座位上。上身应正直，稍向前倾（这样既可保证发声响亮、中气足，令人觉得有朝气，又可表现出对主考官感兴趣、尊敬），头平正，目光平视，两手自然放在自己的大腿上，两脚自然着地。即使背后有依靠，也不能随意把头向后仰靠，否则显得很懒散。就座后，身体不能两边摇晃，不可抖腿或者将一条腿放在另一条腿上。女生双腿要自然并拢，不宜把腿分开。求职者规范坐姿如图 6－2 所示。

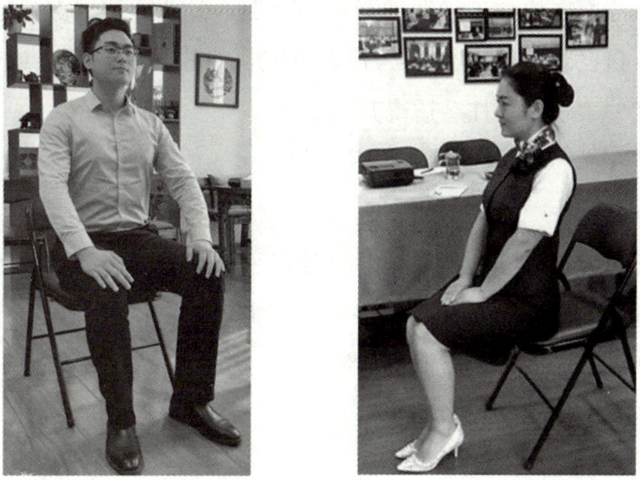

图 6－2　求职者规范坐姿

5. 手势适度

手势是一种非语言，通过手势可以丰富语言的功能及强化语言的表达。在与他人日常交流时，手势使用是否频繁没有过多要求，在面对领导及长者或在求职面试时，建议不要有过多的手势，以免给对方留下比较自我、缺少礼仪的感觉。

在面试中，反复摆弄自己的手指，活动关节，攥着拳头，手指动来动去，可能是求职者心里紧张的一种外在表现，若是一种习惯性动作则应克服，因为这些动作会给人一种此刻你感觉有些无聊或很随意的感觉。此外，还有些手势会让人反感，严重影响形象。比如，当众搔头皮、掏耳朵、抠鼻子、咬指甲等。

6. 避免小动作

身体各部分的小动作往往会让主考官分心，甚至反感。例如，玩弄衣角、发辫，手指在桌上乱写乱画或转笔，摆弄简历等分散注意力的物品。

（二）仪容礼仪

1. 眼神的交流

眼睛是心灵的窗户。眼神是内在思想的集中体现。面试时，求职者目光要自信，敢于看主考官，看主考官时眼睛要平视对方，大部分时间注视对方的眉毛至鼻子下方这个区域。

也可以短时间看整个面部，忌目光长时间停留在主考官的眉毛至额头的区域，这个区域通常是谈判的注视区。面试时，不可目光死死地盯着别人看，也不可目光飘忽、游移，无精打采看着主考官。这样会削弱求职者的形象，同时主考官也感到与其交流很不舒服。如果不止一个考官在场，说话时要常用目光环视一下其他考官，以表示尊重。

2. 主动聆听

求职者在面试时，要放松心情，听对方说话时要不时做出点头同意状，表示自己听明白了，或正在注意听；同时还要面带微笑，当然也不宜笑得太僵硬，微笑要发自内心。在面试中，如果主考官多说话，说明他对你感兴趣，愿意介绍情况，想多交流。但许多求职者误认为只有自己说话才是最好的推荐方式，往往抢着说话，或打断对方的讲话，这些都是不懂礼貌的表现，往往会适得其反。

3. 彬彬有礼

（1）以礼待人。

面试时，求职者要提前到达，等候时自觉将手机关掉。忌旁若无人、随心所欲，给人留下很随意的印象。对面试接待员也要礼貌有加，如果目中无人、没有礼貌，在决定是否录用时他们所拥有的发言权可能使你错失机会。所以，要给所有人留下良好的印象，而并非只对主考官。

（2）入室敲门。

求职者进入面试房间时，应先敲门，即使面试房间是虚掩的，也千万别冒冒失失地推门就进，给人鲁莽、无礼的感觉。敲门时，要注意敲门的声音大小和速度。正确的做法是用右手的手指关节轻轻地敲三下（一长二短）并轻问一声：“我可以进来吗?”待被允许后再轻轻地推门进入。

（3）微笑示人。

求职者在进入面试房间时，应面带微笑。如果面试房间里有多位考官，应面带微笑地环视一圈，以眼神向所有人致意。微笑要真诚、自然、由衷，此刻展示出一个人的风度和风采，有利于求职者塑造自己的形象，给考官留下良好的印象。求职者明确主考官之后，要集中精神，神态平静地面对主考官。

（4）莫先伸手。

求职者进入室内，应行15°鞠躬礼，不宜行握手礼。主考官若先伸出手，求职者方可用右手热情相握。若非主考官主动先伸手，求职者切忌贸然伸手与主考官握手，这是基本的礼仪。

（5）入座有礼。

求职者进入面试区，不要先行坐下，要等主考官说“请坐”或示意坐下，之后先道谢，再按指定的位置落座。落座后，坐姿要符合规范，入座后应面带微笑看着主考官。

（6）递送资料。

求职者应聘时必须带上个人简历、证件、介绍信或推荐信，面试时一定要保证不用翻找就能迅速取出所有材料。递资料时应起身，身体前倾双手递上，表现要大方而谦逊。

4. 不可忽略的形象细节

（1）进门时要表现自然，不要紧张或慌张。

（2）面试时要始终面带笑容、谦恭和气，表现出开朗、大方、乐观的精神状态。

（3）不要无缘无故皱眉头或毫无表情。

（4）不要直盯着对方，也不要以眼瞟人、漫不经心，目光以平视考官为佳。

（5）与考官交谈时，不要左顾右盼，否则考官会误认为你缺乏诚心和兴趣。

（6）切忌面带疲倦、哈欠连天，面试前一天一定要保证睡眠充足。

（7）不要窥视考官的桌面物品。

（8）面试顺利时，不要喜形于色、拍手叫好。

二、求职的语言表达能力

语言表达能力是指运用语言阐明自己的观点、意见或思想的能力，它包括口头表达能力、文字表达能力、数字表达能力、图表表达能力等。

对大学毕业生来说，语言表达能力的重要性是不言而喻的。比如，求职信的撰写、个人材料的准备、回答招聘人员的问题、参加用人单位的面试等，每一个环节无不需要较强的语言表达能力。

培养语言表达能力，关键在于提高表达的准确性、鲜明性和生动性。准确是语言表达能力最基本和最首要的要求。没有准确的表达，信息就不能如实传递，也就失去了表达应有的作用。但同时，表达又需要有人接受。只有鲜明、生动的表达，才能更好地消除他人接收信息时的各种障碍，有利于表达目的的实现。

（一）语言简洁，表达明确

面试交流时，求职者要尽量讲普通话，要多用肯定语，比如“是的”“听明白了”“好的”等，不建议用“还可以”“大概”“也许”等不确定的表达，表达的意思要一步到位，不要让别人花时间推测。表达时语言要流畅，用词要得当，有组织、有条理，言之有物。除了很重要的信息外，要避免重复，否则会让对方觉得面试者思维混乱或说话啰唆。说话时要注意不要使用俚语或口头禅、语气词，比如“这个吗”“不过呢”“就是说”“是这样啊”“反正”等，这不仅有碍于理解，还容易令人生厌。同时也要避免使用形容词的最高级，如“最好的”“最强的”等。说话时要三思，留有一定的余地，这样对方也容易接受。在沟通中，尽量使语言表达体现自己的个性风采，达到理想的交流效果。用人单位都希望录用有良好个性的人，特别是充满热情和活力的人。

（二）语速适中，注意停顿

在交谈中，适宜的语速并不是说从头到尾速度一成不变，而是要根据内容的重要性、难易度及对方注意力的变化来调节语速。语速最好与他人保持一致，不要太快，否则不仅让人听不清楚，还会给人以压抑的感觉。适当地减缓语速更容易使人接受，还可以缓解紧张。但语速也不要太慢，过分慢条斯理会让对方着急，分散对方的注意力。

求职者应保持交谈中的沉默时间间隔，这不仅能有效地掩饰紧张，而且可使对方觉得你很稳重，也能为自己争取更多的思考时间。即使求职者对某次应聘做了大量的准备，对主考官所提的问题都胸有成竹，也不宜脱口而出，而要有停顿，把握语言表达的节奏，不要让主考官觉得你是在背诵精心准备的答案。

（三）语气平稳，语调得体

在交谈中，语调也是相当重要的一个方面。同样的句子，用不同的语调可以表达不同的感情，达到不同的效果。求职者的语气要轻快而充满活力，声音要有感染力。音调不宜过高，以面试官能听清楚为宜。过低的音调是没有自信的表现，也会让面试官听不清楚。训练出悦耳的音调有助于增进人际关系，缩小与他人之间的距离。得体的语调应该有所起伏而不夸张，自然而不做作。

（四）适度幽默，适当提问

在面试交谈中，适度的幽默能给人留下开朗活泼、朝气蓬勃的印象。说话幽默是指以含蓄、凝练、机智、风趣而又诙谐的话语揭示生活中的矛盾或哲理，令人发出会心的笑，而不是以庸俗、低级、无聊、华而不实的语言哗众取宠，也不是讽刺、挖苦、揭短，更不是贬低别人。

在面试中，求职者也可向对方适当提问。有些求职者可能担心主动向主考官提问是否合适，主考官是否会反感。其实这种顾虑是多余的，在面试中求职者提问不仅是应当的，而且是必需的。很多主考官希望求职者提问题，关键是看求职者会提什么问题。如果是待遇之类的问题，主考官可能会不高兴。如果提的问题有深度，侧重于工作、侧重于职位本身，这不仅可证明你有诚心做这份工作，还可证明你有较强的能力。

（五）兼顾其他

面试时，求职者不仅要时刻注意主考官在说什么，而且要注意主考官的表情有哪些变化，以便能准确把握主考官的情绪变化。为了吸引主考官的注意力，使言谈有声有色和增强感染力，在交谈中可以适当加进一些手势，但动作不宜过多或幅度不宜过大。

第三节 应聘分类说明

一、参加招聘会

求职者参加招聘会一定要有充分的准备，而不是去现场看看再说，既要准备好所需的全部应聘资料，还要注重自己的形象礼仪。

（一）准备求职材料

求职者应准备好求职信、简历、学历证书、成绩单和获奖证书等材料。材料要尽可能多准备一些，以免在招聘会上急急忙忙临时复印、拼凑。

（二）选择合适目标

大型招聘会上摊位众多，求职者可先在场内浏览一圈，看看哪几家单位对你有吸引力，决定好主要目标和次要目标。面对主要目标，要好好展现能力，表明求职意向，表明想为单位效力的强烈愿望。面对次要目标，只要留下简历和求职信即可。

（三）选择适当时间

一般而言，招聘会入场开始半小时至两小时，是招聘主管精神状态较好的时间段，其谈话兴致高，是面谈的好时机。中午以后，招聘主管状态变差，或许已招到了满意的人，便没心思交谈或已准备离开会场。求职者在自荐时，时间不宜过长，招聘会上有很多人，有时甚至要排队，求职者必须在最短的时间内最大限度地推销自己。

为了给招聘单位留下深刻的印象，可以选择两个特殊的时间应聘：其一是成为第一个应聘者。打听到某单位要在招聘会上招人后，在招聘那天早早赶到，争取第一个到场，成为应聘第一人。此行为表明诚心与热情，招聘单位对“第一个应聘者”的印象通常是很深的，因而考虑的机会也会多些。其二是成为最后一个应聘者。在招聘会结束前，招聘单位准备离开的前几分钟，赶到应聘现场，以别人可以谅解的理由解释自己晚到的原因，请求招聘单位给自己一次机会，诚恳的态度将会给对方留下深刻的最后印象。当然，应聘结束后，不要忘了帮助招聘单位收拾摊位，感谢其给机会，对耽误对方的时间表示歉意。这样，留给对方的印象会更好。

二、他人引荐

一个人的能力有限，再能干的人也不可能万事不求人。当求职遇到困难、感到自己无力应对的时候，不要一味地蛮干或轻易放弃，不妨试着转变一下思路，向亲友、老师、辅导员、实习单位上司等寻求帮助。打电话给推荐人，并说明“我只占用您 10 分钟的时间”，如果推荐人是单位内部的知情人员，便能让问题有确切的答案。在谈话结束后道谢，并且在当晚打电话或发短信表示感谢。

三、上门自荐

（一）选择拜访对象

上门自荐的目的是直接和用人单位负责人商谈。找准负责人是至关重要的，能够与部门负责人或招聘主管直接联系是主动求职的良好开端。

（二）根据需求做好准备

在充分了解用人单位的基础上，把握用人单位或所应聘部门的新情况、新动向，有针对性地就其下一步行动做出一份有独到见解的计划书。这样，给负责人的感觉不会是一个正在打扰其工作的求职者，而是一名能够为公司做出贡献的合作者。

（三）选择合适时间

几乎所有用人单位都有严格的时间观念，接待来访者一般只在规定的时间内进行，因此必须按要求安排拜访时间。初次见面的目的在于寻求下一次面谈的机会，详细表述可以留到下次再谈。只要对方感兴趣，有进一步了解你的愿望，目的就达到了。

（四）广泛搜集信息

平时多搜集感兴趣的用人单位的所有信息，如发展方向、产品动态、市场份额、生产销售新举措、招聘信息和职位信息，明确联系对象的姓名、职务、电话、工作和个性等情况，就像自己是该单位的一名员工一样，甚至要比一般员工更了解用人单位。

（五）做到彬彬有礼

谈话要谦逊有礼，对对方感兴趣的话题可适度表述见解。最后可提出进一步面谈、面试的请求：“可以另外约一个时间向您当面求教吗？”“您什么时候方便？”等。

四、网络求职

（一）不要随意张贴简历

网上求职要选择知名的或信息量大的招聘网站，时常关注这些网站上与你相关的行业招聘信息。这样的网站不但应聘机会多，而且用人单位的信誉和信息真实性也可得到保证。在网络上发布简历时，须谨慎并考虑信息安全，这样可以避免不必要的麻烦。

（二）避免冗长的应征信

网上应聘和考试判卷差不多，招聘人员每天都会收到大量的应聘资料。如果应征信篇幅过长，不但无助于增大应聘成功的概率，简历还有可能会因此而被打入“冷宫”。所以，应征信应该突出个人的特点和优势，尽量简明扼要。

（三）不在一家单位同时应聘多个职位

一般来说，在用人单位看来，如果求职者对某一职位志在必得，则会感觉求职者是认真的。相反，如果求职者既应聘文秘，又应聘程序员，还应聘推销员，用人单位会觉得求职者对这个岗位都不是很精，样样通、样样松，应聘的成功率自然也就降低。最聪明的做法是告诉别人，我能做好某项工作，而不是所有的工作。

（四）可在互联网上建立个人主页

可在互联网上建立个人主页并在个人主页上介绍自己的基本情况、所学课程、科研成果、社会实践、实习经历等。与传统的求职信和简历相比，个人主页的优势在于：一是没有篇幅的限制；二是没有时间和地域的限制；三是更加美观、生动，具有丰富的视觉乃至听觉效果。

五、信函求职

（一）材料准备

求职者首次通过书信和用人单位联络，不要夹寄太多的证明材料，最主要的函件应该是求职信与简历，以免材料过多而喧宾夺主，致使主要文件不容易被发现。另外，材料折叠封装要规范，便于别人拆封。

（二）安全投递

信封上的单位全称、收件部门、收件人姓名和电话、收件地址、收件邮编等要一一写清楚，字迹不要潦草。求职者还应在信封上写清所应征的职位，使之区别于一般的公务函件，便于在一大堆公务函件中被发现。

（三）做好记录

对何时寄出、寄给何单位、收件人姓名、应聘职位等，一定要做好记录，以便日后查询。在信件邮寄出后，一定要打电话确认对方是否收到。

六、广告求职

（一）选择合适的广告媒体

以往利用传统报纸杂志的应聘方式逐渐被其他媒体所取代。有很多大型企业采用自媒体的招聘方式，还有电视媒体直接与各企业捆绑举办大型招聘会。求职者在求职时，可留意与自己的求职方向一致的企业自媒体，也可以关注像央视这样的平台联合企业举办的大型招聘会。

（二）选择广告求职的时间

依据学校的就业时间安排，结合用人单位招聘人才的时间惯例，广告求职以每年 11 月至来年 2 月进行为好。求职者需要关注此时间段的广告招聘信息。

（三）写明所在学校的地址和电话

利用广告媒体求职时，除了个人电话外，最好能留下学校就业指导部门或院系相关部门的工作电话，提升用人单位对求职者的信任度。

七、电话求职

（一）准备材料

根据用人单位的需求，结合自己的情况，预先设想谈话中可能涉及的内容和对方可能提出的问题，列出一份交流提纲。如果把事情想得太轻松，一旦突然被问到应聘动机、工作经验等问题，则可能会因为没有准备而内心慌乱、答非所问。

（二）选择时间

电话求职选择在上午 9 点至 10 点半，或下午 3 点至 4 点的上班时间进行最合适。一般不宜选在周一上午和周五下午，周一上午用人单位通常较忙，事务繁多；周五下午临近周末，最好也不要安排。午休时间打电话影响别人休息是不礼貌的，效果一般也不好。

（三）选择场所

电话求职尽量安排在安静的室内。如果一定要在室外联络，要注意周围环境，在吵闹的大马路或嘈杂的酒店、茶馆里都不合适。

（四）选择目标

用人单位的人事部门是负责招聘工作的职能部门，求职者一般可直接与人事专员联络，在没有得到明确许可的情况下，不要贸然打电话给相应负责人。同时，最好不要打对方私人电话，招聘工作纯属公务，联系时最好打用人单位的对公电话。

（五）电话礼仪

打电话能体现一个人的修养和人际交往能力，通话过程中始终使用尊称和礼貌用语，如“您好”“请问”“您贵姓”“谢谢”等，会引起对方的好感。电话接通后，应有礼貌地问清对方单位的名称，说出要找的人的姓名。如果对方就是要找的人，应先问候，然后交谈。如果对方不是要找的人，应有礼貌地请对方帮忙找受话人。如果受话人不在，发话人应先主动请对方把自己的学校和姓名转告受话人。若需要受话人回电话，应告知电话号码。需要他人转告受话人的事情，要礼貌地请对方记下。通话结束时，应该礼貌地说声“再见”。这是通话的结束语，也是向对方表示尊重。听到对方把话筒放下后再把电话挂断。

情境角色

（一）

陈龙俊上了大学后特别贪睡，定了闹钟要反复响三四次才能叫醒他，星期天他几乎要睡到中午，有人找他时，他会不满并大声说：“烦不烦啊?”有时索性用被子把头蒙起来。这样的习惯已经保持很多年了，因为睡懒觉，他每天不吃早饭就去教室上课，马上要毕业参加工作，陈龙俊犯愁了，不知怎样改掉这种习惯。

角色分析：陈龙俊该怎么改掉坏习惯？你有好的办法吗？

（二）

杨小军在大学期间沉迷于网络游戏。他经常不去上课，大学算是勉强毕业。杨小军的妈妈看到儿子如此痴迷于网络游戏，还不听劝，实在担心，怕这样下去会毁了他的健康和前程。

角色分析：如果你是杨小军，接下来你该怎么办？

（三）

小张在办入职手续时接到了填写内容繁多的几张表格，比大学入学时要填的表格可复杂多了，第一张要填写的就是“新员工入职登记表”。小张填好表格，交给了人力资源部的罗经理，他让小张拿出身份证、毕业证和学位证原件，同时还需要提供两张一寸免冠照片。小张当时就愣了，怪自己没仔细看人事部门发到邮箱的入职须知，事先也没考虑要带这些东西。怎么办？马上回家去取吧！征得同意后，小张撒腿就往家里跑，回家后翻箱倒柜地找出身份证、毕业证和学位证原件，马上又返回公司。罗经理验证后，让小张提交两张一寸照片，小张又愣住了，路上急匆匆的，早把照片的事忘到九霄云外去了。小张红着脸对罗经理一连说了三遍“对不起”，赶紧到外面补了快照，拿到照片交给罗经理后，小张又赶紧打车去学校取档案，返回公司时已到下班的时间，只能等第二天了……

这两天，小张从家跑到公司，从公司跑回家，又从公司跑回学校，才匆忙办完入职手续，刚到公司就给人留下了毛毛躁躁的印象。

角色分析：大学生步入社会，踏上工作岗位，就是一个自食其力的人了，请你分析应如何适应这种角色转换，尽快从学生过渡到职业人。

第七章 职业素养与职场礼仪

导引

南北朝时，北朝有个叫孟信的人，因事被罢官后，经营小本生意。一次孟信出远门，家中断了粮，唯一的耕牛也病得快要死去。孟信的儿子和母亲商量，不如趁牛尚未病死先卖掉，于是就把病牛牵到集市上，以不错的价钱卖给了邻村村民，买食充饥。孟信回到家，立即赶到邻村找到买牛人赔礼道歉，并退了卖牛钱，把牛牵了回来。后来，这位买牛人逢人就夸孟信诚实无欺。一传十，十传百，很多人主动找孟信做生意了，孟信的生意也越做越红火。

职场是有规则的，孟信深知商德是金，守德得金，失德伤金；信誉是宝，守信得人，失信伤人。每一个经营者都应自觉地讲诚实、守信用，将要从学校步入职场的大学生，越早了解和熟悉这些规则与要求，就能越早适应将要进入的企业及了解该企业的企业文化，使自己顺利地从学生过渡到职场人。

就业目标不能仅仅是做一名企业员工，因为员工与职业化员工有着很大的差距，任何一家企业都希望可以找到职业化员工，所以，将要步入职场的大学生除了要了解职场的规则与要求外，还要让自己尽快成为一名职业化的员工。

第一节 初入职场基本礼仪

每个人在人生的不同阶段都会经历第一课，进入职场的第一课将从了解自己与了解工作开始。

一、角色转换

很多人都会将自己的第一次入职经历铭记在心，当接到被某单位录用的通知后，迫不及待地与家人及同学分享喜悦。但喜悦之后，问题随之而来：马上就要工作了，我该做些什么准备呢？

（一）角色转换与定位

高校与职场是两种完全不同的环境。高校学习往往按部就班，而职场工作几乎天天都要解决问题；高校学习迟到、旷课影响的是你自己，而职场迟到、旷工影响的是工作及团队，还有团队的业绩；在高校学习再出色，代表的也是你的学习力、知识水平，不代表你在职场中解决问题的能力。在高校学习，一个人的形象及个人行为举止更多的代表的是你自己；在职场工作，一个人的形象及个人的行为举止代表的却是你所在的单位或企业。所有这些的不同，都需要新员工做好角色转换，做好心理调适。所以，工作前要调整心态，认识到自己是一名新员工，从心态上实现学生到职业人的角色转换。

（二）切勿自视过高

一个人每天相处最多的，不是别人，而是自己。如果不能客观地评价自己的能力，只能陷入自我主义的泥潭。不怕没有能力，就怕没有能力还觉得自己很了不起，以自我为中心，不知道改变。《围炉夜话》告诉我们，一个人把自己看得太高，便没有长进。把自己看得太低了，又会变得很自卑，自暴自弃，振作不起来。

初入职场要谨记，无论你在学校多么出色，那都是过去式。曲高和必寡，人若自持过高，则众必不能容。在职场要放下过去的成就，从最低点开始，谦虚谨慎、礼仪在先；储备新知识，勤奋工作。以这样的态度对待工作，才有可能成为一名优秀的职业人。

二、职场基本礼仪

职场礼仪包括仪容、仪表、语言用词、行为举止等方面。这些方面有一个共同的目的，那就是促进“彼此沟通”。20 多岁的新职员与 50 多岁的老职员之间，要找到共同的话题，也许是很困难的。但是，工作上的合作、交流又是不可避免的。这时，职场礼仪便成了润滑剂和相互了解的基础。即使是初涉职场的年轻人，只要掌握了基本的职场礼仪，自信地与老职员进行沟通就不再是难题。职场礼仪的三个要点如图 7-2 所示。

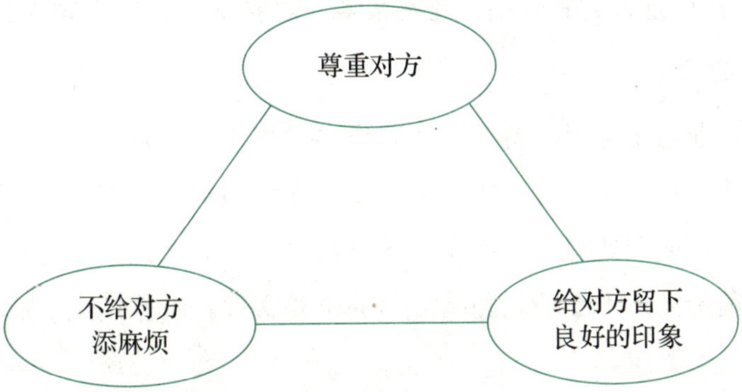

图 7-2 职场礼仪的三个要点

（一）仪表要得体

仪表得体是基本的商务礼仪之一。得体的着装既能体现职业化，也能体现对交往者的尊重。如果在商务活动中，对方穿着皱巴巴的衬衫、袖口有污渍的夹克，你会有什么感觉呢？相信任何人都不想和这样的人进行商务谈判吧。商务领域中所说的仪表得体，并不在于穿得如何精致、高档，而是要注重服装的职业化，归结起来有如下四个要点：

（1）着职业装。

（2）着装干净。

（3）便于工作。

（4）与职场氛围相一致。

穿职业装、着装干净和便于工作这三点，在任何职场都适用。与职场氛围相一致是指着装要与工作的内容和环境保持一致。此外，与客户及公司以外的人员进行交往时，要注意着装是否符合自己的身份，是否符合时间、场合、地点等因素，是否与对方的服装相协调。

（二）举止要得当

在聚集着很多工作人员的职场中，随心所欲地按照自己的方式进行工作是绝对不允许的。每一位员工作为职场中的一员，都要各负其责，分工合作，在工作中不给合作的同事添麻烦。

以早上的上班时间为例，上学时，只要赶在上课前进入教室即可，但是职场上却不是如此。比如，上班时间是早上 9 点。那么应该在早上 8 点 45 分到达公司，9 点已经开始工作了，9 点前就要做好一切准备工作。到了下班时间，是否可以马上结束工作回家，也是需要考虑的。离开工作岗位前要确认当天的工作已经完成，查阅一下明天的安排，做到心中有数，安静地把自己的办公桌整理完毕后，方可离开。离开时，别忘了对周围的同事说："我先走了，明天见。"如果看见还在忙碌的同事，应该主动询问："有什么需要帮忙的吗？"工作中这样的礼仪细节还有很多，需要新员工在工作中细心领会。

（三）程序要合规

在职场要有职业道德意识，新员工在工作中要严格规范自己的行为，不触犯公司的底线。在工作中按规矩办，不得越轨。不要在工作期间常打私人电话，不要利用工作时间外出办私事；工作期间处理与工作无关的事情要保管好公司的内部信息与机密，不要在朋友及同学面前透露。不要随意翻阅公司的重要文件，工作结束后放在桌面上的文件要收齐并存放好。

（四）尊重所有人

在职场中要学会尊重他人，尊重他人就是在尊重自己。在职场上，新员工要多使用礼貌用语，多表达对别人的尊重，上至公司高管，下至门口保安和保洁人员，这样不但可以展示自己良好的修养，还能让自己顺利融入团队。职场中的问候语是一天工作的开始，早上与同事见面，互相问候有助于调节职场气氛，同时会给人际关系带来正面的影响。在与其他公司的人员接触时，对对方的问候是否恰到好处地回应，在很大程度上决定着别人对你的第一印象。而你在他心目中的第一印象也就是你的公司在他们心目中的印象。

三、职场人际关系处理

美国著名人际关系学者戴尔·卡耐基曾说，一个人事业上的成功，只有15%是由于他的专业技术，另外的85%要依赖人际关系、处世技巧。

有一项关于"员工被辞退原因"的调查。在2 000多位被调查雇主中，2/3的人的回答是"他们是因为与别人相处不好而被辞退"。调查还显示，工作中的冲突，超过85%来自人际冲突。

（一）学会虚心求教

新员工从学校到工作单位，对工作和环境都很陌生，有些事情不知如何处理，此时应多向同事求教，以示尊重。求教是借别人的经验来帮助自己，这也是使自己进步的一种最快的工作方式。新员工要有一种从零做起的心态，充分尊重同事的意见，不论对方的年龄是大是小，都可以虚心地拜他为师。

与前辈沟通的前提是要尊重他们。可以向前辈提出一些小疑问，或是请教前辈某项工作具体该怎么做等，通过请教这些问题，可以增进交流、融洽关系。应注意要礼貌地、积极地向前辈请教自己不懂的问题，这样才能赢得前辈的信任。

（二）要有合作心态

在职场上，相互协作非常重要，因为所有人都要完成同一个目标，在这个基础上每个人各负其责。如果员工们的目标是分散的，那么无论他们的能力多么强，企业目标都无法实现。如果在目标一致的情况下，员工之间相互挑剔、埋怨、指责，也无法进行协作。只有抛开个人情感因素，积极地与他人交流，通力合作，才能充分发挥团队协作的力量。要做到这一点，就需要采用正确的交谈方式。比如：（1）积极主动地与他人交流；（2）尽量面对面地解决问题；（3）以积极的态度参加早会及其他会议；（4）别人说话时，要仔细倾听；（5）与他人有不同看法时，可以说“我的建议是这样的……”或“我的提议是这样的……”

（三）注意交往细节

（1）在公司里倾吐心声的对象多为同事，但是并不是什么都可以告知同事。

（2）同事遇到工作难题、烦恼时，要主动与之商量解决办法。

（3）需要拜托同事帮忙时，要考虑对方是否方便，如果对方接受，则要表示感谢。

（4）不要背后议论他人的不是。

（5）不要向同事借钱。

（6）学会包容他人。

（7）同事之间不必交换个人隐私，也不要打听同事的隐私。

（四）学会沟通交流

新员工刚进入公司，在沟通中要学会运用沟通的四个要素：

（1）倾听：不仅仅是传入耳朵中，更要用心仔细聆听。

（2）理解：充分理解对方想说的是什么。

（3）说想法：表达的语言要让对方易于理解。

（4）重复：重复对方的话来确认谈话的重点。

在交谈时还要善于提问，提问本身就是一种交流。在进行提问时，需要注意的是：先倾听，理解对方表达的内容，再进行提问与交流。

第二节　企业文化与行为规范

企业文化其实就是企业的一张礼仪名片。良好的企业文化不仅让企业的每个员工都热爱企业，愿意为企业奉献，也能赢得客户的尊重和市场的认可。

一、企业文化

初入职场，很多企业都会对新员工进行培训，培训大都会围绕企业文化、经营宗旨、组织架构、人事、考核、奖惩、薪酬等各项制度进行。企业文化当中的礼仪文化与员工职业素养也是新员工培训必不可少的内容，这些培训内容都是企业文化的重要组成部分。

（一）企业文化的特征

杭州娃哈哈集团创始人宗庆后说：企业是树，文化是根；企业是大厦，文化是地基；企业是躯体，文化是灵魂。可以说从企业存在的那一天开始，企业文化就出现了，并伴随一个企业的成长而不断完善和充实。只要留心企业的方方面面，一定会感知企业文化的力量。

（1）厂区环境所彰显的企业文化的视觉系统，如企业标识、企业经营理念、标语口号、文化宣传栏等，这些构成企业的形象礼仪。

（2）企业各项规章制度，如员工的行为守则、5S（源于日本，指整理、整顿、清扫、清洁、素养五个项目）管理条例等，构成企业的行为规范。

（3）企业的服务，如客户服务的理念、服务标准、服务的政策承诺、服务人员的行为、客户反馈等，构成企业的服务礼仪。

（二）企业文化与工作目标达成

新员工到任何一个企事业单位，首先要了解企业文化，了解企业的宗旨和发展目标，看到个人与企业共同的发展愿景。所以，新员工到新单位要快速了解和熟悉企业文化，要能快速融入企业文化。早期做好职业规划，做好本岗位的目标计划，将自己的工作目标与企业文化相融合相匹配。在制定目标时，要制定出大目标与小目标、长远目标与短期目标，并坚持不懈地工作。因为人在目标的激励下才能保持旺盛、持久的工作热情，也才能达至一个个目标的实现。

（三）企业文化与个人可持续发展

企业文化是一个企业所共同认同和遵循的价值观、信念和行为方式。优秀的企业文化可以使企业认清自己的使命，把握战略方向，确定组织目标，把员工的个人目标自觉地引向组织的共同目标，达到“上下同欲”。个人的成长和企业的发展是相辅相承的，在这个“共融共享”时代，我们必须把自己融入企业，必须要勤于学习、善于学习，并且终身学习，才能在竞争激烈的社会中立于不败之地。

二、职场行为规范

企业文化的外部表现就是行为规范。礼仪在企业中又是如何体现的呢？是通过企业员工的整体形象体现的，是通过企业员工整体精神面貌体现的，也是通过每一位员工的交谈及沟通中的礼貌用语和商务表达体现的。

（一）行为规范的必要性

员工的行为规范在企业的工作中及对外业务中不是刚性要求，但它直接影响着业务的开展及业务生成的结果。对于新员工，老员工会默默地观察你的行为举止，以此来推断你的能力和素养。你的上级、客户及同事也会站在各自的工作立场关注你。行为举止这些看似不重要的小节，其实可以反映出你的工作态度。比如，工作中干脆利落的举止可以反映出你对工作是勤快的、认真的。相反，工作中磨磨蹭蹭的举止则反映出你对工作没有热情。这样别人便据此判断你对待工作的态度。所以，新员工养成职业化的行为举止显得尤为重要。

（二）行为规范的强制性

社交礼仪是约束我们的行为规范，职场礼仪对我们的行为规范却具有强制性或半强制性。比如，服务行业的员工，他们的行为规范就具有强制性，从事服务行业的员工，要求着装统一，微笑标准，手势规范，礼节一致。像银行、酒店、航空、政府政务中心等，对员工的要求都具有强制性。

大型外企、私企、央企、国企由于工作性质，对员工的行为规范具有半强制性，制造型和生产型企业对员工的行为规范更多的是约束或半强制。

新入职的员工在工作中要多看、多模仿，让自己的行为规范如企业要求的那样，先要做的像，然后形成一种自觉的习惯也就是职业化的习惯。

（三）行为规范的可操作性

在职场熟悉和了解了自己的工作守则及行为规范后，还要会运用和活用这些守则和规矩。每做一项工作时，不要急于完成，应先考虑工作的流程也就是步骤，然后要考虑到协作方及工作的效率和结果，考虑好后再行动。在行动中要有团队协助意识，职责范围意识，有问题逐级反映，不要越级反映，与同事协作要有共赢的意识，不要抢功。

企业文化的标志之一就是《员工手册》，每个企业都有《员工手册》，这就是行为规范的操作指引。在一个部门工作，同事之间，每个人性格及能力各有差异，只要新员工按照《员工手册》来做，就可以很快融入企业，找到自己的立足之地。

第三节 新员工职业素养与礼仪修养

职业化素养主要包括以下几个要素：职业化的工作态度、职业化的工作习惯、职业化的工作礼仪。

一、职业素养之职业态度

（一）敬业

企业更加青睐尽职尽责、热情饱满、工作自觉的员工。这类员工能够把身心彻底融入企业，处处为企业着想，在企业陷入困境时竭尽全力为其解难，在企业蒸蒸日上时能够为其送出最真诚的祝福。这种具备敬业精神的员工能够获得领导的信任，也常被委以重任，从而为自己争取到更为广阔的发展平台。

有条不紊和细心认真即为敬业，是成就大事者的必备素质。敬业的员工不仅能获得更多宝贵的经验和成就，还能从中体会到快乐。当一个人热爱自己所从事的工作的时候，就容易全身心投入，对与工作相关的信息和业内动态也会逐渐形成习惯性的关注。这种关注表现在行动中，融化在意识里，便成了一种敬业的状态，无须刻意显露。

（二）忠诚

忠诚是事业成功的基石，是人生的准则与美好的品格；忠诚是员工的一种承诺和规则是企业实现战略管理的需要。一个忠诚的员工，能赢得上级、同事的信任，更能为自己的职业生涯带来长远的益处。如果员工没有对企业的忠诚，即使能力再强、潜能再大，对企业也不会有太大的价值，甚至存在潜在的危害，想得到领导的重用几乎是不可能的。

企业对于忠诚员工的挑选从招聘时就开始了。有时企业对于一些综合能力不错，但好高骛远、眼高手低的人还会选择放弃。正如一家企业的人力资源部经理所说：“我最担心的一件事情就是，我们辛辛苦苦为企业培训的员工，转身他就跳槽了。”频繁跳槽的人不成熟，不知道自己做什么更适合，或者说他们根本没有给自己一个准确的定位，这样的人不如不用。

（三）服从

恩格斯曾说：“我们看到，一方面是一定的权威，不管它是怎样造成的，另一方面是一定的服从，这两者，不管社会组织怎样，在产品的生产和流通赖以进行的物质条件下，都是我们所必需的。”①

服从是执行的第一步。一名员工，只有服从，才会在执行工作任务时不发生偏离，才能发挥出超强的执行能力，勇拓成功之路。在企业里，每一位员工都必须服从上级的安排，就如同每一名军人都必须服从上级的指挥一样。只有每一位员工完美地贯彻了服从的观念，形成合力，发挥整体的力量，才能最终达成目标。

（四）激情

激情是一种饱满的精神状态，是一种积极的工作态度，可以使我们释放出潜在的巨

---

① 马克思，恩格斯．马克思恩格斯全集：第2卷．北京：人民出版社，1972：553.

大能量，并感染周围的同事，形成一种奋进的氛围，形成一种推动力，使人有能力解决最艰深的问题；它具有一种带动力，能影响和带动周围的人热切地投身于工作之中。没有激情的人，工作一定是没有头绪的，不可能承担重任，更不可能做出令人满意的成绩。

有些人在踏入职场之初，干劲十足，热情高涨，对前途寄予“厚望”。但没过多久，工作的平淡磨平了他们的激情。面对每天重复、单调、枯燥的工作，他们想的不是怎样提高效率、提升业绩，而是盼望着早点下班，期望着领导不要把困难的工作分给自己。要想摆脱这样的困境，就要改变态度，找回激情，全心全意投入工作，这样在工作中才能有创新性和创造力。

二、职业素养之职业习惯

（一）工匠精神

工匠精神就是在工作中精益求精。企业只有崇尚工匠精神，才会生产出高品质的产品，才能推动企业高质量发展。

中华民族自古就有尊崇和弘扬工匠精神的传统，一些工艺项目的制造水平在世界上长期处于领先地位。比如，瓷器、丝绸、家具等精美制品和庞大壮观的工程建造，都离不开劳动者精益求精的工匠精神。在中国现代化建设的进程中，无论是“两弹一星”、载人航天工程取得的辉煌成就，还是高铁、大飞机等的设计与制造，也都离不开工匠精神，都展现出了工匠精神的传承与发扬。

（二）养成习惯

新员工在养成工作习惯的这一阶段，就要有精益求精的意识，在工作中绝对不能有敷衍了事的态度，而要一丝不苟、追求完美，在工作及生产制造的每一个环节，敬畏职业、追求卓越、勇于创新。

新员工养成精益求精的工作习惯，可以使自己的能力迅速提高、经验不断丰富、学识日渐提升，还可以逐步胜任其他更重要的工作，获得更好的职业发展机会。

（三）注重细节

老子说：“天下难事，必作于易；天下大事，必作于细。”这句话精辟地指出了想成就一番事业，必须从简单的事情做起，从细微之处入手。一心渴望做大事、梦想成大业，往往一事无成；甘于平淡，认真做好每个细节、每件事，方能成大事。

企业需要雄韬伟略的战略家，更需要精益求精的执行者；企业不缺少企业文化，缺少的是对规章条款、产品工序不折不扣的执行者。成功者的共同特点就是能做好小事，能抓住细节。

对于刚入职的员工来说，在工作中要树立起关注工作细节的意识，工作中要多反思是否考虑到了细节。比如：（1）为确保准确性，我对工作进行反复检查了吗？（2）在提供资料或信息前，我反复核实了吗？（3）我自己或他人仔细检查方案或检验产品了吗？（4）我详细考虑行动和结果的细节了吗？（5）在工作中我能够发现自己或他人的差错和疏忽吗？这样做才能确保工作的准确无误，因为工作中的细节决定成败。

（四）团队合作

团队精神是一个组织具有的共同价值观和道德理念在企业文化上的反映。团队精神是企业的灵魂，是企业发展的精神支柱。团队精神还表现在团队所有成员为了一个共同的目标，以合作的态度进行工作，自觉地担负起责任。每个成员关注的是团队的整体目标，而非个人利益，甚至甘愿为了团队利益而牺牲个人利益。

新员工作为企业的一分子、部门的一员，一定要尽快融入团队，要有团队意识，不能以自我为中心，更不能以狭隘的个人利益凌驾于团队之上。即使自己有能力，也要重视团队的帮助，这个时代不是单打独斗的时代，而是合作共赢的时代。

（五）换位思考

圣贤孔子说："己所不欲，勿施于人。"这句话告诫我们在与人相处共事时要替别人着想，学会换位思考。换位思考是指设身处地地为他人着想，站在对方的角度去看问题，是理解至上的一种处理人际关系的思考方式。

刚入职的新员工，自我意识都很强，学会换位思考是需要过程的，在遇到人际关系及沟通障碍时要多学会自省，多检视自己，看自己有没有错，而不是凭着自己的认知去判断错在对方。即使是对方错了，也要试着去宽容。因为宽容是一种美德，是与人为善的表现，代表着一个人宽广的胸怀。有格局的人、成大事的人都具有这样的品质。

换位思考还体现在能理解对方，有些事情自己一时无法认同也要试着去理解。在职场上，部门与部门之间要互相理解，各工种之间要互相理解；下级要理解上级，上级也要理解下级。如果不能换位思考，沟通不畅，工作就会缺乏效率。

员工可以通过以下两种方法锻炼换位思考的能力：（1）训练自己的综合技能，包括倾听、提问、思考对方的感受、不轻易指责对方；（2）增加经验。当你拥有与对方相同的经验时，你会更容易理解对方的处境，也会更具有同理心。

三、职业素养之礼仪修养

一个人的礼仪修养包含形象礼仪、社交礼仪、职场礼仪。礼仪修养一直在路上。道德修养、文化修养、礼仪修养不是一蹴而就的，是一个不断完善，不断修为的过程。

（一）礼仪修养是软实力

新员工进入职场，业务能力熟练程度都很快，都能很快上手工作，同一批进入企业的新员工随着时间的推移，他们的差距在哪里呢？

王刚和李响是同一所高校，同一个专业毕业的，毕业后分在同一家企业工作。看得出来，他们是在同一条起跑线上。入职一年后，他们俩人都成为独当一面的业务骨干。不同的是王刚在职业化上没有太多的变化，行为举止还是在高校学习的样子，随意性强，不拘小节；与同事、客户交谈有时很随便。李响却变化很大，注重职业形象，职业化程度也逐渐提高，这时俩人产生了细微的差距。看得出来，同事更喜欢与李响相处，客户更愿意与李响合作，领导对李响工作的满意度更高。第二年李响成为整个部门的骨干，同事们有工作上的问题都愿意找他商量。第三年差距拉开了，李响成为部门经理。

细节决定成败，这句名言的真谛就在于当你和别人处于同一起跑线时，决定成功的往往不是全局，而是细节。企业在选拔晋升时，业务能力是第一位的，如果有两个人业务能力相当，就要看综合能力或综合素质，也就是职业素养。职业素养是基础或者说是可视化的素养也就是礼仪修养。

（二）礼仪修养先修身

中国的大思想家孔子，一生都在倡导我们人生的方向应是，“修身、齐家、治国、平天下”。这也是人生的终极意义。一个人无论处于哪个阶段，修身是第一位的。对于刚入职的员工，修身是基础，只有基础好了，才能更好地做工作，更出色地完成工作；才能使自己从优秀走向卓越。

当年蔡元培先生执掌北京大学，邀请了海内外诸多著名学者前来任教。对于其中几位年龄稍长的学者，每月月底他都会亲自上门“请安”，实际上是奉上薪酬。他坐的是马车，到了教授府宅前，先由助手上前轻拍门环，待门打开，教授出迎，蔡元培先生已在门口躬身作揖，进了厅堂坐下，他总是立即褒扬教授新发表的论文，然后询问饮食起居。稚叙片刻，便起身离开。薪水，已由助手悄悄交给教授家人，蔡校长口中不提薪水一事。这套礼仪，月月重复，不仅使那些教授深感蔡校长对自己的尊重，而且也展示了作为五四新文化运动摇篮的北大仍在延续着传统文化中的美德嘉行。

（三）礼仪修养有标杆

刚入职的员工，是没有影响力的，要先找一个有影响力的前辈，模仿他，学习他，渐渐成为他，你就具有了影响力。

任何单位，都有这样一些文明礼仪的化身，比如公司和部门领导，专家学者，他们热情友好、文明礼貌、学识渊博，循循善诱，具有“温、良、恭、俭、让”的良好风度，他们的形象代表的是企业的形象，对我们起到潜移默化的影响。

“以人为镜可以明得失”，新员工应以榜样为镜，向标杆看齐，学习他们的精神、风格、品质，查找自身在干事能力、为人处世等方面的不足，在不断的模仿学习和自查自纠中提升自我，弥补自身不足，发挥自身优势，实现可持续发展。

情境角色

（一）

公司招来一批新员工，他们是从 6 000 多人中选拔出来的，可以说在专业知识、综合能力方面都不差。但在给新员工培训的这段时间内，负责新员工培训的主管却看到大部分新员工在集训时态度不太积极，上课不够专注，普遍的问题是：不论是听课、开会还是参观车间，手机铃声此起彼伏，他们一刻不停地摆弄着手机，不是在发短信，就是在看视频、玩游戏，总之，顾不上抬头，手机不离手。

角色分析：公司招聘的新员工出现了什么问题？负责新员工培训的主管为什么不满意？

（二）

小李刚进一家公司做采购员，作为一名新员工，他对于公司的采购流程并不是很熟悉，也没有在工作之前好好问清楚，所以工作第一天就碰了一鼻子灰。

行政部没水了，要订 5 桶水，小李满口应承下来，接着就打电话向水站要来 5 桶水。水站人员扛着 5 桶水来了，小李兴冲冲地去财务部结账，财务向他要采购部经理签了字的单子，可小李却没有，第一次采购就出现了问题。

小李赶紧向经理汇报，经理听完他的汇报后说，“行政部按申购程序提出申请，经采购部门经理审查签批后，交供应部经理才进入工作程序”，“应该在工作之前把工作流程熟悉一下，这样工作起来才不会手忙脚乱”。

小李不明白，买几桶水怎么这么麻烦！经理告诉他，这是公司的规定，有利于公司账目清晰，今天行政部要 5 桶水，明天后勤部要购买防暑降温药品，大后天生产部要购买原材料，总得按照流程来做吧，如果一下都买了回来，还不乱套了？

角色分析：小李进入采购部工作的第一天就遇到了问题，你认为他的问题出在哪里？

（三）

小王应聘的职位，竞争者众多。经过几轮面试和笔试的“轮番轰炸”，最后就留下几个人，所幸小王也在其中。当她被留下时，心情非常激动，这可是千挑万选、优中选优的竞争啊！随后，小王和另外一个女生被分配到行政部门试用。小王感觉非常好，自认为综合能力没有人能超过她，同事们私下里也都认为小王有更大的希望被录用。和小王一起进来的女生小高，不善言谈，与人相处还略带羞涩。

小王每天工作起来风风火火，工作完成得也很出彩，有时对领导的决策也提出了自己的看法，她还特别喜欢对外联络工作和企业大型文体活动的组织工作，与其他部门混得很熟，可以说是在方方面面都很抢眼。小高的表现就比小王逊色多了，做事悄无声息，平时不声不响地就把事情做完了，安静得似乎感觉不到她的存在。

一次，行政总监召集行政部门开会。会议过程中，当总监问到企业年终大会活动的策划要点时，还没等主管发言，小王就忍不住把自己的想法和盘托出，并说这些想法已经和人事部门的负责人做了交流……

还有一次，小王了解到某部门对行政管理条例发布后的反馈信息时，主管不在，她就径直把意见告诉了行政总监，然后由行政总监传达给主管。主管收到总监的信息后很生气，责怪自己的助理没有及时将信息传达给他，小王则坐在一边不敢说话。

三个月后，当领导最终宣布人事任命的时候，留下的却是那个闷声不响的小高。小王听完这个消息如同晴天霹雳，她想不通，一起进公司，自己表现更出色，为什么录用小高却不录用自己?

角色分析：公司为什么录用小高，而未录用小王?

（四）

小敏工作不到 4 个月，在最近一次全员大会上受到老板的点名表扬。原来，老板要找一个以前的文件，小敏只用了 1 分钟时间就从文件柜里非常准确地找出来了，老板拿到手里一看，文件的左上角被填写了编号。他随后翻阅了文件柜中以前的所有文件，发现三年之内的文件全部被编上了编号，并放到了指定的位置，大大改善了过去像“海底捞针”一样找文件的情况。

第二天，老板向小敏询问三年以前的文件放在哪，小敏告诉他，因为三年以前的文件很少用到，所以这些文件已经被她用装订机装订成册，交管理部存档了。但是小敏做了个非常详细的目录，需要的时候可以从目录中找到编号，然后向管理部索要借阅。

小敏说，自己一开始也没想到去整理文件，因为这并不是她分内的工作。但是看到同事每次到办公室找文件都要花费很长时间，就萌生了这一想法。为此，小敏看了一些如何分类归档的图书，还跑到财务部借来了专用的装订机。

角色分析：小敏刚入职 4 个月就有了出色的工作表现，如果是你，面对这样的工作现状又会采取什么工作方法呢?

第八章

会务商务礼仪

导引

有一次，某地召开一个有很多商界知名人士及新闻界人士参加的研讨会，经理特意安排小刘和他一起参加，让小刘见识一下大场面。

小刘早上睡过了头，等他赶到时，会议已经进行了 20 分钟。他急急忙忙地推开会议室的门，“吱”的一声脆响，他一下子成了会场上的焦点。小刘匆忙找到经理，在经理身边坐下，没想到忙乱中拖拉椅子的刺耳声响让他再次成为会场的焦点。刚坐下不到 5 分钟，安静的会场上又响起了摇篮曲，是谁在播放音乐？原来是小刘的手机响了。这下子，小刘可成了全会场的“明星”。没过多久，小刘就被辞退了。

不管是参加本公司还是其他单位的会议，都必须遵守会议礼仪，体现自己良好的修养。参加会议如此，筹划、组织、主持会议更是如此。在会议这种高度聚焦的场合，稍有不慎，就会严重损害自己和单位的形象。

第一节　一般会议礼仪

一、会议常识

简单地说，三个人以上聚在一起就某个或某些议题进行讨论、研究，就是会议。会议是沟通信息、协调关系、集思广益、制订计划、科学决策的重要手段。

通常，召开会议需要一定的时间和场所，正式的会议还要冠以能反映会议内容、性质、人员、时间、地点等的完整而确切的名称。

组织会议，简称办会。所谓办会，指的是从事会务工作，即负责从会议的筹备直至其结束、善后的一系列具体事项。会务礼仪，主要就是有关办会的礼仪规范。

（一）会议的种类

按参会人员分类，会议可以分为单位外部会议和单位内部会议。单位外部会议有产品发布会、记者招待会、研讨会、座谈会等。单位内部会议有工作例会、总结会、表彰会、计划会等。

按会议的具体性质分类，会议又可以分为如下四种类型。

1. 行政会议

行政会议是各个单位所召开的工作性、执行性的会议。管理强调的是信息传递，而单位内部信息传递的最基本方式便是会议。行政会议通常以管理、协调等为主题，如行政例会、董事会会议等。

2. 业务会议

业务会议是有关单位所召开的专业性、技术性会议，如展览（销）会、产品供（订）货会、商务洽谈会等。

3. 社交会议

社交会议是有关单位以扩大本组织影响力和交际面为目的而举行的会议，旨在提升组织形象，维系良好的公众关系，如记者招待会、茶话会、联欢会等。

4. 群团会议

群团会议是单位内部的群众组织召开的非行政性、非业务性的会议，旨在争取群体权利、反映群体意愿，如职代会、团代会等。

（二）会议的要素及特点

一般来说，会议有六个要素，即与会者、主持人、议题、名称、时间、地点。

会议具有以下基本特点：一是合法；二是有一定议题；三是有一个最低人数临界点；四是与会者有平等发表意见的机会；五是有目的；六是有组织。

（三）办会的原则

办会时，工作人员必须遵循两个原则：一是认真。奉命办会，就要全力投入、审慎对待、精心安排，务必办好会议。二是务实。召开会议重在解决实际问题，或是为了研究和做出某项决策，或是为了布置、协调、宣布某项任务，或是为了澄清观念、提高认识。在这一前提下，要严格控制会议的数量与规模，改善会风。

二、办会

（一）会议前的准备

一般来说，会议准备工作包括如下内容：安排会议议题，确定会议步骤（包括议程、程序和日程），确定与会人员，确定会议时间，办理会议报批手续，签发会议通知，准备会议文件和材料，选择和布置会场，排列座次，妥善安排后勤服务事宜，做好新闻发布工作，进行全面的会前检查。

具体而言，主要的组织准备工作有如下几项。

1. 拟发会议通知

会议通知包括六项内容：一是标题，重点交代会议名称；二是主题与内容，对会议宗旨和主要内容进行介绍；三是会期，应明确会议的起止时间；四是报到的时间与地点，交通路线要交代清楚；五是会议的出席人员，若出席人员可选派，则应规定具体条件；六是会议要求，指与会者材料与生活用品的准备，以及差旅费报销和其他费用问题。

2. 准备会议文件和材料

会议所用的各项文件和材料，均应于会前准备好。需要认真准备的会议文件和材料有开幕词、闭幕词和主题报告；同时，应认真做好会议记录。举行会期较长的大中型会议，应编写会议简报。

3. 选择和布置会场

要根据会议的性质、重要程度及与会人数，选定档次和大小合适的会场。对会议需要用到的音响、照明、空调、投影、摄像设备，事先应认真调试。文具、饮料等，应预备齐全。

4. 排列会场座次

重要的会议，在主席台每位就座者身前的桌子上，应先摆放好写有其本人姓名的桌签。排列听众席的座次，目前主要有两种方法：一是按指定区域统一就座；二是自由就座。

5. 安排后勤服务事宜

对接待、交通、食宿、医疗、保卫等方面的具体工作，应精心、妥当地做好准备。

（二）会议期间的安排

1. 会议期间的会务工作

（1）例行服务。较大型的会议，应安排专人负责迎送、引导、陪同与会者。对与会贵宾和身体不便、身份特殊的重要人员，还要重点照顾。对与会者的正当要求，应有求必应。

（2）会议签到。签到一般在与会者入场时进行，应及时汇总签到结果，并向会议负责人通报。

（3）食宿安排。会期较长的会议，一般要安排食宿及交通。食宿安排应在《会议须知》中写明。若安排会餐等活动，届时应有专门人员进行组织。对外来与会者在食、宿、交通等方面的其他要求，在符合规定、力所能及的前提下，应尽力予以解决。

（4）现场记录。重要会议，应以笔记、录音、录像等方式进行现场记录。以笔记的形式记录时，对会议名称、出席人数、时间、地点、发言内容、讨论事项、临时动议、表决结果等基本内容，要力求完整、准确、清晰。

（5）编写简报。会议简报的编写要求是讲求时效、准确无误、文字精练。

2. 与会人员的礼仪

（1）会议主持人的礼仪。会议主持人一般由具有一定职位的人来担任，主持会议时要介绍参会人员，控制会议进程和时间，避免跑题或议而不决。主持人的表现对会议能否圆满成功有着重要的影响。

主持人应衣着整洁、大方庄重、精神饱满。走上主席台，步伐应稳健有力，如果是站立主持，应双腿并拢、腰背挺直。持稿时，右手持稿的中底部，左手五指并拢自然下垂。双手持稿时，稿件应与胸齐高。如果是坐着主持，应身体挺直、双臂前伸，两手轻按于桌沿。在主持过程中，切忌出现搔头、揉眼、架腿等不雅动作。

主持人应口齿清楚、思维敏捷，语言简明扼要，应根据会议性质调节会议气氛，或庄重，或幽默，或沉稳，或活泼。在会场上，主持人不能与熟人打招呼，更不能寒暄闲谈，在会议开始前或会议休息时可点头、微笑致意。

（2）会议发言人的礼仪。会议发言有正式发言和自由发言两种，前者一般是领导报告，后者一般是讨论发言。正式发言者，应衣冠整齐，走上主席台，应步态自然、刚劲有力，表现出自信的风度与气质。发言时应口齿清晰、讲究逻辑、简明扼要。如果是书面发言，要时常抬头扫视一下会场，不能一直低头读稿。发言完毕，应对听众的倾听表示谢意。如果有会议参加者向发言人提问，应礼貌作答；对不能回答的问题，应机智而礼貌地说明理由；对提问者提出的批评和意见应认真听取，即使批评是错误的，也不应失态。

(3）一般与会人员的礼仪。最基本的礼仪要求是按时到会，遵守会场纪律。开会时，要尊重会议主持人和发言人。当别人讲话时，应认真倾听，可以准备纸笔记录下与自己工作相关的内容或要求。不要在别人发言时说话、随意走动、打哈欠等。会中尽量不离开会场，如果必须离开，要轻手轻脚，尽量不影响发言者和其他与会者。如果长时间离开或提前退场，应与会议组织者打招呼并说明理由，征得同意后再离开。

在开会过程中，如果有讨论，最好不要保持沉默。要发言时应先在心里有个准备，用手或目光向主持人示意或直接提出要求。发言应简明、清楚、有条理、实事求是。反驳别人时不要直接打断对方，应等对方讲完再阐述自己的见解；别人反驳自己时要虚心听取，不要急于争辩。

3. 会议座次的安排

(1）大型会议的座次安排。大型会议与会者人数较多，一般是主席台与听众席相对。主席台就座者往往是有一定职位的领导，进行座次安排时要注意下列礼仪事项：

1）主席台必须排座次、放桌签，以便领导对号入座。国内排定主席台座次的规则有三：一是前排高于后排，二是中央高于两侧，三是右侧高于左侧。

2）主席台座次排列，领导人数为单数时，1 号领导居中，2 号领导在 1 号领导左手位置，3 号领导在 1 号领导右手位置。领导人数为偶数时，1、2 号领导同时居中，2 号领导在 1 号领导左手位置，3 号领导在 1 号领导右手位置。如图 8-1 所示。

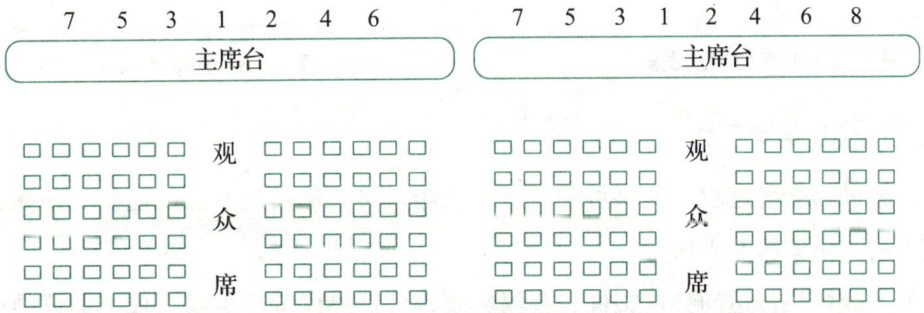

图 8-1　主席台座次排列

3）几个单位的领导同时上主席台就座时，通常按单位排列次序排列。对此可灵活掌握，不可生搬硬套，比如对一些德高望重的老领导，也可适当往前排。

4）对上主席台的领导届时能否出席会议，在开会前务必逐一落实。如有临时变化，应及时调整座次、桌签，防止主席台上出现桌签差错或领导空缺。

观众可自由择座，也可按单位或部门，以平时约定俗成的序列就座。若分为前后排，一般以前排为高，后排为低。若分为不同楼层，则楼层越高，排序越低。

正式会议上，发言者发言时不宜坐在原位上，应设置发言席。发言席的常规位置有三：一是主席台正前方，二是主席台的右前方，三是主席台左边侧或右边侧，以方便发言人上下为原则。

（2）小型会议的座次安排。小型会议的座次安排可分成两类情形：方桌会议和圆桌会议。

一般情况下，会议室中是长方形桌子或椭圆形桌子，就是所谓的方桌会议。方桌可以体现主次，在方桌会议中，要注意座次的安排。如果有1～2位领导，那么一般坐在长方桌或椭圆桌的短边位置，或者是比较靠里的位置，如图8－2所示。如果是由主客双方参加的会议，一般分两侧就座，主人坐在会议桌的右边，客人坐在会议桌的左边。

还有一种形式是为了尽量避免这种主次的安排，而以圆形桌为布局，就是圆桌会议。圆桌会议不分上下尊卑，有与会者“一律平等”和“协商”的意思。国际会议多采用圆桌会议的形式。在圆桌会议中，以门作为基准点，比较靠里的位置位次较高，如图8－3所示。

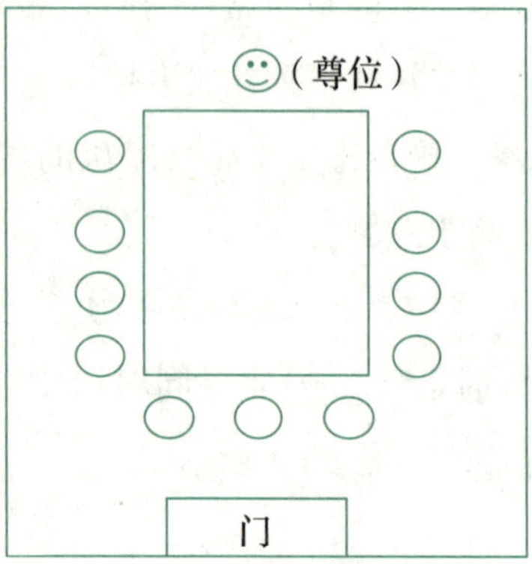

图8－2　方桌会议座次安排

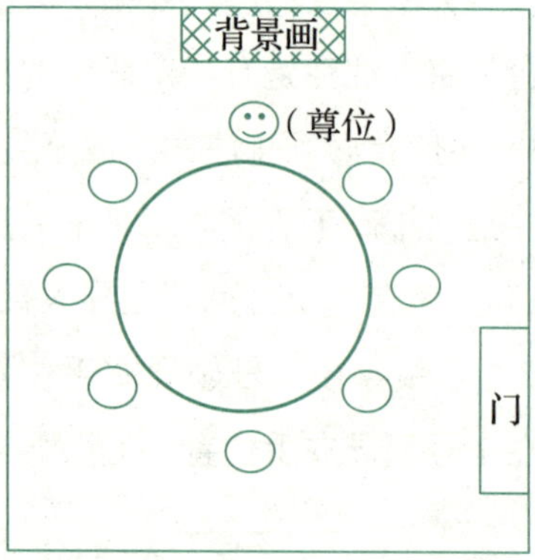

图8－3　圆桌会议座次安排

（三）会议结束工作

（1）协助与会者返程。提供订购机（车、船）票、送站等方面的便利。团队或特殊人士离开时，可安排专人送行。

（2）形成可供传达的会议文件。会议纪要、会议决议等要尽快形成，会议结束就及时下发。

（3）按照工作需要和保密规定，收集与会议有关的各类材料，及时汇总、存档或销毁。

三、会务

（一）会议服务人员

1. 仪表整洁规范

（1）仪容整洁优雅，化淡妆。

（2）着装统一规范，佩戴服务标志。

(3) 发型端庄正式，举止大方、有礼貌。

2. 语言亲切友好

(1) 语言文明礼貌，适时运用“您好”“您请用”“请”“谢谢”“对不起”“没关系”等礼貌用语。

(2) 对服务对象主动打招呼问候，适时提供服务。

(3) 语气温和亲切，音量适中，普通话规范。

3. 举止彬彬有礼

(1) 敬业、勤业、乐业，精神饱满，彬彬有礼。

(2) 微笑服务，态度诚恳，热情、周到，解释问题有礼有节。

(3) 工作发生差错及时纠正并当面赔礼道歉。

（二）会前服务

(1) 根据会议主办单位的要求，明确会议服务要求，并提前落实会议场所及会场主席台、发言席、席卡、话筒、签到席、横幅（会标）、背景音乐、鲜花摆放、领导休息室等，提前检测、检查音响、话筒等设备及会议各项要求的落实情况。

(2) 及时做好会场卫生，整理打扫桌面、抽屉、座椅、地面、门窗等，检查服务箱用品、面巾纸、洗手液配备情况。

(3) 在会场入口醒目位置安放会议指示牌，室内桌签摆放整齐。

(4) 会议服务人员应提前进入会场，检查会场整体效果，确保各项准备工作到位，并备好茶水，打开音响，播放轻音乐。同时打开安全门、照明灯及通道门，做好引导工作。如需使用空调，提前半小时左右开启。

（三）会中服务

(1) 会议服务人员在与会人员入场前，应站立在会议厅门口两侧，有礼貌地向与会人员点头致意，并说“早上（上午、下午、晚上）好”或“欢迎光临”等文明用语。引导与会人员入座，及时向已入座的与会人员递上茶水、湿巾，茶水量一般控制在八分满。上茶水时应遵循从左至右的原则，从与会人员侧翼依次加水，原则上每 20 分钟添加一次茶水。

(2) 会议服务人员时刻注意观察和检测音响设备运行状况，注意会场情况及室内温度，发现问题及时报告和处理。

（四）会后服务

(1) 会议结束时，会议服务人员应及时打开通道门，站立在两侧，礼貌送客，向与会人员微笑点头并说“慢走，再见”。会后及时做好会场清理工作。若发现与会人员遗留物品，应迅速与有关单位联系。

（2）会议服务结束后，服务主管人员应主动、及时填写会议服务意见单，征求会议主办单位的意见，以总结工作、改进服务，意见单记入年终考核范围。

（3）严格做好保密工作，不询问、议论、外传会议内容和领导讲话内容，不带无关人员进入工作间。

第二节 专业会议礼仪

一、发布会

发布会一般指新闻发布会，又称记者招待会。政府、企业、社会团体或个人都可公开举行发布会，邀请各新闻媒介的记者参加。举行发布会主要是为了把组织或个人较为重要的成就及信息报告给所有新闻机构，在发布会上发布的消息对产品和产品形象、组织和组织形象、先进人物和重要人物都具有重要意义。

（一）新闻发布会的准备

1. 时机的选择

在确定召开发布会的时机之前，应明确两点：一是确定新闻的价值，即对发布的消息，论证其是否具有专门召集记者前来予以报道的新闻价值。二是确认新闻发布的最佳时机。以企业为例，新产品的开发、经营方针的改变、新举措的推出、企业领导或高级管理人员的更换、企业的合并、企业的重大纪念日、发生重大伤亡事故等事件时，都可以举行发布会。

如果基于以上两点，确认要召开新闻发布会，则要选择恰当的召开时间，需注意的问题是：避开节假日，避开本地的重大活动，避开其他单位的发布会，避免与新闻界的宣传报道重点相左或相撞。恰当的时间选择是发布会取得成功的保障。

2. 人员的安排

发布会人员安排的关键是选好主持人和发言人。发布会的主持人应由主办单位的公关部长、办公室主任或秘书长担任。其基本条件是仪表堂堂、见多识广、反应灵活、语言流畅、幽默风趣，善于把握大局、引导提问和控制会场，具有丰富的主持会议的经验。发言人一般由本单位的负责人担任，对其基本要求是修养良好、学识渊博、思维敏捷、熟悉情况。

召开发布会，还要精选一批负责会议现场工作的礼仪接待人员，一般由相貌端正、工作认真负责、善于交际应酬的员工担任。

值得注意的是，所有出席发布会的人员均需在会上佩戴事先统一制作的胸卡，胸卡上面要写清姓名、单位、部门与职务。

3. 媒体的邀请

对出席发布会的媒体记者要事先确定其范围，具体应视所发布消息涉及的范围而定。一般情况下，与会者应是与特定事件相关的新闻界人士和相关公众代表。邀请时，要尽可能地先邀请影响大、报道公正、口碑良好的新闻单位。如果事件和消息只涉及某一城市，一般请当地的新闻记者参加即可。

4. 会场的布置

对于发布会的地点，除了考虑在本单位或事件发生地举行外，还可租用宾馆、饭店举行，如果希望尽可能地扩大影响，可在大城市举行。发布会现场应交通便利、环境优美、大小合适。发布会地点确定后，应实地考察，在发布会召开前认真进行会场布置。

5. 材料的准备

在举行发布会之前，主办单位要事先准备好如下材料：

（1）发言提纲。它是发言人在发布会上进行正式发言时的发言提要，要紧扣主题，体现全面、准确、生动、真实的原则。

（2）问答提纲。为了使发言人在现场正式回答提问时表现自如，可在对被提问的主要问题进行预测的基础上，形成问答提纲及相应答案，供发言人参考。

（3）报道提纲。应事先精心准备一份以有关数据、图片、资料为主的报道提纲，并在发布会上提供给新闻记者。在报道提纲上应列出联系方式，便于日后联系。

（4）视听材料。这些材料供与会者使用，可增强发布会的效果，包括图表、照片、实物、模型、录音、录像、影片、幻灯片等。

（二）发布会进行时的工作

1. 做好会议签到

让记者和来宾在事先准备好的签到簿上写下自己的姓名、单位、联系方式等内容，并按事先的安排引导与会者到会场就座。

2. 严格遵守程序

主持人要充分发挥主持者和组织者的作用，宣布会议的主要内容、提问范围及会议进行的时间，一般不超过 2 个小时。主持人、发言人讲话时间不宜过长，过长会影响记者提问；对记者所提的问题应逐一予以回答，不可与记者发生冲突。会议主持人应始终把握会议主题，维护好会场秩序，主持人和发言人会前不要单独会见记者或提供任何信息。

3. 注意相互配合

在发布会上，主持人和发言人要相互配合、明确分工、各司其职。在发布会进行期间，主持人和发言人要保持口径一致。当新闻记者提出的某些问题过于尖锐、难于回答时，主持人要想方设法转移话题，不使发言人难堪。而当主持人邀请某位记者提问时，发言人一般要给予对方适当的回答。

4. 态度真诚主动

在发布会上，发布会组织人员自始至终都要注意对待记者的态度。作为普通人，记者希望接待人员对其尊重、热情；作为专业人士，记者希望接待人员能为其提供工作便利，如一条有发表价值的消息，一个有利于拍摄照片的角度等。发布会组织人员对待记者要彬彬有礼，对记者的合理要求要尽量满足。

（三）发布会的善后事宜

1. 整理会议资料

发布会后，发布会组织人员要尽快整理出会议记录材料，对发布会的组织、布置、主持和问题回答等方面的工作进行回顾和总结，从中吸取经验、找出不足，为今后举行类似发布会提供借鉴。

2. 收集各方反映

（1）收集与会者对会议的总体反映，检查在接待、安排、服务等方面的工作是否有欠妥之处，以便今后改进。

（2）收集新闻界的反映，了解与会记者有多少人为此次新闻发布会发表了稿件，并对其进行归类分析，找出舆论倾向。若出现不利于本组织的报道或歪曲事实的报道，应立即采取行动，说明真相。如果是本单位失误造成的问题，应通过新闻机构表达歉意，以挽回声誉。

二、展览会

企业通过举办展览会，可以运用真实可见的产品和热情周到的服务，全面透彻的资料、图片介绍和技术人员的现场操作，吸引大量的参观者，给其留下深刻的印象，以此提高企业及产品或服务的知名度。

（一）展览会的筹备

1. 明确展览会的主题

只有主题明确，才能对所有展品进行有机的排列组合，充分展示展品的风采。否则，主题不明、杂乱无章，势必会影响展览效果。

2. 做好展览整体设计

展览场地、标语口号、展览徽志、参展项目、辅助设备、相关服务部门的设置和人员安排、信息的发布及与新闻界的联络、对工作人员的培训等，都需要全面设计、周密安排。

3. 安排专人对外发布新闻

成立对外发布新闻的专门机构或安排专人负责与新闻界密切联系，展览过程中往往会发生许多有新闻价值的事件，这就需要有关人员以敏锐的观察力去挖掘、分析并写成各种新闻稿件发表，以扩大影响。

4. 注意展览的效果反馈

为了检验举办各类展览活动的目的是否达到，有必要对展览效果进行检测。如设立留言簿、现场听取反馈、检验公众对展品的留意程度等。

（二）展览会进行时的礼仪要求

1. 主持人礼仪

主持人是展览会的主导者。主持人应着装正式、举止大方、言谈真诚得体，这样容易使公众对展览会和产品或服务产生信赖感。

2. 讲解员礼仪

讲解员着装要整洁大方，打扮自然得体，举止庄重；应热情礼貌地称呼公众，讲解流畅、通俗易懂，声音洪亮、语速适中；介绍情况要实事求是，不弄虚作假；解说完毕，应对听众表示谢意。如图 8－4 所示。

图 8－4 讲解员礼仪

3. 接待员礼仪

接待员迎接参观者时，着装应端庄正式，体态大方得体，面带微笑，真诚自信。

三、赞助会

赞助是指企业对某一社会事业、事件无偿地给予捐赠和资助，从而提升企业的知名度与美誉度、树立美好形象的一种形式。赞助会是某项赞助举行时采用的具体形式。

赞助活动实施之际，往往需要举行一次聚会，公告有关事宜。赞助会一般由受赞助者操办，也可由赞助者操办。

（一）场地布置

赞助会的举行地点，一般可选择受赞助者所在单位的会议厅。会议厅要大小适宜、干净整洁，灯光亮度适宜。在主席台的正上方，悬挂写有“××赞助仪式”的横幅。赞助会会场的布置不可豪华张扬，略加装饰即可。

（二）人员选择

参加赞助会的人员，除了赞助单位、受赞助者双方的主要负责人及员工代表之外，应当重点邀请政府代表、社区代表、群众代表及新闻界人士参加。所有参加赞助会的人士，与会时都要身着正装，注意仪表，个人言行举止规范，以与赞助会庄严的整体风格相协调。

（三）会议议程

赞助会的具体议程应周密、紧凑，整体时间不应超过 1 小时。其议程如下。

1. 宣布会议开始

赞助会的主持人，一般应由受赞助单位的负责人或公关人员担任。在宣布会议正式开始之前，主持人应恭请全体与会者各就各位，并且邀请贵宾到主席台就座。

2. 赞助单位正式实施赞助

赞助单位代表首先出场，口头宣布其赞助的具体方式或具体数额。随后，受赞助单位的代表上场。双方热情握手，然后由赞助单位代表正式将标有一定金额的巨型支票或实物清单双手捧交给受赞助单位代表。必要时，礼仪小姐要为双方提供帮助。在以上过程中，全体与会者应热烈鼓掌。

3. 双方代表分别发言

先由赞助单位代表发言，发言内容重在阐述赞助的目的与动机，还可介绍本单位的简况。然后由受赞助单位代表发言，集中表达对赞助单位的感谢。

4. 来宾代表发言

根据惯例，可以邀请政府有关部门的负责人讲话。其讲话内容主要是肯定赞助单位的义举，呼吁全社会积极倡导这种互助友爱的美德。至此，赞助会结束。

四、茶话会

茶话会一般只邀请为数不多的宾客参加。举行的时间在上午 10 点或下午 4 点左右，一般持续 1～2 个小时。

（一）茶话会的准备

正式的茶话会一般由主办单位或主办人事先发通知或请柬给被邀请人，其举办地一般在会议厅、客厅或花园。正式茶话会除了备有足够的茶水之外，一般还备有水果、糕点、瓜子、糖果等。正式茶话会的中心议题可以是祝贺、发感慨、谈感想、做总结、提建议、谈远景，也可以是吟诗作对、畅叙友谊，无固定格式，气氛比较活跃、轻松、自由。

举办茶话会时，除了准备上好的茶叶之外，还应注意擦净茶具。茶具一般以泥制茶具和瓷制茶具为最佳，其次是玻璃茶具和搪瓷茶具，也可用本单位专用纸杯。茶叶以绿茶为佳，应选用散装茶，而不用袋泡茶。茶水以七八分满为宜，将茶杯放在茶托上一同敬给客人。如有外宾参加，一般用红茶，也有以咖啡替代的。在我国，泡茶一般不加其他东西，但有些国家喜欢在泡茶时加入牛奶、白糖、柠檬片等。

正式茶话会有主办人和有关领导参加。主办人负责对来宾的迎送和招呼，并主持会议。有关领导也常常以普通与会者的身份发言。茶话会不排座次，宾主可以随意交谈。如有贵宾参加，入座时，应有意识地将其同主人安排坐到一起，其他人随意就座。

（二）茶话会进行时的注意事项

茶话会开始时，一般由主办人致辞，开宗明义地说明茶话会的宗旨，介绍与会单位代表或个人，为交际和谈话创造适宜的气氛。

茶话会主持人要随时注意来宾在茶话会上的反应，随时把话题引到大家都感兴趣的问题上来，或者轻松愉快的话题上。参加茶话会的每一个人都有义务维护茶话会的气氛，不使茶话会冷场，也不可使秩序太乱。

有人讲话时，与会者要专心致志地倾听，不要随意打断他人的讲话，也不可心不在焉，更不要妄加评论。自己发言时，用词、语气、态度要文明，神态自然，仪态端庄。自由交谈时应尽快找到共同话题，融洽气氛。

幽默风趣的语言在茶话会上是很受欢迎的，但要避免乱开玩笑而伤害他人自尊的行为。对自己的行为举止也要加以约束，不能随便走动，不能推推搡搡。

茶话会结束时，来宾应向主人道别，也要和新朋友、老相识辞行，不要中途退场或不辞而别。

茶话会应讲究实效，时间不宜过长，以1～2小时为宜。茶话会不带任务，追求气氛与聚会的效果，通过与会者的交谈、畅叙，以及坐在一起喝茶时共同创造的氛围，来感受他人的思想感情，增进相互间的了解和友谊。

第三节　节庆活动礼仪

一、庆典常识

节庆活动仪式是指在重要喜庆节日，为了对各类重大活动表示庆贺和纪念（如单位创建、开业，项目完工、落成，某一建筑物正式启用，某工程正式动工），按照一定的程序隆重举行的专门仪式。

对企业而言，仪式有着重要的作用，它有利于提高企业的知名度和美誉度，塑造良好的企业形象；有利于鼓舞员工的士气，激发员工对企业的热爱，培养员工的企业价值观念，增强企业的凝聚力；有利于传递企业的信息，使企业赢得更多的成功机会和合作伙伴；有利于沟通情感，传达意愿，增进友情。

庆典是各种节庆活动仪式的统称。在社交及商务活动中，参加庆典的机会很多，既可能奉命为本企业组织一次庆典，也可能应邀出席外单位的某一次庆典。

（一）开业典礼

开业典礼（又称开张庆典）主要为商业性活动，它不仅是一个简单的程序化庆典活动，而且是一个经济实体形象广告的第一步，标志着一个经济实体的成立。

一个企业的开业典礼，就是这个企业的经济实力与社会地位的充分展示。通常来说，公众习惯用对比的方法来看待开业典礼，比如某商场举行开业典礼，公众首先想到的是与其同等规模的其他商场开业时的情形，如来宾出席情况、庆典氛围的营造、庆典活动的整体效果等，对比之下，公众会对新开业的商场形成一定的看法，也就是认知程度的问题。如果印象比较好，对商场的信赖程度就会提高，无形之中成为潜在顾客。

开业典礼也是中国人的一项传统风俗，从沿海到内陆都有这种风俗，人们普遍认为开业典礼能给之后的商业活动带来好运。

（二）剪彩仪式

剪彩仪式是有关组织为了庆贺其成立、开业，大型活动开幕，大型建筑物落成，新造的车、船、飞机出厂，道路、桥梁落成首次通车，大型展销会、展览会的开幕而举行的一种庆祝活动。

20 世纪初，在美国的一个小镇上有家商店即将开业。为了阻止蜂拥而至的顾客在正式营业前闯入店内将用来吸引顾客的便宜货品抢购一空，店主随便找来一条布带子拴在了门框上。没想到这项临时性的措施更加激发了挤在店门外的人们的好奇心，他们更想早一点进入店内对即将出售的商品先睹为快。正当店门外的人们有些迫不及待时，店主的小女儿牵着一条小狗突然从店里跑出来，将拴在店门上的布带子碰落在地。人们误以为这是该店为了开张所搞的“新把戏”，于是一拥而入，大肆抢购。让店主转怒为喜的是，他的这家小店在开业之日的生意居然红火得令人难以置信。

剪彩，从一次偶然的“事故”发展为一项重要的活动程序，进而演变为一个隆重而热烈的仪式，其自身在不断发展、不断变化。例如，剪彩者先是由专人牵着一条小狗来充当，让小狗故意去碰落店门上拴着的布带子。后来，改由儿童担任，让他单独去撞断门上拴着的一条丝线。再后来，剪彩者又变成了妙龄少女，她的标准动作是当众撞落拴在门上的大红缎带。之后，剪彩则被定型为邀请社会贤达和当地官员，由其用剪刀剪断礼仪小姐手中所持的大红缎带。

（三）签字仪式

签字仪式是政府、部门、企业之间通过谈判，就政治、军事、经济、科技等某一领域的合作达成协议、缔结条约、签订协定或公约时举行的仪式。

签字仪式从形式上分为合作协议签字仪式、合作备忘签字仪式、个人签约某公司的签字仪式及多方合作协议签字仪式；从目的上分为内部纪念、见证和媒体发布。

签字仪式虽不算是一种纯礼仪性活动方式，但目前世界各国所举行的签字仪式都有比较严格的程序及礼节规范。这不仅显示出签字仪式的正式、庄重、严肃，同时也表明了双方对缔结条约的重视及对对方的尊重。

二、庆典的礼仪

（一）开幕仪式

开幕仪式一般在比较宽敞的活动空间进行，如门前广场、展厅门前、室内大厅等。开幕仪式的程序如图 8－5 所示。

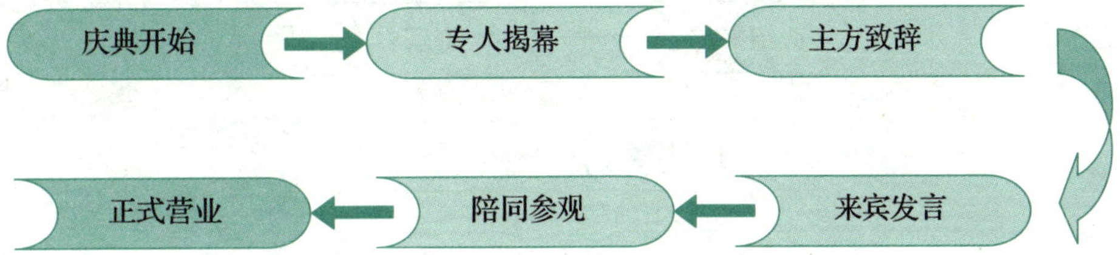

图 8－5 开幕仪式的程序

（二）奠基仪式

奠基仪式的举行地点应选择在动工修建建筑物的施工现场。在奠基仪式的举行现场设有彩棚，安放该建筑物的模型、设计图、效果图，并使各种建筑机械就位待命。

用来奠基的奠基石应是一块完整无损、外观精美的长方形石料。奠基石上的文字应当竖写，在其右上写上建筑物的名称，正中央应有“奠基”两个大字，左下刻有奠基单位的全称及举行奠基仪式的具体日期。奠基石上的文字，大都用楷体字刻写，并且最好用白底金字或黑字。在奠基石的下方或一侧，还应安放一只密闭完好的铁盒，内装与该建筑物相关的有关资料及奠基人的姓名。届时，它将同奠基石一起被奠基人等培土掩埋于地下，以志纪念。奠基时，奠基人双手持握系有红绸的新锨为奠基石培土，再由主人与其他嘉宾依次为之培土。奠基时应演奏喜庆乐曲或敲锣打鼓，营造良好的气氛。

（三）开工典礼

开工典礼即工厂准备正式投产时专门举行的庆祝性、纪念性活动。开工典礼大都在工厂的生产车间或矿山的主要矿井等生产现场举行。在典礼现场，除了司仪人员可以穿礼仪性服装之外，其他人员均应穿着干净整洁的工作服。开工典礼的程序如下：

（1）宣布仪式开始，介绍各位来宾，全体起立，奏乐。

（2）开工单位领导讲话。

（3）来宾致贺词。

（4）开工单位主要负责人陪同来宾到现场机器开关或电闸附近等地肃立。

（5）正式开工，由开工单位职工代表或来宾代表动手启动机器或合上电闸。全体人员鼓掌祝贺，并奏乐。

（6）在主人的带领下，全体来宾参观生产现场。

（四）落成典礼

落成典礼一般应在现场举行，如新落成的建筑物外面，纪念碑、纪念塔的旁边等。参加落成典礼要注意情绪，在庆贺工厂、大厦等落成时应表现出欢乐和喜悦，在庆祝纪念碑、纪念塔等落成时应表现得庄严而肃穆。落成典礼的程序如图 8－6 所示。

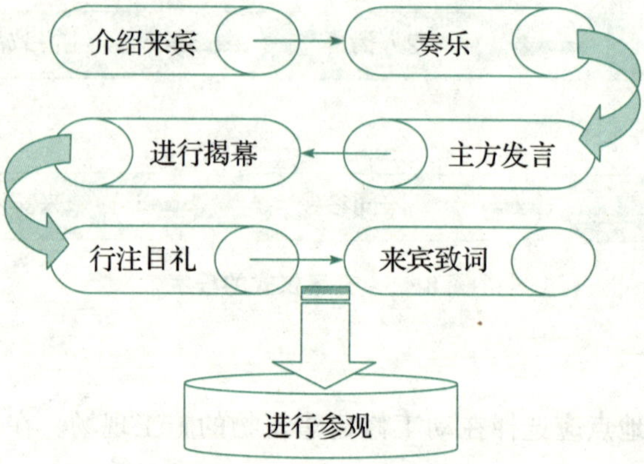

图 8－6　落成典礼的程序

（五）开通典礼

开通典礼即在重要的交通建筑完工并验收合格之后正式举行的启用仪式。举行开通典礼的地点应在公路、铁路、地铁与轻轨新线路的某一端，新建桥梁的某一头，或者新建隧道的某一侧。在现场附近及沿线两旁，应当适量插上彩旗、挂上彩带。必要时，还应设置彩色牌楼，并悬挂横幅。对汽车、火车或地铁列车等进行装饰，可在车头系上红花，在车身两侧插上彩旗、系上彩带、悬挂大幅醒目标语。开通典礼的程序如图 8－7 所示。

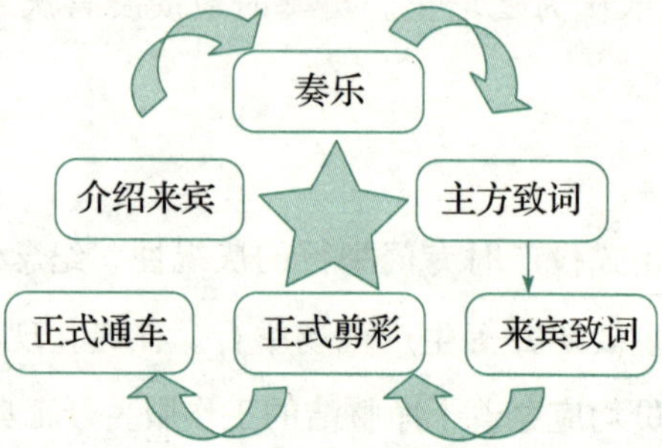

图 8－7　开通典礼的程序

三、开业典礼的礼仪

（一）做好舆论宣传

举办开业典礼的主要目的是提高企业知名度，塑造良好的企业形象，吸引社会各界关注，因此必须运用传播媒介广泛宣传。如刊登广告以引起公众注意，广告内容一般包括：开业典礼举行的日期、地点，企业的经营特色，开业时对顾客的优惠等。同时邀请新闻记者光临开业典礼进行采访、报道，进一步扩大企业影响。

（二）拟订宾客名单

在开业典礼前，主办方应邀请上级领导、知名人士、有关职能部门领导、社区负责人、社团代表及新闻媒介人士参加。对邀请出席的来宾，应提前一周将请柬邮寄过去或派人送达。

（三）布置现场环境

举行开业典礼的场所可以是室外的，也可以是室内的。在现场应悬挂开业典礼的横幅，在来宾站立处铺设红色地毯，会场两边可放置来宾赠送的花篮，四周悬挂彩带，并要准备好音响、照明设备，使整个场地的气氛显得隆重、热烈。在开业典礼举行前，主办方必须认真检查、调试设备，以防出现差错。

（四）安排接待服务

对来宾的接待服务工作要指派专人负责，重要来宾的接待应由负责人亲自完成。必要时，可安排专门的接待室。要准备好来宾的签到处、来宾留言簿，同时备好文具。为了便于来宾了解企业和庆典的情况，也可印刷一些宣传材料放入宣传袋，人手一份。

（五）拟订仪式程序

为了使开业典礼顺利进行，在筹备之时必须草拟具体程序，并定好称职的主持人。开业典礼的程序包括主持人介绍重要来宾、企业负责人或重要来宾致辞、剪彩或参观、座谈、联欢等。

（六）准备馈赠礼品

开业典礼上，向来宾赠送的礼品要突出纪念性，同时适当考虑宣传性，如选择的礼品与企业产品或企业形象相关，包装袋印上宣传语等。

四、剪彩的礼仪

剪彩作为一种庆典仪式，可以在开业典礼中举行，也可举行专门的仪式，以期引起社会各界的重视。

（一）邀请参加者

参加剪彩仪式的人员主要包括：主办单位负责人和组织仪式的人员，上级领导、主管单位负责人、知名人士、记者等来宾，主办单位的员工，有关管理人员和技术人员。主办方对剪彩仪式的参加者应做好接待工作。当宾客到达时，接待人员要请宾客签到，然后引领他们到指定的位置上。

（二）准备工作

剪彩仪式的主席台要事先布置好，主席台要蒙好台布，摆放茶水和参加人员的名牌。为了烘托热烈、隆重的喜庆气氛，可以邀请礼仪小姐参加剪彩仪式。礼仪小姐可从本企业中挑选，也可到礼仪公司聘请。礼仪小姐的仪容、仪表、仪态应文雅、大方、端庄；着装宜选择西式套装或红色旗袍，穿高跟鞋，配长筒丝袜，化淡妆，并以盘起发髻的发型为佳。人员确定后，要进行必要的分工和演练。剪彩仪式的用品如剪刀、白手套、托盘应按剪彩者人数配齐，准备系有花结的大红缎带约 2 米，馈赠的纪念性小礼品也应准备好。

（三）剪彩者形象

剪彩者是剪彩仪式的主角，其仪表、举止直接关系到剪彩仪式的效果和组织形象。因此，剪彩者要有荣誉感和责任感，衣着应大方、整洁、挺括，容貌要适当修饰，剪彩过程中要保持稳重的姿态、洒脱的风度和优雅的举止。

（四）仪式开始

主持人宣布剪彩仪式开始时，声音要洪亮。然后，向与会者介绍参加仪式的领导、负责人与知名人士，并向他们表示谢意，同时对在场的其他与会者表示感谢。仪式上可以安排发言，发言应言简意赅，充满热情，两三分钟即可，发言者一般为东道主的代表及向东道主表示祝贺的上级主管部门、地方政府与其他协作单位的代表。

（五）进行剪彩

主持人宣布正式剪彩之后，剪彩者应在礼仪小姐的引导下，步履稳健地走向剪彩位置。如果有多位剪彩者，应让中间主剪者走在前面，其他剪彩者紧随其后走向自己的剪彩位置，尊者居中，右侧高于左侧。当礼仪小姐用托盘呈上白手套、剪刀时，剪彩者可用微笑表示谢意并随即接过手套和剪刀。剪彩前要向手拉缎带的礼仪小姐点头示意，然后全神贯注、表情庄重地将缎带剪断。如果几位剪彩者共同剪彩，要注意协调行动，处在外端的剪彩者应用眼睛余光注视处于中间位置的剪彩者的动作，力争同时剪断缎带。此外，剪彩者还应与礼仪小姐配合，让彩球落于托盘中。剪彩者在放下剪刀后，应转身向周围的人鼓掌致意，并与主持人进行礼节性的谈话，然后在礼仪小姐的引导下退场。

除主持人和剪彩者外，助剪者也是剪彩活动的主要组成部分。一般而言，助剪者多由东道主一方的女职员担任，可以分为迎宾者、引导者、服务者、拉彩者、捧花者、托盘者。迎宾者的任务是在活动现场负责迎来送往；引导者的任务是在进行剪彩时负责带领剪彩者登台或退场；服务者的任务是为来宾尤其是剪彩者提供饮料、安排休息之处；拉彩者的任务是在剪彩时展开、拉直红色缎带；捧花者的任务是在剪彩时手托花团；托盘者的任务是为剪彩者提供手套、剪刀等用品。在剪彩时，可以安排助剪者与剪彩嘉宾交叉排列，助剪者托花，嘉宾剪彩；也可由助剪者协助嘉宾排好位置、摆好姿势后退后，前排只留嘉宾剪彩。

（六）参观庆贺

剪彩后，一般要组织来宾参观，有时还要宴请来宾，共同举杯庆祝。

五、签字仪式的礼仪

签字仪式是一种比较隆重的活动，礼仪规范也比较严格。

（一）签字仪式的准备

1. 准备待签文本

洽谈或谈判结束后，应指定专人按谈判达成的协议做好待签文本的定稿、翻译、校对、印刷、装订、盖印等工作。文本一旦签字就具有法律效力，因此，准备待签文本应当郑重、严肃。

有几方在文本上签字，主方要为签字仪式提供几份样本。如有必要，还应为各方提供副本。与外商签订有关协议、合同时，按照国际惯例，待签文本应同时使用宾主双方的母语。

待签文本通常应装订成册，并以仿皮或其他高档材料作为封面。规格一般为大八开，所用纸张高档，印刷精美。作为主方，应为文本的准备提供准确、周到、快速的服务。

2. 布置签字场地

签字仪式一般在会议室举行。布置的总原则是庄重、整洁、清净。

室内除了必要的签字用桌椅外，其他陈设都不需要。正规的签字桌应为长桌，其上最好铺设深绿色台布。

按照签字仪式的礼仪规范，签字桌应当横放，在其后可摆放适量的座椅。签署双边性文本时，可放置两张座椅，供签字人就座。签署多边性文本时，可以仅放一张座椅，供各方签字人签字时轮流就座；也可为每位签字人提供一张座椅。

在签字桌上应事先放好待签文本，以及签字笔、吸墨器等签字时所用的文具。与外商签署涉外商务合同时，须在签字桌上插放有关各方的国旗。插放国旗的位置与顺序，必须与礼宾序列对应。例如，签署双边性文本时，双方的国旗须插放在该方签字人座椅的正前方；签署多边性文本时，各方的国旗应插放在各方签字人的身后。

3. 安排签字人员

签字人员要视文本的性质来确定，可由最高负责人签字，也可由业务负责人签字，但各方签字人员的身份应该对等。参加签字的有关各方事先还要安排一名熟悉签字仪式详细程序的助签人，并商定好签字的有关细节。其他出席签字仪式的陪同人员，基本上是参加谈判的人员，人数最好大体相等。为了表示重视，各方也可对等邀请更高一层的领导出席签字仪式。

由于签字仪式的礼仪性极强，因此对签字人员的穿着也有具体要求。按照规定，签字人、助签人及随员在出席签字仪式时，应当穿着具有礼服性质的深色西服套装或西服套裙，并配以白色衬衫与深色皮鞋。

签字仪式上的礼仪接待人员，可以穿自己的工作制服或旗袍等礼仪性服装。

签字人员应注意仪态、举止，要落落大方、得体自然。

（二）签字仪式的程序

虽然签字仪式的时间不长，但其程序规范，气氛庄重而热烈。

1. 签字仪式开始

各方人员进入签字厅，按礼宾次序坐好或站立。以签署双边性文本为例，签字人员按照主居左、客居右的位置入座，其他陪同人员分主客两方以各自职位、身份高低为序，自左向右（客方）或自右向左（主方）排列站于签字人之后，或坐在己方签字人的对面。助签人分别站在两方签字人员的外侧，协助翻揭文本，指明签字处，并为已签署的文件吸墨防洇。签字仪式的现场安排如图 8－8 所示。

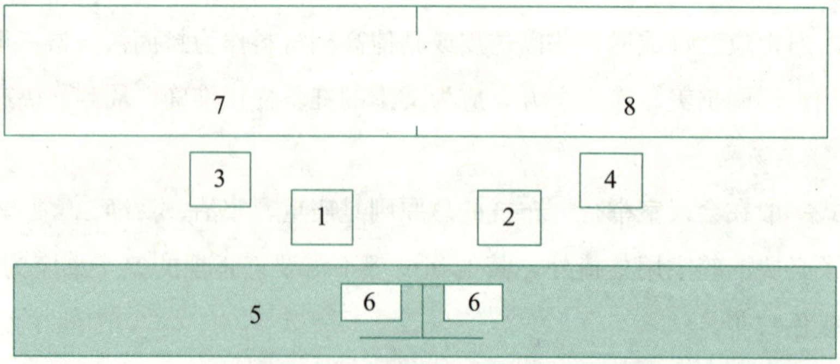

1：客方签字人；2：主方签字人；3：客方助签人；4：主方助签人；5：签字桌；
6：双方国旗；7：客方参加签字仪式人员；8：主方参加签字仪式人员

图 8－8　签字仪式的现场安排

2. 签字人签署文本

签字人签署文本通常的做法是先签署己方保存的合同文本，再接着签署他方保存的合同文本，这一做法在礼仪上称为“轮换制”。它的含义是在位次排列上，使有关各方都有机会居于首位一次，以显示机会均等、各方平等。

3. 交换文本

签字人员正式交换已经由有关各方正式签署的文本。交换后，各方签字人员应热情握手，互相祝贺，并交换各自方才使用过的签字笔。这时，在场人员应该鼓掌表示祝贺。

4. 共同举杯庆贺

交换已签订的文本后，礼宾小姐会用托盘端上香槟酒，有关人员，尤其是签字人员应当场干上一杯，这是国际上通用的旨在增添喜庆色彩的做法。

5. 有秩序退场

请最高领导及客方先退场，然后东道主退场。

整个签字仪式以半小时为宜。

第四节　商务谈判礼仪

一、商务谈判常识

（一）商务谈判的含义

谈判也称洽谈，是指业务各方为协调彼此关系、满足各自需求，通过协商、对话以争取达成一致意见的行为和过程。简单地说，就是指有关各方为实现一定的经济目的，明确各自的权利义务关系而进行的协商活动。

商务谈判的直接原因是参与谈判的各方有自己的利益需求，因而谈判的实质在于谈判各方利益的交换和切割，即各方权利义务关系的确定。

（二）商务谈判的特征

商务谈判一方面具有一般谈判的特征，另一方面也有其自身的一些特征：

（1）以获得经济利益为目的。

（2）以价值谈判为核心。

（3）谈判的行为特别是协议的达成不能突破各方的利益底线。

（4）各方所得利益的确定，取决于各自的谈判技巧和实力，以及各种相关的环境因素。

（三）商务谈判的过程

一场完整的商务谈判，一般要经过摸底、报价、磋商、缔约等几个阶段。谈判者应掌握每个阶段的不同内容和要求，灵活地运用谈判技巧。

1. 摸底阶段

摸底阶段（谈判开局阶段），即谈判人员见面入座开始洽谈，到话题进入实质内容之前这一阶段。这种摸底，是通过谈判方各自的陈述进行的。通过这种陈述，各方对己方能否满足对方的需要，以及各自的利益、条件、目标等都有了一定程度的了解，做到心中有数。具体来说，这一阶段的主要工作是营造洽谈气氛、交换意见和做开场陈述。

2. 报价阶段

在结束非实质性交谈之后，就要将话题转入有关交易内容的正题，即开始报价。这里所说的报价，不仅包括各方在谈判中提出的价格条件，还包括其他所有的要求。

3. 磋商阶段

谈判的磋商阶段是指报价阶段结束之后到缔结协议之前，谈判各方就实质性事项进行磋商的全过程，是谈判的关键阶段，也是最困难、最紧张的阶段。这一阶段也称为讨价还价阶段，一般包括磋商前的运筹、研究对手、讨价、还价几个方面。

4. 缔约阶段

（1）把握进入成交阶段的迹象，如买方提出有关付款方式、交货时间、运输等方面的问题时，买方进一步索取更详细的资料时，买方谈判人员的面部表情、手势等表现出成交意图时等。

（2）做最后的总结，主要内容包括：哪些问题已谈妥，还有哪些细节问题需要解决，达成的交易结果是否已达到各方期望的谈判目标等。

（3）最后一次报价。

（4）谈判记录及整理。

（5）签订书面协议。

二、商务谈判礼仪要点

虽然谈判讲究理智、利益、技巧和策略，但这并不意味着排斥人的情感、修养、礼节等所起的作用。在任何谈判中，礼仪都一向颇受重视。在谈判中以礼待人，不仅能体现出自身的教养与素质，而且会对谈判对手的情感、态度甚至谈判结果产生不可小视的影响。

一般而言，商务谈判的礼仪重点涉及谈判地点、谈判座次、谈判礼节等具体方面。

（一）谈判地点

在正式谈判中，谈判地点的确定很有讲究。具体而言，它又与谈判分类、操作细则两个问题有关。

1. 谈判分类

按照谈判地点的不同分类，谈判可分为主座谈判、客座谈判、主客座谈判、第三地谈判。上述四类谈判对谈判各方的利与弊不尽相同，各方均会主动争取有利于己方的选择。

2. 操作细则

对参加谈判的每一方来说，确定谈判的具体地点均事关重大。从礼仪上来讲，具体确定谈判地点时，有两个方面的问题必须为有关各方所重视：

(1) 协商确定谈判地点。在谈论、选择谈判地点时，既不应对对手听之任之，也不应固执己见。正确的做法是由各方各抒已见，最后协商确定。

(2) 做好现场布置。在谈判中身为东道主时，应按照分工，自觉做好谈判现场的布置工作，以尽地主之责。

(二) 谈判座次

举行正式谈判时，有关各方在谈判现场具体就座的位次，礼仪性要求很强。从总体上讲，排列正式谈判的座次，可分为以下两种基本情况。

1. 双边谈判

双边谈判即由两方人士所举行的谈判。其座次排列主要有两种形式可供选择，如图 8-9 所示。

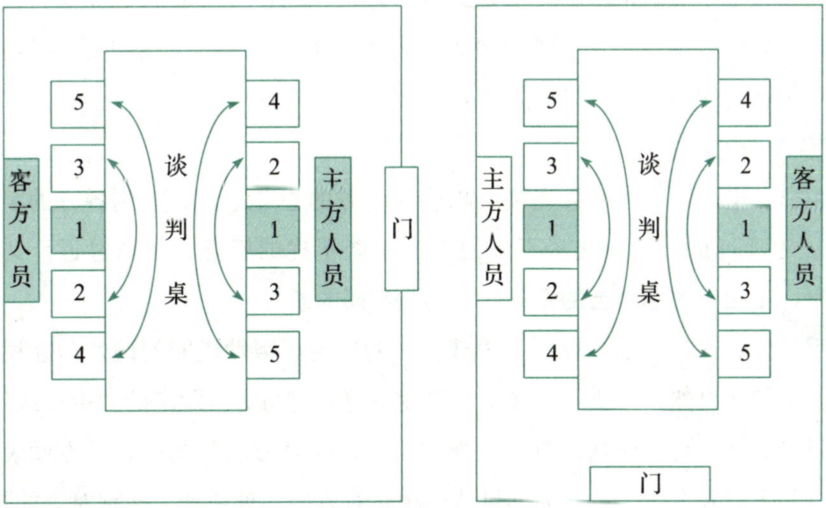

图 8-9 双边谈判座次排列

(1) 横桌式。横桌式座次排列，是指谈判桌在谈判室内横放，客方人员面门而坐，主方人员背门而坐。除双方主谈者居中就座外，双方的其他人士应依其身份的高低，按照先右后左、自高而低的次序分别在己方一侧就座。双方主谈者的右侧之位，在国内谈判中可坐副手，而在涉外谈判中则应由译员就座。

（2）竖桌式。竖桌式座次排列，是指谈判桌在谈判室内竖放。具体排位以进门时的方向为准，右侧由客方人员就座，左侧由主方人员就座。在其他方面，则与横桌式排座相仿。

2. 多边谈判

多边谈判的座次排列，主要分为以下两种形式：

（1）自由式。各方人士在谈判时自由就座，无须事先正式安排座次。

（2）主席式。主席式座次排列，是指在谈判室内面向正门设置一个主席之位，由各方代表发言时使用。其他各方人士，则一律背对正门、面对主席之位分别就座。各方代表发言后，须下台就座。

（三）谈判礼节

正式谈判时，谈判人员尤其是主谈者的礼节表现，往往会直接影响谈判的现场气氛。

1. 仪表端庄大方

谈判时一定要讲究穿着打扮，以表示对谈判的高度重视及对谈判对手的尊重。

（1）修饰仪表。参加谈判前，应认真修饰个人仪表，尤其要选择端庄、雅致的发型。男士应当剃须；女士应当化妆，妆容淡雅清新、自然大方。

（2）规范着装。着装应简约、庄重，深色套装（套裙）、白色衬衫并配以黑色皮鞋是最正规的。

2. 举止适度得体

在谈判场合中，对举止总的要求是适度，即坐、站、行等姿态既充满自信，又不令人难以接近；既热情友好，又不曲意逢迎；既不对有利于自己的事物和时机喜形于色，也不对不利于自己的事物和时机一筹莫展。

3. 体态语有礼有节

（1）距离。空间距离大小会直接影响谈判各方的心理距离。谈判各方的距离一般为1～1.5米。距离过远，会因交谈不方便而产生谈不拢的感觉；距离过近，又会让人拘束、不舒服，不利于表达自己的意见，特别是不同的意见。

（2）手势。说话时的手势有利于表现自己的情绪，帮助说明问题，增强说服力和感染力。但做手势要自然，不要过于频繁，幅度不要超过与对方距离的“中界线”。

（3）目光。一般要求谈判人员以平静的目光注视对方的脸与眼，一方面表示你在认真倾听对方的发言和意见，另一方面可从中观察对方的心理活动，捕捉对方的想法。

4. 保持谈判风度

（1）心平气和、处变不惊、不急不躁。在谈判中始终保持心平气和，是高明的谈判者所应具有的风度。

（2）争取双赢。谈判往往是一种利益之争，然而从本质上来讲，真正成功的谈判应当以妥协，即有关各方的相互让步为结局。也就是说，谈判不应当以“你死我活”为目标，而应当使有关各方互利互惠、各有所得，实现共赢。只注意争利而不懂得适当地让利于人，是不会赢得谈判的。

(3) 礼待对手。具体来讲，主要应注意两点：一是人事分开；二是讲究礼貌。在谈判过程中，谈判人员都应该待人谦和、彬彬有礼，即使存在严重的利益之争，也不应情绪激动，不尊重对方。

三、商务沟通

沟通是人们在互动过程中通过某种方式将信息从发送者传递给接受者，并获得理解的过程。商务沟通是指买卖双方为实现某种商品或劳务的交易，就多种交易条件进行的协商活动。商务沟通是一个心理博弈的过程。受文化背景、传统和政治、宗教等因素的影响，不同国家、不同客商的沟通习惯各不相同，它不仅会影响沟通者的行为举止，而且会影响其沟通方式。在这场博弈中，有效的沟通是取得胜利的关键。

在商务沟通中，除了良好的商业背景、雄厚的实力外，还需要有沟通的技巧，如看、听、说、问、答的技巧。有效的沟通包括以下几个要素：积极观察、善于倾听、长于陈述、有效提问、巧妙回答。

（一）积极观察——“看”的要诀

1. 眼睛所传达的信息

眼睛具有反映人们深层心理的能力，因此被誉为“心灵的窗户”。

(1) 根据目光凝视讲话者时间的长短来判断听者的心理感受。通常，与人交谈时，正常情况下，视线接触对方脸部的时间应占全部谈话时间的 30%～60%，超过这一平均值者，可认为对谈话者本人比对谈话内容更感兴趣。当然，有些人可能有自己的独特习惯，比如不愿凝视对方，而只是用心倾听，这应另当别论。

(2) 眨眼频率较高，有不同的含义。一方面，可能表示思维活跃，对某事物感兴趣；另一方面，可能表示个性怯懦或羞涩。在谈判中通常表示前者。

(3) 根本不看对方，而只听对方讲话，这是试图掩饰的表现。

(4) 眼神闪烁不定，这是一种反常的举动，常被认为是掩饰的一种手段，也是不诚实的表现。

(5) 瞳孔放大，眼睛炯炯有神，表示此人处于欢喜与兴奋状态；瞳孔缩小，目光无神，则表示此人处于消极、戒备的状态。实验证明，瞳孔所传达的信息是人无法用意志来控制的。

(6) 瞪大眼睛看着讲话的人，表示对对方有很大的兴趣。

眼神传递的信息还有很多，人类眼睛所表达的思想，有些确实只能意会而难以言传。这就要靠谈判人员在实践中用心观察和思考，不断积累经验。

2. 眉毛所传达的信息

（1）眉毛上耸，表示处于惊喜或惊恐状态。如“喜上眉梢”常用来形容人的喜悦。

（2）眉角下拉或倒竖，表示处于愤怒或气恼状态。

（3）眉毛迅速地上下运动，表示亲切、同意或愉快。

（4）紧皱眉头，表示处于困窘、不愉快、不赞同的状态。

（5）眉毛向上挑起，表示询问或疑问。

3. 嘴的动作所传达的信息

（1）紧紧地抿住嘴，表示意志坚决。

（2）撅起嘴是不满意和准备攻击对方的表现。

（3）遭遇失败时，人们往往咬嘴唇，可解释为自我惩罚或自我嘲解和内疚的心情。

（4）嘴角稍稍向后拉或向上拉，表示注意倾听。

（5）嘴角向下拉，表示不满和固执。

（二）善于倾听——“听”的要诀

善于倾听他人说话，有助于理解他人的情感、态度和真实意图，获得必要的信息。要想提高倾听的效果，就必须掌握“听”的要诀，克服倾听障碍。

1. 专心致志，集中精力倾听

心理学研究证明，倾听与思维的速度大约要比说话的速度快 4 倍，因此听者常常由于精力富余而“开小差”，或将注意力分散到研究对策上去，容易出现没有领悟对方用意或理解错误，甚至漏听了重要信息的情况。

倾听时应注视讲话者，与之进行目光接触，并做出相应的表情，如扬眉、微笑、点头，或否定地摇头、不解地皱眉等，这既可帮助自己集中注意力，也可让对方感受到自己的认真和重视。

2. 通过记笔记来集中精力

记笔记的好处在于，一方面，可以帮助自己回忆和记忆，充分理解对方所讲的话的确切含义；另一方面，可以给讲话者留下自己重视其讲话的印象，当停笔抬头注视对方时，又会对其产生鼓励作用。对商务谈判这种信息量较大且较为重要的活动来讲，一定要动笔做记录，不可过于相信自己的记忆力。

3. 有鉴别地倾听对方发言

人的语言有很大的伪饰性，在斗智斗勇的谈判中尤其如此。因此，听者需要在用心倾听的基础上，鉴别对方传递过来的信息的真伪，去粗取精、去伪存真，最终抓住重点。

4. 避免先入为主地倾听

先入为主地倾听，往往会扭曲说者的本意，忽视或排斥与自己心愿不符的意见，导致接收信息不准确、判断失误，进而造成行为选择上的失误。

5. 创造良好的谈判环境，使谈判双方愉快地交流

在整个谈判过程中，特别是在谈判的开始阶段，营造友好、合作、平和的谈判气氛是很重要的。

6. 不要因轻视对方、抢话、急于反驳而放弃倾听

事实上，自己对对方所讲的话听得越详尽全面，反驳起来就越准确有力。相反，如果对对方所讲的话的全部内容和动机尚未全面了解就急于反驳，不仅显得自己浅薄，而且会使己方在谈判中陷入被动。

（三）长于陈述——“叙”的要诀

商务谈判中的叙述包括入题和阐述两个部分。

1. 入题叙述技巧

谈判刚开始时，双方的谈判人员都有一种紧张的心理，尤其是一些重大谈判项目或谈判新手，心理负担会很重。在这种情况下，往往会出现冷场，或突然入题使双方不知所措，导致谈判陷入僵局。为了避免这种情况的发生，在谈判刚开始时可以采取如下语言策略：

（1）迂回入题。可以从介绍本企业情况入题，也可以从谈论本行业现状、以往的愉快合作，甚至谈论天气、问候对方旅途是否顺利等方面入题。

（2）先谈细节，后谈原则性问题。可以先谈一些双方容易达成一致的细节问题，使双方比较平和地进入谈判，为谈判的后期工作营造较好的气氛。

2. 阐述时需注意的问题

（1）在阐述过程中，语言应准确易懂、简明扼要、具体生动。

（2）发言紧扣主题、主次分明、层次清楚。

（3）语调、语速、音量适中，停顿和重复得当。

（4）陈述时实事求是，力求观点准确，与对方坦诚相见，以求得对方的真诚合作。

（5）观察对方的反应，随时调整自己的谈话内容、语气、声调，以适应对方的反应。

（6）善于使用解围用语，使自己从被动中走出来，如为了避免谈判陷入僵局，可以在陈述时加进“我相信，我们都不希望前功尽弃”之类的话语。

（7）所听到的第一句话和最后一句话给人留下的印象最深，对人的情绪影响也最大，所以在陈述问题时，不应用否定性语言结束陈述。

在谈判过程中，观点有时可以依据谈判局势的需要而发展或改变，但叙述方法要真诚、令人信服。

（四）有效提问——“问”的要诀

1. 把握提问的时机

一般情况下，发问的时机有三个：一是对方发言完毕之后；二是对方发言停顿、间

歇时；三是自己发言前后。前两种情况是为了不打断对方发言，第三种情况是为了进一步明确对方发言的内容，试探对方的反应。

2. 分清提问的场合，因人设问

不管是场内桌面上谈判还是场外私下谈判，是个人间谈判还是组织间谈判，都要求提问者注意环境场合的影响，提问应与对方的年龄、职业、性格、受教育程度、专业知识、生活经历相适应，提问对象的特点决定了提问应当率直、简洁还是含蓄、委婉，认真、周密还是诙谐、随意等。

3. 注意提问的有效性

（1）提问时态度要诚恳，注意对方的心境，尤其是不能指责对方的人格。对方正在阐述问题时不要提问，“打岔”是不尊重对方的表现。

（2）在非辩论性场合应以客观的、不表明立场的陈述性语言提问。“关于这个问题我们的立场是……请问大家有什么意见？”“这项计划基本上不再做什么更改，诸位还有什么建议？”这类过早带有限制性的提问，往往给人虚假的感觉。

（3）在辩论性场合要先用试探性的提问证实对方的意图，然后采用直接性提问方式，否则提问很可能不合时宜或遭到对方拒绝。如谈判者可以说：“我不知自己是否完全理解了您的意思。我听您说……您是这个意思吗？”如果对方肯定，谈判者才可以说：“如果是这样，那么您为什么不同意这个条件呢？”

（4）重要问题要事先准备好（包括提问的条件、措辞及由谁提问等），并设想对方的几种答案，针对这些答案设计好己方的对策。

（5）对新话题的提问不应在对方对某一个问题谈兴正浓时提出，应诱导其逐渐转向。

（五）巧妙回答——“答”的要诀

谈判中回答的要诀应该是：基于谈判效果的需要，准确把握该说什么、不该说什么及应该怎样说。

1. 回答问题之前，要给自己留出思考的时间

谈判经验告诉我们，在对方提出问题之后，可通过喝一口茶，或调整一下自己的坐姿，或整理一下桌子上的文件，或翻一翻笔记本等动作来延缓时间，考虑一下对方的问题。这样做既显得自然、得体，又能让对方感觉到你的从容镇定。

2. 把握对方提问的目的和动机，针对提问者的真实心理回答

谈判者在谈判桌上提出问题的目的往往是多样的，动机往往也是复杂的。如果经过周密思考，准确判断出了对方的用意，便可做出一个独辟蹊径的高水准的回答。

3. 对不合适或无意义的问题可以不回答

对应该让对方了解，或者需要表明己方态度的问题要认真回答，而对那些可能会有损己方形象、泄密或无聊的问题，谈判者也不必为难，不予理睬是最好的回答。

4. 对难以正面回答的问题可以顾左右而言他

有时，对方提出的某个问题己方可能很难直接从正面回答，但又不能以拒绝回答的方式来逃避。这时，谈判高手往往用避正答偏的方式来回答，即在回答这类问题时，故意避开问题的实质，而将话题引向别处，借以破解对方的进攻。

5. 对不知道的问题可以暂不回答

谈判中即使做了充分准备，也经常会遇到陌生的、难解的问题，谈判者对不懂的问题应坦率地告诉对方不能回答或暂不回答，以避免付出不应付出的代价。例如，对方问："新产品的价格为什么比老产品高出这么多?"可以答："新产品的价格是高了点儿，但是新产品在关键部位使用了优质进口零件，大大延长了产品的使用寿命。"对方问："这种新产品的价格与老产品的价格相差多少?"可以答："我相信产品的价格会令你们满意的，请允许我先把这种新产品的几种性能做一个说明。"对方问："您刚才说价格问题还可以商量，到底能降多少?"可以答："在没有谈妥订货数量和回款期之前，我无法谈这个问题。"

情境角色

（一）

某股份有限公司召开一年一度的股东大会，参加会议的有50余人，为了使会议顺利召开，公司公关部门要为此次股东大会草拟一个会议筹备方案。

实训要求：

(1) 确定此次会议的具体议程。

(2) 制作一个会议通知（要求格式正确、内容完整、文字和标点规范）。

(3) 为本次股东大会画出座次安排图。

操作练习：

每一位同学针对上述任务背景和要求，结合本章所学内容，制定一个由自己确定主题和议题的股东大会会议筹备方案。

（二）

为更好地满足教学需要，给广大师生提供更完善的教学基础设施和优越的学习环境，某职业技术学院筹建了新的综合图书馆，现已落成，为此将要举行剪彩仪式。

实训要求：

(1) 课前准备好剪彩仪式所需用的一切物品（如红缎带、剪刀、托盘、白手套等），在课堂上模拟剪彩仪式。

(2) 从剪彩物品的准备、剪彩人员的选定、剪彩的程序三方面说出剪彩仪式各环节的主要内容和相应的礼仪规范。

操作练习：

把全班同学分组，在小组内各位同学分别扮演任务中的剪彩者、助剪者和其他工作人员。运用所学知识完成上述任务，并由师生共同讨论与评价情景模拟中的表现。

（三）

某进出口贸易公司与某大型服装生产企业进行有关服装出口的业务洽谈，双方的谈判准备在贸易公司的会议室召开。主客双方主要参与谈判的人员各4人，主方贸易公司要为此次谈判做一个周密的安排。

实训要求：

（1）明确出席上述商务谈判场合应该注意的礼仪规范。

（2）模拟具体场景，为主客双方进行座次安排。

操作练习：每一位同学针对上述任务背景和要求，结合本章所学内容，制定一个商务洽谈准备方案。

第九章

宴请餐饮礼仪

导引

春节前夕，梅梅的父母从外地来陪她过年，梅梅的男友火速预订了他熟悉的餐厅，并在饭局上努力表现。可回到家，梅梅的父母发话了："你这个男朋友在我们眼里不合格！第一，订餐厅时没有征求过你的意见，也没有问过我们的饮食口味；第二，赶上节前宴请高峰，餐厅上菜慢，他反复催促服务员，态度很不友善，动辄就要投诉、叫经理；第三，席间他手机响了，他可以向对方表明自己有事，稍后联系，如果是急事，也可以说声"抱歉"后离席处理，但他却边吃边接了十几分钟的电话，我们只能坐在他对面尴尬地吃着。"听完父母的话，梅梅也跟着犹豫了。

饭桌见人品。如何对待他人，反映的不仅是礼貌和教养，还有情商。无论是外交、社交场合还是职场，宴请都是不可缺少的礼仪活动。要想在竞争激烈的领域中取得成功并保持良好的个人信誉和组织形象，就必须了解、熟悉和正确运用宴请礼仪。

第一节　宴请一般礼仪

一、宴请分类

宴请是指设宴者为表示欢迎、庆贺、饯行、答谢等，按照一定的规格和约定俗成的程序来隆重招待宾客的一种重要的社交应酬活动，是国际、国内社会交往中较高层次的礼仪形式。

不同国家、不同地区、不同民族都有着自己独特的饮食文化和生活习俗。国际上通用的宴请形式有宴会、招待会、茶话会、工作餐等。宴请应依据活动目的、邀请对象及经费开支等各种因素采用不同的形式。

宴会种类复杂，名目繁多。按照不同的划分标准，可归纳为不同的类型。按设宴的目的可以划分为欢迎宴会、答谢宴会、告别宴会、招待宴会。按举行宴会的时间可划分为早宴、午宴、晚宴。按宴会的餐型可划分为中餐宴会、西餐宴会、中西合餐宴会。按宴会的规格可划分为国宴、正式宴会、便宴、家宴。下面具体介绍几种。

（一）国宴

国宴特指国家元首或政府首脑为接待外国元首、政府首脑来访或在重要节日招待各界人士而举行的正式宴会。在我国，外国国家元首或政府首脑来访，国家主席或国务院总理为来访国宾举行正式欢迎宴会，或者每年国庆时国务院总理举行的招待会，都称为国宴。

国宴是规格最高的一种宴会形式。按照惯例，举行国宴的宴会厅内必须悬挂本国或主客双方国旗，安排乐队现场演奏国歌及席间乐。国宴由国家元首或政府首脑主持，席间主、宾双方先后致辞、祝酒。国宴所使用的请柬、席卡、菜单上都必须印有国徽，对菜肴的道数、出席者的着装和入场仪式等都有明确的规范要求，席位座次严格按照礼宾次序排列。

（二）正式宴会

正式宴会是相对于非正式宴会而言的，其规格和标准低于国宴，礼仪要求和服务程序也不如国宴严格。正式宴会除了不悬挂国旗、不奏国歌以及出席规格不同外，其余安排大体与国宴相同，可安排乐队奏席间乐。应邀宾客按照宴会要求着装赴宴，宾主均按身份排位就座。正式宴会对餐具、酒水、菜肴道数、陈设，以及服务员的装束、仪态等的要求都比较严格。宴会时间一般控制在一个半小时左右，要求菜肴搭配合理、营养美味，服务热情周到，宴会进程和节奏掌握恰当，迎送工作热情到位。

（三）便宴

便宴即便宴宴会的简称，是指形式比较简便的非正式宴会（区别于正式宴会）。这类宴会规模不大，形式灵活，菜肴的数量和酒水的档次可以根据主人的实力和客人的喜好而定。便宴的礼仪要求不如正式宴会严格，一般不发请柬，而以电话或口头形式进行邀请，席间通常不排席位，也不做正式讲话，对来宾的服饰也没有严格的要求。常见的便宴有午宴和晚宴，有时也有早上举行的早宴。便宴较随便、亲切，适用于日常交往中招待熟识的宾朋。

（四）家宴

家宴即在家中设宴招待客人，家宴在社交和商务活动中发挥着敬客和促进人际交往的重要作用。家宴往往由女主人亲自下厨烹调，家人共同招待客人，显得亲切、自然，让客人产生“宾至如归”的感觉。西方人喜欢采取这种宴请方式，以示友好、融洽。家庭聚会也是我国目前采用最多的一种宴请形式。这种宴会规模较小，形式简单，气氛亲切友好，适合宴请经常往来的至亲好友。

（五）酒会

酒会又称为鸡尾酒会，通常以酒类、饮料为主招待客人。酒会在西方国家较为流行，多用于庆祝各种节日、欢迎代表团访问及各种开幕、闭幕典礼等大型活动，人们可以利用这个机会进行社会交际和商务交际。

鸡尾酒会是一种比较简单、规格可高可低的款待朋友的方式，规格高的要发请柬，规格低的可以通过电话邀请。酒会形式较为灵活，不设座椅，宾主可随意走动、自由攀谈。酒会在时间上的要求也较宴会更加宽松，对宾客到达和退席的时间没有严格的限制，可以适当迟到、早退。宾客在着装上也不用过多讲究，穿便服就可以。

（六）冷餐会

冷餐会又称为冷餐招待会、自助餐招待会，是一种方便灵活的宴请形式。冷餐会的规模及隆重程度可视宾主双方身份、财力情况而定，举办时间一般安排在中午 12 时或下午 6 时，约进行 2 个小时。冷餐会的布置较正式宴会简便，一般不设固定席位，便于客人自由攀谈、广泛交往。冷餐会以冷食为主，但也常有热菜，用保温的托盘使之保持热度。食物一般放在餐厅或客厅中央的长条桌上，供客人们自由取菜，也可由服务员为客人们端送。

（七）咖啡宴

咖啡宴是以咖啡为主，辅以精致的甜品、水果来招待客人的一种宴请形式。咖啡宴通常在上午 10～11 时、下午 3～4 时举行。咖啡宴除讲究饮品的香浓纯正外，更加追求环境和情调的优雅。赴宴者应遵守常规礼仪，衣着典雅，谈吐高雅。

（八）工作宴

工作宴又称为工作餐，是现代国际交往中经常采用的一种省时、方便的非正式宴请形式。按照用餐时间，可分为早、中、晚餐。工作餐不重交际形式而强调方便务实，不需事先发请柬，只邀请与某项特定工作有关的人员，一般不请配偶。工作餐的座位安排往往以参加者职务的高低为序。在国外，有的工作餐采用“AA 制”，即就餐者各自付费。

二、宴请筹备

在社交中，宴请对宾客来说是一种较高规格的礼遇，所以主办单位或主人一定要认真、周到地做好各种筹备工作，从宴请的规模和规格、宴请的档次、宴请的范围和对象、邀请的方式到宴会的具体安排都应遵循严格的礼仪规范。

（一）设宴准备礼仪

1. 确定宴请目的

宴请的目的多种多样，可以是为代表团来访接风或送行，也可以是庆祝节日、盛大集会的开（闭）幕、重大工程的开（竣）工等。宴请的目的不同，设宴的规格、形式也不相同。宴请者只有明确宴请的目的，才能达到预期的宴请效果。

2. 确定宴请名义

宴请名义即以谁的名义发出宴请邀请。宴请名义既可以是单位，也可以是个人。如果是以单位名义宴请，一般由主要领导签名，以示庄重。宴请名义要求主客身份对等，即邀请者的职务、身份应与被邀主宾尽量一致。如果请主宾偕夫人出席，主人若已婚，则一般以夫妇名义发出邀请。

3. 确定宴请对象

邀请宴请对象时，一定要考虑邀请哪些人，主方请什么人作陪等。确定宴请对象及范围时须考虑多方因素，如宴请的性质、主宾的身份、国际惯例等。应力求在照顾各方面关系的前提下，尽量控制宴请范围，减少人数。宴请范围与规模确定后，就可以拟订具体的邀请名单，包括被邀请人的姓名、职务、称呼等。

4. 确定宴请形式

宴请采取何种形式，在很大程度上取决于设宴的目的、宴请对象，并兼顾东道主的习惯做法。一般而言，隆重、正式、规格高的以宴会为主，日常往来、人数较多的则冷餐会或酒会更为合适。群众性的节日活动，如妇女界活动等多用茶话会。

5. 确定宴请时间与地点

宴请时间的确定，应当根据宴请的目的和主宾的情况而定。一般不选择在重大节日、假日，也不安排在双方的禁忌日。例如，欧美人忌讳数字“13”，日本人忌讳数字“4”“9”等。应与主宾商定好宴会日期后再发出邀请。主宾同意的时间即可认为是最后确定的时间，可以按此约请其他宾客。宴请地点应尽量选择交通方便、环境幽雅、设备齐全、服务优质的场所。

（二）邀请礼仪

当宴请对象、时间和地点确定后，应向被邀嘉宾发出邀请。邀请方式通常有书面、口头、电话三种形式。大型宴会、正式宴会一般应提前制作、分发请柬，以便被邀请的宾客有充分的时间对自己的行程进行安排。便宴经电话或口头约妥后，可不发请柬。请柬一般提前1～2周发出，正式宴会即使已经口头约妥，仍应补送请柬。如果需要被邀请者答复能否出席，则请柬上一般应注上“请答复”或“因故不能出席请答复”，并注明电话号码。也可以在请柬发出后，通过电话询问对方能否出席。

请柬内容包括活动形式、举行的时间及地点、主人的姓名（如果以单位名义邀请，则用单位名称）。请柬中所提到的人名、单位名、节日名称都应用全称。中文请柬行文中不提被邀请人姓名（其姓名写在请柬信封上），主人姓名书于落款处。请柬可以印刷也可以手写，但手写字迹要美观、清晰。请柬样式如图9－1至图9－3所示。

请　柬

谨定于××××年××月××日下午××时在××饭店举行××宴会。敬请××先生及夫人届时光临。

请赐复为盼。

电话：××××××××

××单位

图9－1　中文横式请柬

请　　柬

送呈　×××　台启

谨定于

农历××××年××月××日

公历××××年××月××日

（星期×）

为

新郎×××先生

新娘×××小姐

举行结婚典礼喜筵

恭候

光临

席设：×××酒店

时间：下午××时××分

×××
×××　敬邀

图9－2　中文竖式请柬

INVITATION CARD

Mr. ×××× (邀请者)

头衔

Requests the pleasure of the company of

Mr. ×××× and Mrs. ××××（被邀请者）

at a dinner party

in honour of Mr. ××××（邀请者）

头衔

On Saturday，Sept. the 4th，2021

at ××（钟点）p. m.

at the ×××× Hotel，in ×××× Avenue

The favour of a reply is requested.

Tel：×××××××××

Dress：informal

August 16，2021

图 9-3　英文请柬

（三）拟订菜单

宴请是以独具特色的美味佳肴和醇香美酒款待宾客的一种饮食方式。拟订宴请菜单是对宴请菜点的整体设计和每道菜的具体设计，是宴请活动的关键一环。

宴请的酒、菜应根据设宴目的、宴请形式和规格进行合理安排。在拟订菜单时，应考虑宾客的饮食喜好、禁忌和健康等，并兼顾宴请成本、风味特色、时令季节、营养均衡等诸种因素。大型的宴请应尽量照顾到各个方面。菜肴道数和分量应适宜，如果菜肴安排太少，显得怠慢客人；反之，又会造成浪费。无论哪一种宴请，事先均应开列菜单，并征求主管负责人的同意。

（四）营造宴请氛围

1. 宴请的场景设计

宴会厅和休息厅的布置取决于活动的性质和形式。官方正式活动场所的布置应该严肃、庄重、大方，一般不用霓虹灯、彩带等装饰，可以点缀适量鲜花及一些极富特色的工艺品等。宴会厅的布置必须符合宾客的心理需求，突出主题，尽量保持环境幽雅，不受干扰。

2. 宴请的桌次、席位安排

在宴请中，桌次与席位是一个不可忽视的问题，一般都要事先安排好，使赴宴的宾客都能各就其位。宴请的桌次、席位安排将在本章第二节、第三节中阐述。

3. 宴请的台面设计

台面设计又称餐桌布置艺术，是指根据宴请主题对宴请餐桌用品进行合理搭配、布置和装饰。台面设计要求桌面中心造型新颖独特，餐具、餐巾等搭配合理、美观。宴请台面设计示例如图 9－4 所示。

图 9－4　宴请台面设计

宴请餐具十分重要，考究的餐具是对客人的尊重。依据宴请人数和酒类、菜品的道数准备足够的餐具是宴请的基本礼仪之一。

三、应邀出席

（一）赴宴准备

宴请是重要的交际活动，被邀请者只有具备良好的礼仪素养、遵守相关的赴宴礼仪规范，才能达到交流感情、增进友谊的目的。

1. 适时答复

无论主人采取何种邀请方式或自己能否赴宴，被邀请者都应适时给予答复。例如，正式宴会中，客人接到请柬后，一般采取寄回帖或电话的方式尽早答复主人能否出席，以便主人做出安排。隆重而正式的宴会，被邀请者如有特殊情况不能出席，应诚挚地向主人道歉，甚至登门致歉。

2. 修饰仪容

出席宴会前，应根据宴会的性质和习俗，适度修饰仪容仪表。正式宴会的请柬上往往注明赴宴的服饰要求，赴宴时要严格遵守。参加正式宴会时，男士着正装，穿皮鞋，最好打领带；女士穿礼服，配以同色系的手套。参加一般的家宴，衣着以整齐端庄的套装为宜，不可过于随意。女士应根据所处场合及自身条件适当化妆，力求高雅得体。

3. 酌情备礼

出席各种宴会，可酌情准备一些礼物，如鲜花、工艺品等。礼物应包装精美，并当面呈送，也有事先送达的。

（二）准时赴宴

出席宴请活动，抵达时间的迟早、逗留时间的长短，在一定程度上反映了对主人尊重与否。抵达时间过早、迟到或逗留时间过短都被视为失礼。出席宴会，应按照请柬上标明的时间准时到场。一般情况下，可在正点或晚一两分钟抵达。如果提前到达，可在附近逗留一会儿，调整好时间再前往宴会场所。如果迟到，应向主人致歉。一般而言，身份、地位高者可略晚到达，普通客人宜略早到达。

到达后，应先向主人致谢，并适时恭敬地递上礼物。经主人邀请或允许，到衣帽间脱下帽子、大衣和手套，然后由服务人员或主人引领步入休息室或宴会厅。

进入宴会厅后，找到自己的席次按位入座，并与其他宾客互相致意、交换名片。如果与其他人同时到达，应先照顾长者、女宾入座，自己再入座。

（三）就餐礼仪

当主人宣布宴会开始时，宾客可开始用餐。在中国，由男主人提议开始，在西方国家，则是由女主人宣布就餐开始。进餐过程中，应尊重饮食礼仪，注意仪态文雅，不可狼吞虎咽、摇头晃脑。席间，也不能吸烟、擤鼻子、化妆等。如有需要，应去吸烟室或化妆间处理。正式宴会上，不应拒绝主人的布菜。取菜时，应多次少取，特别是冷餐会，不要一次取过多。进食应闭嘴咀嚼，喝汤要轻缓，不可发出声音。骨头、鱼刺吐到筷子上、叉子上，再放入骨碟。嘴里有食物时，不与他人攀谈。剔牙时，用手遮住。就餐时，不得当众宽衣解带。照顾他人用餐时，应使用公筷和公勺。

就餐过程中，应当主动与同桌其他人交谈，特别是同主人代表交谈，不要总是和自己熟悉的人谈话，更不可独自一人高谈阔论。话题应轻松、高雅，忌谈隐私、单位内幕等，更不能对宴会安排或饭菜质量妄加评论。

进餐过程中如遇到餐具落地等意外事件，可请服务员帮忙处理。如不慎将酒、水、汤汁溅到他人衣服上，应表示歉意后递上手帕或餐巾。

（四）热情告别

宴会结束后，赴宴者应起身离席。一般而言，主宾先向主人告辞，然后其他宾客再陆续告辞。席间如果确有要事需提前退席，应向主人说明后悄悄离去，也可事前打好招呼，届时离去。作为应邀的赴宴者，应在道别时再次感谢主人的邀请和热情款待，也可向服务人员表示感谢。

宴会结束后，应再次以电话或书信的形式向主人的盛情款待表示衷心感谢，从而加深彼此的友谊，为今后的重逢、合作做好铺垫。

四、宴请过程

（一）宴请中主方的礼仪

宴请过程中的礼仪是宴请礼仪的重中之重，也是宴请者必须注意的一个重要的礼仪内容。具体礼节如下。

1. 门前迎宾

宴请开始前，主人应提前到正门迎接客人。正式、隆重的宴请，还可由其他主要人员陪同主人排列成行迎接客人。客人到达后，主人应主动上前握手问候，然后由工作人员送其到休息厅休息或进入宴会厅。休息厅内的服务人员帮助客人脱下外套、接过帽子，客人坐下后送上饮料。在休息厅里，可由相应身份的人员陪同客人。主宾到达时，由主人陪同主宾进入休息厅与其他客人见面。

2. 引导入席

引导入席时，主人应请客人从自己右侧上手位置走向宴会厅。主人陪主宾进入宴会厅主桌，接待人员引导其他客人入席后，宴会即可开始。

3. 致辞祝酒

正式宴会一般都有致辞和祝酒，但时间不尽相同。我国习惯在开宴之前致辞、祝酒。在致辞时，全场人员要停止一切活动，认真聆听，并响应致辞人的祝酒，互相碰杯，宴会正式开始。

4. 服务顺序

服务人员侍应，要从女主宾开始，没有女主宾的，从男主宾开始，接着是女主人或男主人，由此按顺时针方向进行。规格高的，由两名服务人员侍应，一个按顺序进行，另一个从第二主人右侧的第二主宾开始至男主宾前一位止。

5. 上菜与用餐

上菜应左手上右手下。上菜顺序一般为：冷盘—热菜—大菜—甜菜—点心—汤。上菜时机应选择恰当，空盘不宜堆积过多。上最后一道菜时应暗示酒宴已近尾声。上菜时按我国传统习惯，应“鸡不现头，鸭不现尾，鱼不现脊”，即不应把鸡头、鸭尾、鱼脊朝向主宾，而鱼头则应朝向主宾。每上一道菜，主人可适当介绍并邀主宾先动手品尝或给客人布菜。

用餐时，主人应努力使宴会气氛融洽，还要注意主宾用餐时的喜好，掌握用餐的速度。

（二）宴请中宾方的礼仪

1. 应邀

接到邀请后，不论能否赴约，都应尽早答复。如前所述，收到请柬的，要按请柬要求答复。不能应邀的，要婉言谢绝。接受邀请后不要随意变动，应按时出席。确有意外不能前去的，要提前解释并致歉。作为主宾不能赴约的，更应郑重其事地登门解释、致歉。

2. 掌握到达时间

赴宴不得迟到，迟到是非常失礼的；但也不可去得过早，去早了主人未准备好，难免尴尬。

3. 抵达

主人迎来握手，应及时向前响应，并问好、致意。

4. 入席

在服务人员的引导下入座，注意不要坐错位置。入座之后，坐姿要自然端正，不要太僵硬，也不要往后倒靠在椅背上。手肘不要放在餐桌上，不要托腮，眼光随势而动，不要紧盯菜盘。

5. 进餐

进餐时要文明、从容。当主人拿起餐巾时，自己便也可以拿起餐巾打开放在腿上，不要别在领口或挂在胸前。餐巾是用来防止菜汤滴在身上和用来擦拭嘴角的，不可用来擦餐具，更不要用来擦脖子、抹脸。咀嚼不要发出声音，喝汤要轻啜，对热菜、热汤不要用嘴去吹。就餐时，可脱下外套、西装，但不得解开领扣、松开领带。

6. 席间交流

边吃边谈是宴会的重要形式，应当主动与同桌人交谈，要特别注意同主方的人交谈，不要总是和自己熟悉的人谈话。话题要轻松、高雅、有趣，不要涉及对方敏感、不愉快的问题，不要对宴会和饭菜妄加评论。

7. 退席

主人和客人都应把握好宴会的节奏与时间，宴会一般持续 1.5～2 小时，不宜过长或过短。当客人酒足饭饱、气氛达到高潮时，适时送上水果，意即宴会接近尾声。用完水果后，主人宣布宴会结束，感谢客人的光临。如有其他娱乐活动，可邀客人自愿参加。

客人提出告辞，主人应再次对其出席宴会表示由衷的感谢，并将其送至大门口；也可由主人带领迎宾人员依次与客人热情握手告别，并目送客人离开。

第二节 中餐宴会礼仪

一、中国名菜常识

中国烹饪是世界三大烹饪流派之一，因其发展历史悠久、文化内涵博大精深、特色丰富且使用人口最多而闻名于世。中国烹饪经历代名厨传承至今，形成了各具特色的菜系。从 20 世纪 50 年代开始，中国有“四大菜系”之说，即鲁菜（山东）、川菜（四川）、淮扬菜（江苏）、粤菜（广东）。后又有“八大菜系”之说，即除了老“四大菜系”外，还有浙菜（浙江）、闽菜（福建）、徽菜（安徽）、湘菜（湖南）新“四大菜系”。再加上京菜（北京）、海菜（上海），就是“十大菜系”。

受历史、地理位置、资源特产、饮食习惯等因素的影响，代表各地色、香、味、形的传统烹饪技艺各具风韵，各大菜系的菜肴也独具特色。

（一）鲁菜

鲁菜位列八大菜系之首，是我国覆盖面最广的地方菜系。鲁菜发端于春秋战国时的齐国和鲁国（今山东省）。鲁菜菜系由内陆的济南菜、沿海的胶东菜（以海鲜为主）及自成体系的孔府菜构成，对宫廷菜、京菜的形成有重要的影响。

1. 鲁菜特色

（1）选料丰富、广泛，主要以当地丰富多产的海鲜水产、瓜果蔬菜、牲畜野味等为材料。

（2）口味纯正浓厚，以咸鲜为主，讲究原汁原味，很少有复杂的合成味道，善于用葱香调味。

（3）精于调制清汤和奶汤，清汤色清而鲜，奶汤色白而醇。

（4）烹调方法以爆、炒、扒、熘最为突出，具有鲜、嫩、香、脆的特色。

2. 代表菜肴

葱爆海参、糖醋鲤鱼、清蒸加吉鱼、九转大肠、锅塌豆腐、油爆双花、红烧海螺、炸蛎黄、蟹黄鱼翅、扒原壳鲍鱼、绣球干贝、锅烧肘子、炒芙蓉蟹黄等。

（二）川菜

发源于巴蜀之地的川菜是历史悠久、地方风味极为浓郁的菜系，在我国烹饪史上占有重要地位。川菜品种丰富、味道多变、适应性强，以味多、味美及独特的风格赢得了世人的青睐，有“食在中国，味在四川”的美誉。

1. 川菜特色

（1）取材广泛，调味多变，重用“三椒”（辣椒、花椒、胡椒）。

（2）菜式多样，口味“一菜一格，百菜百味”，以善用麻辣、怪味、鱼香而著称。

（3）烹调方法别具一格，以小炒、干烧、干煸等为主。

2. 代表菜肴

宫保鸡丁、干烧岩鲤、回锅肉、麻婆豆腐、夫妻肺片、鱼香肉丝、樟茶鸭子、干煸牛肉丝、怪味鸡块、锅巴肉片、灯影牛肉、水煮牛肉等。

（三）淮扬菜

淮扬菜是以淮安的淮菜和扬州、镇江一带的扬菜为代表的江苏地方菜系。淮扬菜是我国烹饪“以味为核心，以养为目的”的本质特征的体现，素有“东南第一佳味，天下之至美”的美誉。许多重大宴会都以淮扬菜为主。

1. 淮扬菜特色

（1）选料严谨，以水产为主，注重鲜活。

（2）刀功精细，菜肴形态精致雅丽。

（3）讲究火功，擅长炖、焖、煨、焐、蒸、烧、炒等烹饪方法。

（4）口味清淡醇和，追求原汁原味。

2. 代表菜肴

清炖蟹粉狮子头、大煮干丝、文思豆腐、三套鸭、水晶肴肉、松鼠鳜鱼、梁溪脆鳝等。

（四）粤菜

粤菜即广东地方风味菜，由广州菜、潮州菜、东江菜组成，以广州菜为其主体。粤菜吸取了外来的各种烹饪原料和烹饪技艺，以丰富多样的菜式和独特的韵味享誉海内外。

1. 粤菜特色

（1）用料广博而杂，注重生猛。

（2）技艺精良，讲究火候，以炒、煎、焖、炸、煲、炖、扣等烹调方法见长。

（3）菜肴注重色、香、味、形，口味时令性强，以清、鲜、嫩、脆为主。

2. 代表菜肴

白切鸡、白灼海虾、脆皮乳猪、油泡鲜虾仁、清蒸海鲜、爽口牛丸、东江盐焗鸡、佛手排骨等。

（五）浙菜

浙菜即浙江菜，其烹饪已有几千年的历史。浙菜以杭州菜、宁波菜、绍兴菜和温州菜为代表。

1. 浙菜特色

（1）选料注重细、特、鲜、嫩。

（2）烹调方法以爆、炒、烩、炸为主，讲究色、香、味、形、器并重，注重菜肴的营养价值。

（3）各地口味有所不同，杭州菜清新爽脆，宁波菜注重原汁原味，绍兴菜讲究汤浓味重，富有乡村风味。

2. 代表菜肴

西湖醋鱼、干菜焖肉、龙井虾仁、荷叶粉蒸肉、东坡肉、虎跑素火腿、西湖莼菜汤等。

（六）闽菜

闽菜又称福建菜，由福州菜、闽南菜、闽西菜组成。

1. 闽菜特色

（1）选料以海鲜和山珍为主。

（2）注重刀功，烹调细腻，注意调味，汤菜考究，滋味清鲜。

2. 代表菜肴

佛跳墙、沙茶焖鸭块、荔枝肉、扳指干贝等。

（七）徽菜

徽菜是指徽州菜，而不是安徽菜，但徽菜是安徽菜的组成部分和重要代表。

1. 徽菜特色

（1）擅长烧、炖等烹饪方法。

（2）注重以火腿调味，冰糖提鲜，保持原汁原味。

（3）讲究火功，不少菜肴都是用木炭火单炖。

（4）重色。

2. 代表菜肴

火腿炖甲鱼、黄山炖鸽、腌鲜鳜鱼、徽州毛豆腐、徽州桃脂烧肉、红烧划水、问政山笋、清蒸石鸡等。

（八）湘菜

湘菜是我国历史悠久的一个地方风味菜系，以湘江流域的长沙菜、衡阳菜、湘潭菜为主。湘菜历史悠久，烹调技艺高超。

1. 湘菜特色

（1）用料广泛，品种繁多。

（2）刀工精细，讲究形味兼美。

（3）烹饪以煨、炖、腊、蒸、炒等为主。

（4）口味多变，注重酸辣、香鲜、软嫩、色浓。

2. 代表菜肴

海参盆蒸、五元神仙鸡、板栗烧菜心、腊味合蒸、油辣冬笋尖、走油豆豉扣肉、麻辣子鸡、洞庭金龟、东安仔鸡、面包全鸭等。

二、中餐宴会桌次和席位

（一）中餐宴会的桌次安排

中餐宴会一般采用圆桌布置菜肴、酒水。如果采用一张以上圆桌安排宴请，排列圆桌的桌次时应遵循以下原则。

1. 以右为尊

当各桌横向排列时，面门而坐，以右边的座次为尊，左侧的座次为卑。如图 9-5 所示。

2. 以远为上

当餐桌纵向排列时，以离宴会厅正门远的餐桌为主桌。如图 9-6 所示。

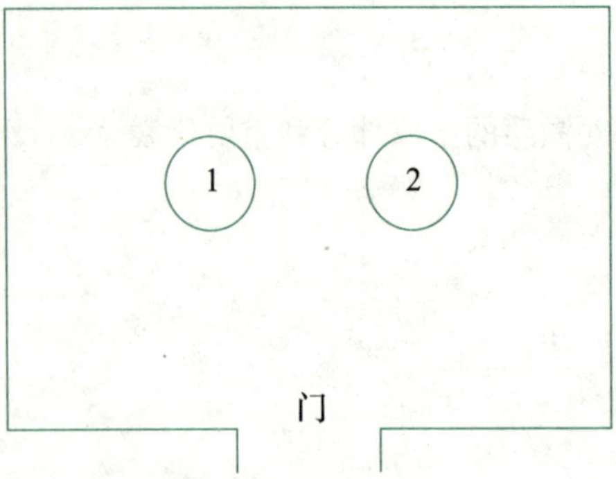

图 9-5　以右为尊

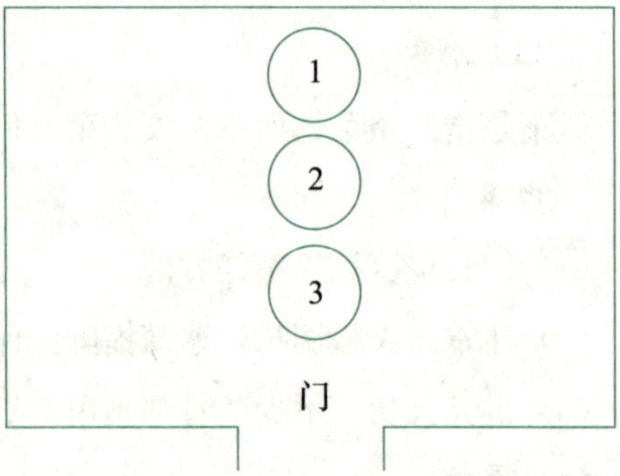

图 9-6　以远为上

3. 居中为上

各桌围绕在一起时，居于中间的为主桌。这种桌位一般用于婚宴等民间聚会或一般聚会，正式宴会不宜采用这种桌位。如图 9-7 所示。

4. 临台为上

若宴会厅内设有讲台，距离讲台最近的餐桌为主桌。如图 9-8 所示。

在桌次较多的情况下，上述排列原则往往交叉混合使用，并摆上桌次牌。餐桌的具体摆放还要根据宴会厅的地形条件而定。各类宴会餐桌摆放与座位安排都要整齐统一，椅背纵横成行，台布折纹要向着一个方向，给人以整体美感。

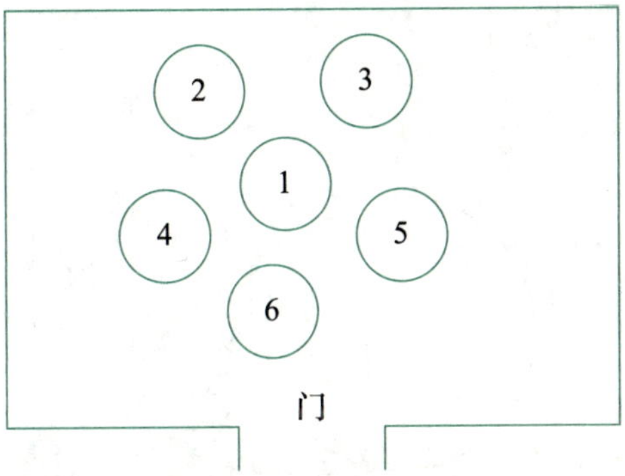

图 9-7 居中为上

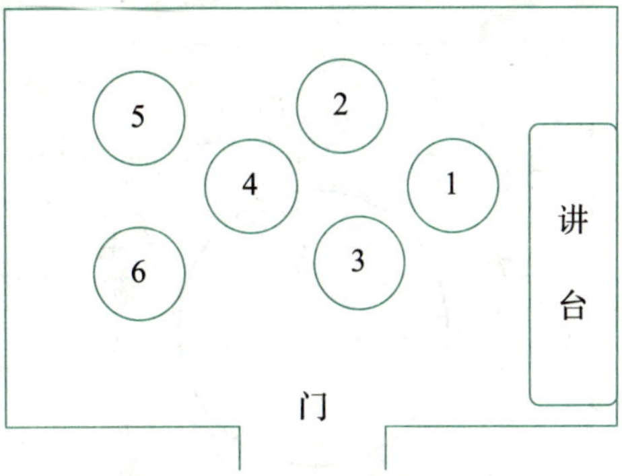

图 9-8 临台为上

（二）中餐宴会的席位安排

席位是指在同一餐桌上的席位高低、主次、尊卑之别。礼宾次序是安排席位的主要依据，排列席次应遵循以下原则。

1. 面门为上

各桌的主位面向宴会厅大门的席位高于其他席位。如图 9-9 所示。

2. 主宾居右

各桌的主位右侧的席位高于左侧的席位，并以此类推。如图 9-10 所示。

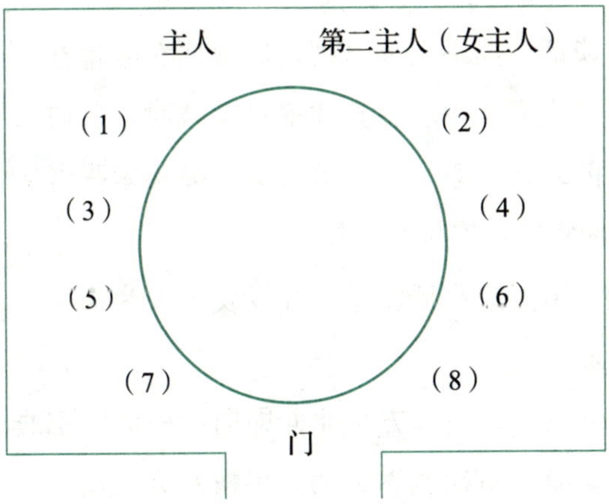

图 9-9 面门为上

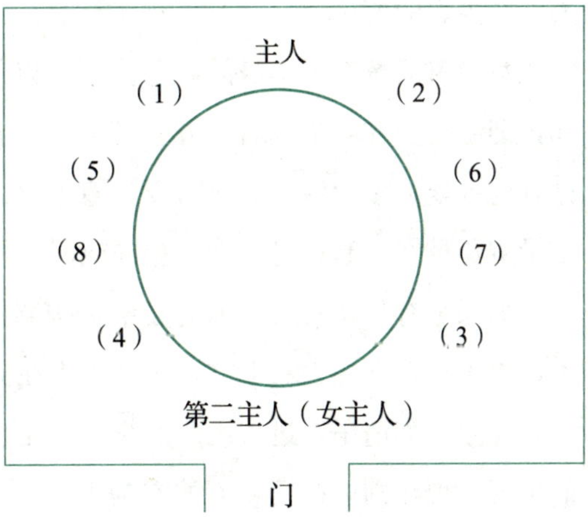

图 9-10 主宾居右

3. 观景为佳

在参加一些宴会时，外面有比较好的景致或宴会过程中有精彩演出供就餐者观赏，此时应以观景角度最佳者为上座。

4. 各桌同向

主桌之外的其他各桌的主陪之位可保持方向一致，既可与主桌一致（如图 9-11 所示），也可面对主桌主人方向，便于两桌交流、互动。

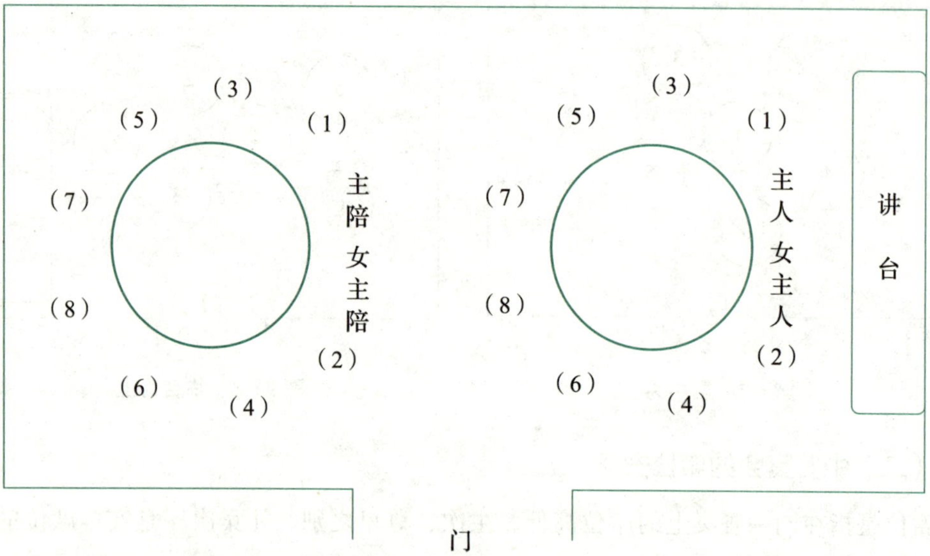

图 9-11　各桌同向

另外，中餐宴会的桌次及席位宜为双数，取“好事成双”之意。一般每张圆桌上安排的用餐人数限于 10 人。

当主宾身份高于主人时，为了表示尊重，可将主宾安排在主人席位上就座，而请主人坐在主宾的席位上。

我国习惯按客人本身的职务排列，以便于谈话。如果夫人出席，通常把女方排在一起，即主宾坐在男主人右上方，其夫人坐在女主人右上方。在具体安排席位时，还应考虑其他因素。多边活动时，需要注意宾客之间的政治关系，政见分歧大、关系紧张者应尽量避免排在一起；身份大体相同或同一行业的宾客可安排在一起。

如果是有外籍友人参加的宴请，按照惯例，男女应穿插安排，并以女主人为第一主人，男主宾在女主人右上方，主宾夫人在男主人右上方。

在家庭宴请中，过去用八仙桌，因正房坐北朝南，所以方桌北面即向南一面为主宾的位置。现在则以迎门一方的左为上、右为下，是为首次两席。两旁仍按左为上、右为下依次排位。主人则背门而坐。

席位排妥后，应将制作好的席位卡置于餐桌上。席位卡在开席时应由服务人员取走。便宴、家宴可以不放席位卡，但主人对客人的席位也要有大致的安排。

三、中餐宴会就餐

（一）中餐宴会餐具

宴请宾客，宴会摆台特别是餐具的摆放十分重要，这是对客人的尊重。宴请筹备时，应依据赴宴人数和酒类、菜品的道数准备足够的餐具，这是宴会的基本礼仪之一。餐桌上的一切物品都应干净、卫生，桌布、餐巾都应浆洗洁白并熨平。餐具、酒具配套齐全，摆放相对集中，距离相等，图案、花纹要对正，做到既有艺术性，又方便宾客使用。中餐宴会餐具摆放示例如图 9－12 所示。

图 9－12 中餐宴会餐具摆放

中餐宴会餐具包括筷子、骨碟、汤碗、匙、小碟、酱油碟等。骨碟距桌边 1 厘米，瓷勺摆在勺垫上，置于骨碟左前方 1 厘米。葡萄酒杯位于骨碟正前方，白酒杯摆在葡萄酒杯的右侧，将插有叠好的餐巾花的水杯摆在葡萄酒杯的左侧，三套杯横向成一条直线，杯间距为 1 厘米。筷架应放在骨碟的右侧，将带筷套的筷子放在筷架上，筷子末端距离桌边 1 厘米。

如果宴请外宾，除筷子外，还要摆上刀叉等西餐用具。

餐桌上应视人数和宴会规格摆放公用碟、公用勺、公用筷等。通常每桌还备有牙签及酱油、醋、辣油等佐料，供宾客选用。原则上，大型中式宴请及正式宴请是不提供烟灰缸的，如果是家宴及便宴，知晓客人会抽烟，可以在餐桌上摆放烟灰缸。

（二）中餐宴会菜序

中餐宴会菜点的组配富于变化，注意荤素、咸甜、浓淡的搭配。上菜的一般顺序是：先冷菜、热菜、汤，中间穿插面点、甜食，最后是水果。这种菜序，有“龙头、象肚、凤尾”之说。

冷菜通常由 4～6 种造型美观、小巧玲珑的冷盘组成，好似“龙抬头”，起到先声夺人的作用。如四川的“九色攒盒”等。

热菜紧接在冷菜之后，由热炒、主菜组成。热菜是宴会的“象肚”，质量要求较高。

热炒是主菜前起承上启下作用的菜肴，一般由 4～6 道速成菜组成。可以连续上席，也可以在主菜中穿插上席，一般质优者先上、质次者后上，突出名贵物料；清淡者先上、浓厚者后上，防止口味的互相抑制。

主菜在宴会中有着举足轻重的地位和作用，其成本占食品总成本的50%～60%，通常由山珍菜、海味菜、肉畜菜、禽蛋菜、水鲜菜等组成。主菜的道数通常是4、6、8等偶数，因为中国人普遍认为偶数是吉数。其出菜顺序多以口味清淡和浓厚搭配或干烧、汤类搭配为原则。

汤菜种类甚多，在我国有"无汤不成席"之说。传统宴会筵席中有首汤、二汤、中汤、主汤和饭汤之分。目前较重视的是主汤，即主菜中的最后一道菜，一般规格较高。

甜点泛指宴会中的一切点心、甜菜，用以改善营养、调剂口味、增加滋味等。用料多选果、蔬、菌或畜、禽、蛋、奶。如冰糖燕窝、什锦果羹、蜜汁莲藕、拔丝香蕉等。

水果是中餐宴会的最后一道菜，主要是由苹果、菠萝、梨、香蕉等组成的水果拼盘，讲究色、形，故有"凤尾"之说。

（三）中餐宴会就餐礼仪

入座后坐姿要端正，不可玩弄桌上的酒杯、盘碗、刀叉、筷子等餐具，不要用餐巾或口纸擦餐具。

宴会开始时，一般是主人先致祝酒词。此时应停止谈话，不可吃东西，注意倾听。致辞完毕，主人招呼后，即可开始进餐。

用餐前可将餐巾打开铺在盘下或腿上。用餐完毕将餐巾叠好放在盘子右侧，不可放在椅子上，也不可叠得方方正正而被误认为未使用过。餐巾只能擦嘴，不能用于擦脸、擦汗。服务员送的香巾是用来擦脸的，擦完后要放回原盛器内。

中餐宴会的主要进餐工具是筷子，因此，应使用标准的握筷姿势。用餐过程中，不要将筷子含在口中；不可用筷子剔牙；中途与人交谈或使用其他餐具时，应将筷子置于筷架上；不能用筷子指点别人。

吃食物要文雅，不可伸嘴去迎食物。食物过热时，可稍凉后再吃，切勿用嘴吹凉。鱼刺、骨头、菜渣等不可直接外吐，要用餐巾掩嘴，用筷子取出，或轻吐在叉匙上，放在碟中。剔牙时，要用餐巾遮口，不可边走动边剔牙。吃剩的菜，用过的餐具、牙签等应放在碟中，勿置于桌上。

（四）中餐宴会饮酒礼仪

中国人讲究"无酒不成席"，在中餐的筵席上，酒是不可缺少的。酒在聚朋会友、沟通信息、传递友情等交际过程中发挥着重要的作用。目前，我国的宴会用酒主要有白酒、啤酒、葡萄酒、香槟酒等。酒一般与主菜同时上桌。

1. 斟酒

一般情况下，男主人为了表示对来宾的敬重，要亲自为其斟酒。斟酒时要一视同仁，斟酒的顺序一般从自己所坐之处开始依顺时针方向依次进行，也可先为嘉宾、尊长斟酒。当主人前来斟酒时，宾客可端起酒杯起身站立致谢或欠身点头为礼，也可行叩指礼。

2. 祝酒

一般由主人提议大家干杯并向来宾祝酒。祝酒前应先了解对方的意愿，不可贸然行事。主人和主宾先碰杯，人多时可同时举杯示意，不必碰杯。碰杯时，要目视对方致意，不要交叉碰杯。在主人和主宾致辞、祝酒时，其他人员应暂停进餐，停止交谈，注意倾听。“酒能成礼，过则伤德。”因此，饮酒应控制在自己酒量的三分之一，切忌饮酒过量而失态。

3. 敬酒

敬酒应以年龄大小、职位高低、宾主身份为先后顺序，避免出现尴尬或失礼。如因生活习惯或健康等因素不能饮酒，可由亲友、部下、晚辈代喝或者以饮料、茶水代替，不可勉为其难。

在中餐宴会上，干杯前，一般要象征性地和对方碰一下酒杯，碰杯时应该尽量让自己的酒杯低于对方的酒杯，以示尊重。当离对方较远时，也可以用酒杯杯底轻碰桌面的方式表示与对方碰杯。主人亲自敬酒干杯后，应回敬主人，和其再干一杯。

第三节 西餐宴会礼仪

一、西餐常识

由于受民族、习俗等因素的影响，不同国家和地区的西餐宴会，其餐具、摆台、酒水、菜点、用餐方式、礼仪等都与中餐宴会有较大的差别。目前，我国的涉外活动不断增多，西餐宴会已成为我国招待、宴请活动的一种重要形式。

西餐是欧美国家菜肴的总称，主要包括法式菜、英式菜、意式菜、美式菜、俄式菜。

（一）法式菜

法式大餐名列世界西餐之首。法国人一向善于吃并精于吃，法国的烹饪技术更是闻名于世。

1. 法式菜肴的特点

（1）选料广泛，常选用蜗牛、鹅肝、野鸡等名贵原料。

（2）烹调考究，一般采用煎、炸、烧、烤、炒、焗、焖等方法。

（3）注重火候，讲究菜肴的鲜嫩，多为半熟或生食。

（4）重视调味，喜用丁香、胡椒、香菜、大蒜、番茄汁等作为调料，口味喜肥、浓、鲜、嫩，偏爱酸、甜、咸味。

（5）善于将酒作为佐料，什么菜选用什么酒都有严格的规定，如清汤用葡萄酒，海味品用白兰地，甜品用各式甜酒或白兰地等。

2. 法式菜肴的名菜

法式鸡扒、鹅肝排、焗蜗牛、巴黎龙虾、拿破仑千层酥、红酒山鸡、沙福罗鸡、马赛鱼羹、鸡肝牛排等。

（二）英式菜

英国烹饪简洁而不失礼仪，英式菜素有“家庭美肴”之称。

1. 英式菜肴的特点

（1）选料常用水产、海鲜及各式蔬菜，菜量要求少而精。

（2）烹调方法以蒸、煮、烧、熏、烩等见长。

（3）烹饪讲究鲜嫩，调味时较少用酒和油，口味清淡，调味品大都放在餐台上由客人自己选用。

2. 英式菜肴的名菜

鸡丁沙拉、烤大虾、薯烩羊肉、烤羊马鞍、冬至布丁、皇家奶油鸡等。

（三）意式菜

意式菜源于罗马帝国时代的意大利菜系，典雅高贵而又浓重朴实，被誉为“西餐之母”。意式菜肴对欧美国家的餐饮产生了深远影响。

1. 意式菜肴的特点

（1）讲究原汁原味，以味浓著称。

（2）讲究火候的运用，烹调以炸、炒、煎、烩等方法见长。

（3）菜品非常丰富，除了比萨饼和意大利粉外，海鲜和甜品也闻名遐迩。

（4）面食的做法、吃法甚多，各种形状、颜色、味道的面条有几十种。意式馄饨、意式饺子等也深受意大利人的喜爱。

2. 意式菜肴的名菜

通心粉素菜汤、焗馄饨、奶酪焗通心粉、肉末通心粉、比萨饼、鲜肉盘、红炖白豆牛肚等。

（四）美式菜

美式菜是在英式菜的基础上发展起来的，继承和发扬了英式菜简单、清淡的特点，口味咸中带甜且营养、快捷。

1. 美式菜肴的特点

(1) 美式菜一般不辣，常用水果作为配料与菜肴一起烹制，铁扒类的菜肴较多，如菠萝焗火腿、菜果烤鸭。

(2) 美式菜讲究科学、营养，讲求效率和方便，一般不在精美、细致上下功夫。

2. 美式菜肴的名菜

烤火鸡、苹果沙拉、橘子烧野鸭、糖酱煎饼、美式牛扒等。

(五) 俄式菜

俄式菜源于沙皇俄国时代，受法式菜影响较大，经过多年的演变，逐渐形成了自己的烹调特色。

1. 俄式菜肴的特点

(1) 选料广泛。

(2) 口味较重，以酸、甜、辣、咸为主，用油多。

(3) 烹调时大多用洋葱、酸黄瓜、酸白菜、酸奶油等作为调味品。

(4) 烹饪以烤、熏、腌、烧为主要方法，食物一般都煮得很熟。

2. 俄式菜肴的名菜

什锦冷盘、鱼子酱、酸黄瓜汤、黄油鸡卷等。

二、西餐宴会桌次和席位

西餐宴会通常使用长条桌，也有用圆桌的，餐桌一般根据餐厅的环境及参加人数拼成不同形状。如图 9－13 所示。

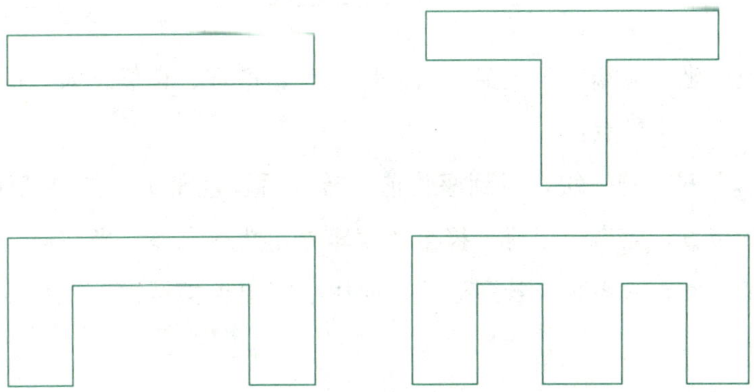

图 9－13　西餐宴会餐桌形状

(1) 西餐宴会餐桌的排列原则同中餐宴会餐桌的排列原则是一样的，主桌为首位。

(2) 座次的排列与中餐宴会有所不同，西餐宴会遵循女士优先的原则，这是西方国家社交最基本的原则，并且男女宾客、生人与熟人交叉就座。如图 9－14 至图 9－16 所示。

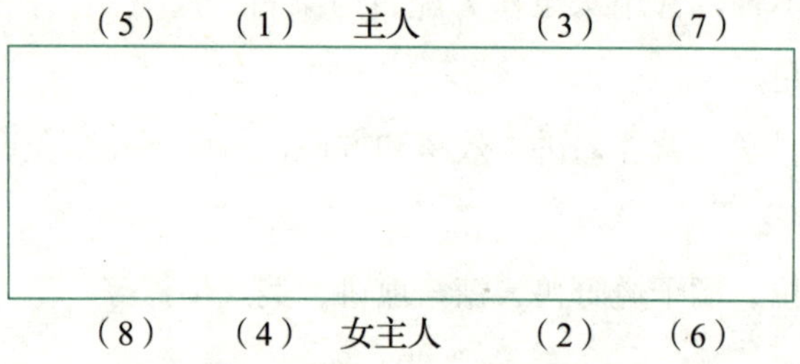

图 9－14　西餐宴会座次一

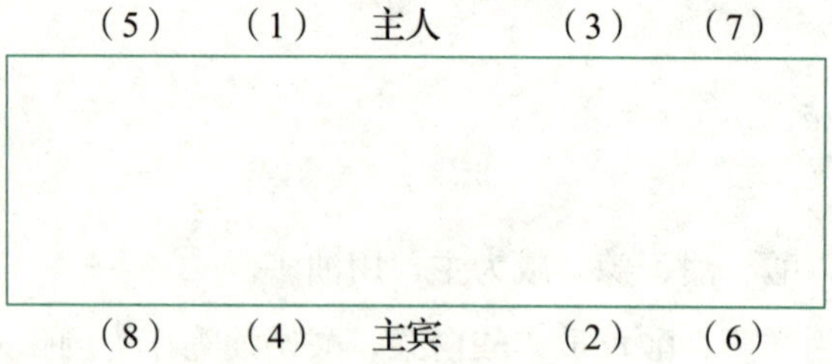

图 9－15　西餐宴会座次二

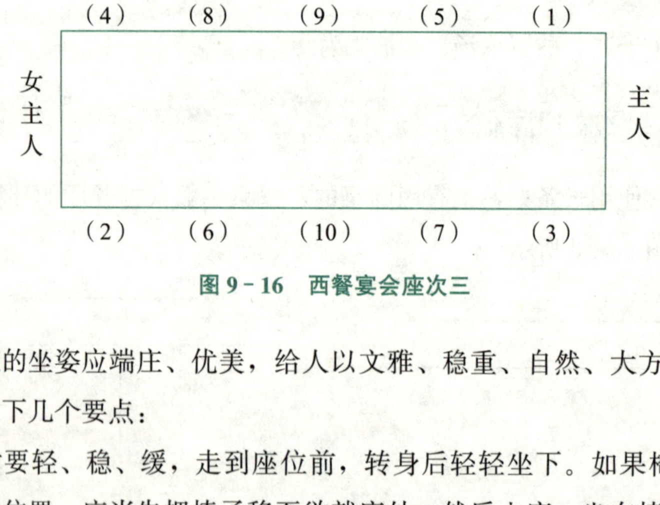

图 9－16　西餐宴会座次三

正确、规范的坐姿应端庄、优美，给人以文雅、稳重、自然、大方的感觉。具体来说，入座时有以下几个要点：

（1）入座时要轻、稳、缓，走到座位前，转身后轻轻坐下。如果椅子位置不合适，需要挪动椅子的位置，应当先把椅子移至欲就座处，然后入座。坐在椅子上移动位置是有违社交礼仪的。女士入座时，若穿裙装，应用手将裙子稍稍拢一下，不要坐下后再拉拽衣裙。

（2）神态从容自如，嘴唇微闭，下颌微收。

（3）双肩放松，两臂自然弯曲，双手放在腿上，也可放在椅子扶手上，以自然得体为宜，掌心向下。

（4）坐在椅子上，要立腰、挺胸，上体自然挺直。

（5）双膝自然并拢，双腿正放或侧放，双脚并拢或交叠或呈小“V”字形。男士两膝间可分开一拳左右的距离，双脚可取小“八”字步或稍分开以显自然、洒脱之美，但不可尽情打开腿脚或两腿叉开，那样会显得粗俗和傲慢。女士入座要娴雅、文静、柔美，两腿并拢，两脚同时向左或向右放，两手叠放于左右腿上。如果长时间端坐可将两腿交叉重叠，但要注意上面的腿向回收，使脚尖向下，以给人高贵、大方之感。

（6）女士的坐姿选择还要根据椅子的高低及有无扶手和靠背来定，两手、两腿、两脚还可有多种摆法，但切忌两腿叉开。

（7）在餐厅就餐时，最得体的入座方式是从左侧入座。当椅子被拉开后，身体在几乎碰到桌子时站直，领位者会把椅子推进来，腿碰到后面的椅子时就可以坐下来了。就座后，坐姿应端正。

（8）坐在椅子上，一般以坐满椅子的 2/3 为宜，宽座沙发则应坐至 1/2。落座后 10 分钟内不要靠椅背。时间久了，可轻靠椅背。

（9）谈话时可根据交谈者方位，将上身与双膝侧转向交谈者，上身仍保持挺直，不要出现自卑、恭维、讨好的姿态。

（10）离座时要自然、稳当，右脚向后收半步后再站起。

三、西餐餐具

（一）西餐餐具的种类

西餐餐具多种多样。广义的西餐餐具包括刀、叉、匙、盘、杯、餐巾等。其中，盘又有菜盘、布丁盘、奶盘、白脱盘等。酒杯更是讲究，正式宴会几乎每上一种酒，都要换上专用的玻璃酒杯。狭义的餐具则专指刀、叉、匙三大件，如图 9－17 所示。

刀分为食用刀、鱼刀、肉刀（刀口有锯齿，用以切牛排、猪排等）、黄油刀和水果刀。叉分为食用叉、鱼叉、肉叉和虾叉。匙则有汤匙、甜食匙、茶匙。公用刀、叉、匙的规格明显大于餐用刀、叉、匙。

图 9－17　西餐餐具（刀、叉、匙）

（二）西餐餐具的摆法

汤盘放在餐席的正中心，盘上放折叠整齐的餐巾或餐纸（也有把餐巾或餐纸折成花蕊状放在玻璃杯内的）；左边放叉，叉齿朝上；右边放刀，刀刃朝内；刀、叉排成整齐的平行线，一个座席一般摆放三副刀叉；汤盘上方放着匙，匙心朝上；汤盘右上方放酒杯；面包碟放在客人的左上方，上置黄油刀，刀刃向内。

（三）西餐餐具的用法

1. 西餐讲究吃不同的菜用不同的刀、叉

进餐时，应由外而内取用刀、叉。切食物时，应左手持叉按住食物，右手持刀将食物切成小块，再用叉送入口中。如图 9－18 所示。

图 9－18　西餐餐具的用法

使用刀时，刀刃不可向外。当用完一道菜时，应将刀、叉并拢置于碟中，表示此道菜已用完，可以撤去餐具。若尚未用完，应将刀叉呈“八”字形摆在餐碟上，刀刃向内，意为此菜未用完，请不要撤走餐具。

使用刀、叉时，尽量不要发出声响。如与他人交谈，一般应放下刀、叉，不可手执刀、叉在空中挥舞摇晃。用餐过程中，不可一只手持刀或叉，而另一只手拿餐巾擦嘴；也不可一只手拿酒杯，另一只手拿叉取菜，这些都是非常失礼的举动。任何时候都不可将刀、叉的一端放在盘上，另一端放在桌上，这样不安全也有失风度。

匙一般用于喝汤，不可取食其他食物。除“左撇子”外，应用右手持匙，手指持在匙柄之端。

2. 餐巾的用法

餐巾在西餐中除了具有保洁、擦拭口部、剔牙或吐食时遮掩口部等作用外，还具有暗示的作用，即当女主人铺开餐巾时，表示用餐开始；当女主人将餐巾放到桌上时，表示用餐结束。如果就餐者因事中途离开，但会返回继续用餐，则将餐巾放到本人椅面上。

入座后，可将餐巾对折折口向外轻放于盘下或并拢的大腿上，千万不可将餐巾挂在胸前。当口部被弄脏时，一定要用餐巾的上端内侧擦拭，而不是用其正面，这是应有的礼貌。

四、西餐宴会上菜顺序

正式的西餐宴会由八道菜肴组成，包括开胃菜、面包、汤、主菜、点心、甜品、果品、热饮。一般的宴会则简化为：开胃菜—汤—主菜—甜品—热饮。

(1) 开胃菜。开胃菜也称为头盘，一般有冷盘和热盘之分，常见的品种有鱼子酱、鹅肝酱、熏鲑鱼、鸡尾杯、奶油鸡酥盒等。

(2) 面包。西餐中的面包一般都是切片面包，或是需要当时从整个大面包上切片而食。在吃面包时，通常掰成小块送入口中，可根据个人喜好，涂上各种果酱、黄油或奶酪。吃面包时，吃到连调味汁都不剩是对厨师的礼貌。

(3) 汤。西餐中的汤是西餐的“开路先锋”，具有很好的开胃作用。按照传统说法，只有开始喝汤时，才算正式开始吃西餐了。常见的汤类有清汤、奶油汤、蔬菜汤和冷汤四类。品种有牛尾清汤、各式奶油汤、海鲜汤、美式蛤蜊汤、意式蔬菜汤、俄式罗宋汤、法式葱头汤。

(4) 主菜。主菜有冷有热，以热菜为主，主要是由肉、鱼、禽类组成。在比较正规的正餐上，大体要一个冷菜、两个热菜。两个热菜之中，一般一个是鱼类，另一个是肉类，最有代表性的是牛肉或牛排。肉类菜肴配用的调味汁主要有西班牙汁、浓烧汁、蘑菇汁、班尼斯汁等。禽类菜肴的原料取自鸡、鸭、鹅，其中选用最多的是鸡，多用煮、炸、烤等烹饪方法，主要的调味汁有咖喱汁、奶油汁等。

(5) 点心。如蛋糕、饼干、吐司、馅饼、三明治等，没有吃饱的人可借以填饱肚子。

(6) 甜品。吃完点心，接着要上甜品。最常见的甜品有布丁、奶酪、冰激凌等。

(7) 果品。果品包括干、鲜果品。常用的干果有核桃、榛子、腰果、杏仁、开心果等。鲜果有草莓、菠萝、苹果、香蕉、橙子、葡萄等。

(8) 热饮。西餐中的热饮一般为咖啡和红茶。

五、西餐用餐

用餐过程中，每次送入口中的食物不宜过多，吃东西时要闭嘴咀嚼，不要发出声音。喝汤时不要啜，若汤菜过热，可待稍凉后再吃，不要用嘴吹。喝汤时，应将汤勺从里向外舀。吃完汤菜时，将汤匙留在汤盘（碗）中，匙把指向自己。

吃鱼时，不要直接向外吐鱼刺，可用餐巾捂嘴轻轻吐在叉上，再放入盘内。吃肉类时，一般不可一次将肉全部切好，而应边吃边切，以防止鲜美的肉汁流失。当吃有骨头的肉时，如果一端包有锡纸或上洗手盅，则表明这道菜可以用手直接拿着吃。一般情况下，吃有骨头的肉时不可直接用手拿，而应用叉子把整块肉固定，再用刀沿骨头插入，把肉切开，边切边吃。

盘内剩余少量菜肴时，不要用叉子刮盘底，更不要用手指辅助食用，应以小块面包或叉子辅助食用。吃意大利面时，要用叉子慢慢地卷起面条送入口中，不能直接用嘴吸。

吃水果时，不要拿着整个水果去咬，应先用水果刀切成几瓣再用刀去掉皮、核，再用叉子叉着吃。

不可在餐桌边化妆、用餐巾擦鼻涕。在进餐尚未全部结束时，男士不可抽烟，直到上咖啡表示用餐结束时方可。如左右有女士，应征得其同意后才可吸烟。

就餐时不可狼吞虎咽。不愿吃的食物也应取少许放在盘中，以示礼貌。主人劝客人添菜，如有胃口，添菜不算失礼，主人反而会引以为荣。

如果取食客人较多，应按顺序等候取食，或等人少时再取食。如果由服务员分菜，可待服务员送上时再取。如果遇到自己不能吃或不爱吃的菜肴，当服务员上菜或主人夹菜时，可轻声谢绝或取少许放在盘内。对不合口味的菜，勿显露出厌恶的表情。

六、西餐酒水

西餐讲究吃一道菜配一种酒，喝一种酒换一种酒杯。西餐的酒水往往由开胃酒、佐餐酒、餐后酒组成。

开胃酒通常是具有强烈辣味的酒，如威士忌、杜松子酒、鸡尾酒、雪利酒等。

佐餐酒多选用葡萄酒，通常“红酒配红肉，白酒配白肉”。食用贝类时，喝无甜味的白葡萄酒。吃鱼时，配以低甜度的白葡萄酒。吃牛、羊、猪等肉类菜时，配以红葡萄酒等。红葡萄酒适宜在18℃左右饮用，白葡萄酒和粉红葡萄酒适宜在7℃时饮用，香槟则应冷藏至4～5℃饮用。

餐后酒一般选用白兰地、香槟酒、利口酒等，以化解油腻及提神。

七、品饮咖啡

西餐进餐前后品饮咖啡也是一种时尚。品饮咖啡时要注意以下几点：

（1）正确端咖啡杯。右手拇指和食指捏住杯把，把杯子轻轻端起，偶尔也可用左手。

（2）给咖啡加糖。先用糖夹子把方糖夹到咖啡碟的近身一侧，然后再用咖啡匙把糖加入杯中。

（3）搅拌咖啡。喝咖啡前应仔细搅拌，待搅匀后再饮用。应把咖啡匙放在托碟外边或左边。

（4）品饮咖啡。品饮咖啡不能用咖啡匙舀，咖啡匙是用来搅拌咖啡或加糖的。喝咖啡时只需将杯子端起即可，不要将下面的托碟一并端起。

第四节　自助餐饮礼仪

一、自助餐

（一）自助餐常识

自助餐有时亦称冷餐会，它是目前国际上通行的一种非正式的西式宴会，在大型的商务活动中尤为多见。它的具体做法是，不预备正餐，而由就餐者在用餐时自行选择食物、饮料，然后或立或坐，自由地与他人在一起或独自一人用餐。

之所以称为自助餐，主要是因为其可以调动用餐者的主观能动性，自己动手，在既定的范围之内选用菜肴。之所以又被叫作冷餐会，则主要是因为其提供的食物以冷食为主。当然，适量地提供一些热菜，或者提供一些半成品由用餐者自己加工，也是允许的。

自助餐具有如下优点：

（1）可以免排座次。正规的自助餐，往往不固定用餐者的座次，甚至不为其提供座椅。这样一来，既可免除座次排列之劳，又便于用餐者自由地进行交流。

（2）可以节省费用。因为自助餐以冷食为主，不上高档的菜肴、酒水，故可大大节约主办者的开支并避免浪费。

（3）可以各取所需。参加自助餐时，用餐者碰上自己偏爱的菜肴，只管自行取用，完全不必担心他人会因此而嘲笑自己。

（4）可以招待多人。自助餐不仅可用以款待数量较多的来宾，还可以较好地处理众口难调的问题。

（二）自助餐筹备礼仪

自助餐筹备礼仪是指自助餐的主办者在筹办自助餐会时所应遵循的礼仪规范。

1. 自助餐的时间

自助餐多在正式的商务活动之后举行，故其举行的具体时间受到正式商务活动的限制。不过，它很少被安排在晚间举行，而且每次用餐的时间不宜长于一小时。

自助餐的用餐时间不必进行正式的限定。只要主人宣布用餐开始，大家即可动手就餐。在整个用餐期间，用餐者可以随到随吃，大可不必非要在主人宣布用餐开始之前就到场恭候。在用自助餐时，也不像正式宴会那样必须统一退场。用餐者只要觉得自己吃饱了，在与主人打过招呼之后，随时都可以离去。通常，自助餐是无人出面正式宣告其结束的。

一般来讲，主办单位假如准备以自助餐招待来宾，最好事先以适当的方式进行通报。

同时，必须注意一视同仁，即不要安排一部分来宾用自助餐，而另外一部分来宾去参加正式的宴请。

2. 自助餐的场所布置

选择自助餐的就餐地点，不必像宴会那般讲究，只要能容纳下全部就餐人员，又能为其提供足够的交际空间即可。

在选择和布置自助餐的场所时，应注意空间的容量和布局。按照正常的情况，自助餐安排在室内外进行皆可，大多选择在主办单位的大型餐厅、露天花园内，有时也可外租、外借与此类似的场地。

在选择、布置自助餐的就餐地点时，应注意如下几点：

（1）要为用餐者提供一定的活动空间。除了摆放菜肴的区域之外，在自助餐的就餐地点还应划出一块明显的用餐区域，这一区域不要显得过于狭小。考虑到实际就餐的人数往往具有一定的弹性，所以用餐区域的面积要尽量大一些。

（2）要提供足够数量的餐桌与座椅。尽管真正的自助餐所提倡的是就餐者自由走动，立而不坐。但实际上，有不少就餐者，尤其是年老体弱者，还是期望在就餐期间有一个暂时的歇脚之处。因此，在就餐地点应当预先摆放好一定数量的桌椅供就餐者自由使用，如图 9-19 所示。在室外就餐时，提供适量的遮阳伞也是必要的。

图 9-19　提供适量桌椅

（3）要使就餐者感觉到就餐地点环境宜人。在选定就餐地点时，不仅要注意面积、费用问题，还须兼顾安全、卫生、温度和湿度等。如果用餐环境充满异味、过冷或过热、空气流通不畅，或者过于拥挤，都会影响就餐者对此次自助餐的整体评价。

3. 自助餐食物的准备

在自助餐上为就餐者所提供的食物，既有共性，又有个性。其共性在于，为了便于就餐，以提供冷食为主；为了满足就餐者的不同口味，尽可能使食物品种丰富；为了方便就餐者选择，同一类型的食物集中在一处摆放。其个性则在于，在不同的时间或款待不同的客人，食物在具体品种上有所侧重。有时以冷菜为主，有时以甜品为主，有时以茶点为主，有时以酒水为主。除此之外，还可酌情安排一些时令菜肴或特色菜肴。

一般而言，自助餐上所备的食物在品种上多多益善，可在经济条件允许的情况下，尽可能地提供丰富的食物。具体来讲，自助餐上所供应的菜肴大致应当包括冷菜、汤、热菜、点心、甜品、水果及酒水等几大类型。

通常，冷菜有沙拉、香肠、火腿、牛肉、猪舌、虾松、鱼子等。汤类有红菜汤、牛尾汤、玉黍汤、酸辣汤、三鲜汤等。热菜有炸鸡、炸鱼、烤肉、烧肉、烧鱼、土豆片等。点心有面包、热狗、蛋糕、饼干、克力架、三明治、汉堡包、比萨等。甜品有布丁、果排、冰激凌等。水果有香蕉、菠萝、西瓜、木瓜、柑橘、樱桃、葡萄、苹果等。酒水有牛奶、咖啡、红茶、可乐、果汁、矿泉水、鸡尾酒等。

在准备食物时，务必注意保证食物的供应量，同时还须注意食物的卫生，如果有热菜、热饮应注意保温。

4. 宾客的招待

自助餐主办者应尽主人的责任和义务，尽其所能招待好客人。一方面，应照顾好主宾，在自助餐上，主人应陪同其就餐，并与其适当交谈，为其引见其他客人。但是，不要始终伴随其左右，应给主宾留一点自由活动的时间。另一方面，要充当好引荐者。在进餐期间，主人要为互不相识的客人牵线搭桥，创造相识的机会。应当注意的是，介绍他人相识，必须了解双方是否有此心愿，切勿一厢情愿。

在大规模的自助餐上，应安排专人服务。侍者的主要职责是为来宾提供一些辅助性的服务。比如，推着装有各类食物的餐车，或是托着装有多种酒水的托盘，在来宾之间巡回走动，由宾客各取所需。另外，侍者还负责补充供不应求的食物、饮料、餐具等。

（三）参加自助餐的礼仪

参加自助餐的礼仪，主要指就餐者在参加自助餐时所应遵循的具体礼仪规范。赴会者应对自己的仪容仪表稍加修饰。在享用自助餐时，还应注意以下几点。

1. 按序取菜

在享用自助餐时，虽然需要就餐者自己照顾自己，但这并不意味着可以为所欲为。实际上，在就餐取菜时，由于用餐者往往成群结队而来，因此大家必须自觉维护公共秩序，讲究先来后到，排队选用食物。不允许乱挤、乱抢、乱插队，更不允许不排队。

在取菜之前，要先准备好一只食盘。轮到自己取菜时，应以公用的餐具将食物装入自己的食盘之内，然后迅速离去。切勿在众多的食物面前犹豫再三，让身后之人久等；更不应该在取菜时挑挑拣拣，甚至直接下手或用自己的餐具取菜。

2. 循序用菜

在自助餐上，如果想要吃饱吃好，那么在具体取用菜肴时，就一定要先了解合理的取菜顺序，然后循序渐进。按照常识，参加一般的自助餐时，取菜的标准顺序应当是：

冷菜、汤、热菜、点心、甜品和水果。因此，在取菜前，最好先在全场转一圈，了解一下情况，然后再去取菜。

如果不了解这一合理的取菜顺序而随意取菜，乱装乱吃一通，难免会本末倒置、咸甜相克，吃得既不畅快又不舒服。

3. 多次少取

用餐者应根据个人口味选取食物，每次少取一点，如果觉得可口还可再取，即多次少取，量力而行。切勿为了吃得过瘾而一次取食过多，造成浪费。在取菜时，也不可将多种菜肴盛装在一起，以免相互串味。

4. 避免外带

用餐时，不论吃多少食物都不碍事，但是不能偷偷往自己的口袋、皮包里装自己喜欢吃的食物，更不要将食物打包外带。

5. 照顾他人

参加自助餐时，除了对自己用餐时的举止要严加约束外，还应与他人和睦相处，互相照顾。对自己的同伴，需要特别加以关心，若对方不熟悉自助餐，不妨向其简要地进行介绍。在对方乐意的前提下，还可向其提出一些有关选取菜肴的具体建议。但不可以自作主张为对方取食物，更不可以将自己不喜欢或吃不了的食物“处理”给对方。

6. 积极交际

一般来说，参加自助餐时必须明确目的，吃东西属于次要之事，与其他人进行适当的交际活动才是自己最重要的任务。在参加商务自助餐时，更是如此。所以，不应当以不善交际为由，只顾自己躲在僻静之处一心一意地埋头大吃；或者来了就吃、吃了就走，而不同其他在场者进行任何形式的正面接触。

在参加自助餐时，一定要主动寻找机会，积极进行交际活动。首先，应当找机会与主人攀谈一番；其次，应当与老朋友好好叙一叙；最后，还应当争取多结识几位新朋友。

在自助餐上，交际的主要形式是几个人聚在一起进行交谈。为了扩大自己的交际面，在此期间不妨多换几个类似的交际圈。在每个交际圈应待上一定时间，不能一两分钟就走，好似蜻蜓点水一般。

介入陌生的交际圈，大体上有三种方法：其一，请求主人或圈内之人引见；其二，寻找机会，借机加入；其三，自我介绍。但要加入一个陌生的交际圈，应先征得圈内之人的同意，愣头愣脑地硬闯进去，未必会受到欢迎。

二、鸡尾酒会

（一）鸡尾酒

鸡尾酒是由两种或两种以上的酒及果汁等按一定比例配制而成的色、香、味俱佳的冰镇混合饮品。鸡尾酒由基酒、辅酒、配料和装饰物几种基本成分组成。基酒即鸡尾酒的酒底，主要是威士忌、金酒、伏特加等烈性酒。辅酒是指橙汁、苏打水、柠檬汁、西柚汁、雪碧等搭配酒水，有时也以少量的开胃酒或甜酒作为辅酒。配料包括香料及特别调味用品，有糖、盐、牛奶、蛋清、芹菜粉、辣椒油、胡椒粉、豆蔻粉和可可粉等。装饰物通常有樱桃、柠檬、橙子、苹果等。个别鸡尾酒由软饮料配制而成，不含酒精成分。

1. 鸡尾酒的特点

（1）鸡尾酒能够增加食欲。鸡尾酒所含有的微量调味饮料具有酸味、苦味等，饮用者饮用后，口味会有所改善，食欲将有所增强。

（2）鸡尾酒具有明显的刺激性，能舒缓饮用者紧张的神经。

（3）鸡尾酒有其他的酒所无法比拟的独特口味。

（4）鸡尾酒是混合酒，由于所用的原料和调法不同，故鸡尾酒花样繁多。

（5）鸡尾酒需进行足够的冷却，因此调制时必须加冰，加冰量应严格按照配方控制，而且冰块必须达到要求的融化程度。

2. 鸡尾酒的调制方法

（1）摇晃法。这是调制鸡尾酒最普遍而简易的方法，即将酒类原料及配料、冰块等放入雪克壶内，用力来回摇晃，待其充分混合后倒入酒杯中。采用这种方法调制出来的酒温和顺畅。

（2）搅拌法。即将原料倒入调酒杯中，用调酒匙充分搅拌的一种调酒法。常用于调制较烈的鸡尾酒，如马丁尼、曼哈顿等口味较辛辣、后劲较强的鸡尾酒。

（3）兑和法。这是一种把酒等原料直接注入酒杯中的鸡尾酒调制法。兑和法非常简单，只需控制好用量，将不同密度的酒缓慢倒入杯内，即可形成不同的层次。

（4）搅和法。搅和法是目前最流行的做法，即用搅拌机调酒。这种方法操作简易，混合效果好。将事先准备好的酒水和冰块、水果等原料按照一定比例配好，倒入搅拌机混合搅拌，然后将混合液倒入酒杯即可。需注意的是，把调好的鸡尾酒倒入酒杯时，不要把冰块随之倒入，必要时可用滤冰器先将冰块过滤掉。

（二）鸡尾酒会礼仪

鸡尾酒会是欧美社会的一种传统的宴请活动形式，原来仅指以鸡尾酒和一些小点心招待宾客的酒会，现在泛指各种酒会。

近年来，鸡尾酒会在社交界非常流行，它轻松活泼、时尚简洁，方便人们交谈。

鸡尾酒会布置简单，设一张长桌作为主台，周围摆放一些小圆桌用以放置点心等；也可将长桌置于靠墙一侧，留出中间较空旷的空间供客人交流。鸡尾酒会现场一般不设固定的座椅，客人大部分站着进食，可在桌子周围放置一些沙发或椅子供客人休息。这种布局主要是为了促使客人多走动，增加交往范围。

鸡尾酒会的举行有固定时间，在宾馆、饭店举行鸡尾酒会的时间一般为下午 2:30～5:30；在酒吧为下午 2:00～5:00；如果在家里，则为下午 4:00～6:00 或 5:00～7:00。参加鸡尾酒会与参加其他宴会有所不同，客人可以迟到早走。如果酒会请柬上未注明起讫时间，客人可以自由出入，不受限制。但要注意的是，客人不可提前到达、推迟离席，否则会给主人的准备及结束工作造成一定的影响。

鸡尾酒会具有很明确的社交目的，其礼仪细节非常重要，需要时刻注意。比如：赴宴者应认真修饰仪容仪表，男士要穿西服，女士要适度化妆并着晚礼服；举止应优雅得体、彬彬有礼；男士应时刻尊重女士，为女士做好一切服务工作，特别是在涉外场合。

在鸡尾酒会上，应用左手持拿饮料和餐点，以免用又冷又湿或未擦干净的右手和他人握手。饮用鸡尾酒时，应小口啜饮，不可开怀畅饮，更不能强迫他人饮酒。取食点心时，应按顺时针方向拿，多次少取，每次取的食物要全部吃完。

如需抽烟，应到吸烟室，不可把烟灰弹到地毯上，也不能拿杯子当烟灰缸。

不要长时间占用餐台，使他人无法接近餐台。

鸡尾酒会的交际意义远远大于其饮食意义，赴宴者千万不可矜持不语，也不可只与故友热烈交谈，应积极主动地与其他宾客热情交谈，努力结识新的朋友。与他人交流时，不可肆无忌惮地大声喧哗，也不能心不在焉、左顾右盼，这些都是非常不礼貌的。

第五节　同学聚餐礼仪

一、学生餐厅用餐

（一）遵循餐厅公共秩序

大学生到餐厅用餐，应遵循基本的公共礼仪。食堂作为一个公共场所，即使没有明文规定必须如何穿着，也应当本着得体的原则，选择适当的服装和鞋帽，奇装异服不仅不会凸显自己的品位，还容易遭人非议。女生穿着暴露的低胸装、热裤出现在食堂，男生穿拖鞋、背心去食堂吃饭，都是不文明的表现。

在打饭菜时，应有序排队，不可争先恐后、随意插队或大声喧哗，不可一人占几个座位，使其他用餐者没有座位坐。

用餐完毕，应将剩余饭菜置于餐盘中，送至收残台，并向收残台工作人员道谢。

（二）注意用餐礼仪规范

（1）用餐前后应洗手，保持良好的个人卫生习惯。

(2) 在购买饭菜时，应根据自己的实际情况，注意营养均衡，不可偏食、挑食或浪费食物。

(3) 落座后，应做到仪态端正、两脚并拢、双腿平放、坐姿自然，不可与用餐的同学勾肩搭背、前仰后合。

(4) 用餐时应闭嘴咀嚼，细嚼慢咽。喝汤时不可发出声响。菜肴、饭粒应避免掉在餐桌上和地上，保持桌面、地面整洁。如要咳嗽，应转身向后。餐具轻拿轻放，摆放整齐。口中有食物时应避免交谈，以免食物喷出而失态。

(5) 进餐时应正确使用餐具。不可用筷子随意敲打碗盆或水杯，更不能用来剔牙、挠痒或夹取食物之外的东西。勺子是用来舀取菜肴、食物的，用勺子取食物时不要过满，以免溢出来弄脏餐桌或自己的衣服。如果暂时不用勺子，应放在自己的碟子上，不要直接放在餐桌上。不要把勺子塞到嘴里，或者反复吮吸、舔食。交谈时，应放下筷子，不能乱舞筷子或用筷子指戳他人，这是非常失礼的行为。

(6) 用餐结束后，应轻声离座，并将餐桌收拾干净。餐后应漱口或刷牙，确保口腔卫生。饭后不做剧烈运动。

二、同学、同乡聚餐

(一) 聚餐方案的制定和组织实施

大型或比较正式的同学、同乡聚餐需要制定活动方案，小型聚餐则不需要，但以下基本项目需要考虑安排好。

1. 活动宗旨

一般是畅叙同窗情谊，联络老乡感情，强化相互之间的联系。

2. 组织分工

成立同学、同乡聚会筹备组，负责活动方案的制定，以及聚会的组织、指挥、联络和接待工作。

筹委组一般包括以下小组或专项负责人：

(1) 协调联络组。具体负责筹备组成员间的联络与沟通，聚会的筹备、组织工作(包括活动方案制定、聚会地点确定、聚会场所安排、聚会标语悬挂、接待引领、礼品购置等)，与酒店进行联系，同学通信录、聚会照片等的印刷、发放等。

(2) 签到组。具体负责同学、同乡报到时的签到工作，详细记录工作单位、联系方式等基本情况。签到结束后，把登记情况交协调联络组。(签到簿由协调联络组负责提供)

(3) 生活财务组。负责经费收支、酒桌座次安排、住宿安排等工作。及时与各位同学、同乡沟通，确定住宿人员，并落实住宿地点，确保大家住得舒心、安全。

（4）主持组。负责整个聚会期间的节目策划和活动主持工作。

（5）摄像组。负责聚会期间的录像、照相等工作。

3. 活动安排

（1）时间、地点：包括集合地点、聚餐地点、照相地点及娱乐地点等，要标注好乘车路线、方法等。

（2）主要活动：要把整个活动的内容、流程及注意事项等罗列清楚，最好用图表方式直观呈现。

4. 活动经费

活动经费预算项目包括：

（1）宴会餐饮费，包括菜肴、酒水等费用。

（2）购买礼品费用。

（3）录像、照相费用。

（4）会标制作、通信录印制和合影邮寄费用。

（5）住宿费、交通费。

（6）聚会筹备期间有关费用。

（7）其他需要支付的费用。

要对经费来源、资金收支节余处置、最后决算等情况做出详细说明。

（二）聚餐注意事项

参加同学、同乡聚餐，应先请师长或客人入座，待其入座后，自己再从椅子左侧轻声坐下。主动将名贵、可口的菜肴放在师长或客人的面前。用餐时，待师长或客人拿起筷子后，自己再开始用餐，不可贸然行事。吃东西或喝汤时小口吞咽，闭口咀嚼，尽量不发出声音，不口含食物说话。

席间，应主动为他人特别是师长添饭加菜。夹菜时不要用筷子在盘中挑拣，尽量不起身。夹菜时要使用公筷或公勺。当别人为自己添饭加菜时，应礼貌道谢。

用餐结束，尽量不提前离席。如果有事确实需要提前离开，应轻声向在座其他人礼貌打招呼告别。

聚餐结束后，如果安排观看演出、KTV 唱歌等活动，应严格遵守礼仪规范。观看演出时要保持安静，不随便谈话、大声咳嗽或打哈欠，以免影响别人专注欣赏。演出过程中不要鼓掌、喝彩，待一个节目或曲目终了再报以掌声。听交响乐时，每个乐章之间有停顿，此时并非曲目结束，不应鼓掌，应在交响乐队整个乐章全部演奏结束后才可以鼓掌。如果音乐知识不多，没有把握，最好在他人鼓掌后再做反应。

情境角色

(一)

对临近毕业的大学生来说，聚餐仿佛是为大学生涯画上一个完美的句号。大家来自天南海北，从不认识的陌生人到成为好朋友，毕业前除了互赠礼物和祝福外，一起聚餐也是表达感情的一种方式。然而，毕业生聚餐太频繁，也给许多人带来了烦恼。

请根据这一现象，提出切实可行的毕业生聚餐方案。

(二)

模拟中西餐宴会、自助餐会等场景，由学生分别扮演主人和宾客，并设计不同的职位，分别演示宴会接待程序和赴宴就餐程序。

实训要求：

(1) 本实训项目可选择在模拟宴会厅进行。

(2) 分组进行，每组同学轮流练习，其他同学进行监督和评价。

(3) 要求同学在演练过程中严肃认真，言行举止符合规范。

(4) 按照实训内容和角色分配设计情节和讲稿。

(三)

大学毕业十年后，你决定在家中举办一次小型的大学同学聚会，邀请 5 位大学同学，包括其配偶，即 10 位客人。另外，你家也有两口人（你和你的配偶），现共有 12 人。

考察点：

(1) 如果准备以请柬的形式邀请客人，那么请柬上要写些什么内容？

(2) 你会如何迎接客人？

(3) 对于早到的客人，你会如何接待？

(4) 你将如何安排座位？（以圆桌为例）

(5) 席间，你会如何斟酒、敬酒？

(6) 你会如何送客？

(四)

男主角 A 于某饭店包间宴请朋友 B、C、D，服务员 E 进行服务（只包含斟酒）。A：甲公司总经理；B：甲公司副总（女）；C：乙公司总经理；D：乙公司副总；E：某饭店女服务员。

考察点：

(1) 主人迎客情况。

(2) 握手姿势是否正确。

（3）入座姿势是否正确。

（4）入座位置是否正确。

（5）斟酒次序是否正确。

（五）

你邀请了一些朋友、同事、老同学参加你的生日宴会，如果遇到以下情况，你会怎么做？

（1）你的生日宴会定在晚上 7 点开始，结果晚上 6 点就有几个朋友到了，而你还在忙。

（2）宴会上，你的一位同事和你的一位老同学不认识，你想介绍他俩认识。

（3）有一个和你关系一般的朋友送你很贵重的礼物。

第十章

涉外交往礼仪

导引

某国际旅行社在接待来华的意大利游客时订购了一批丝绸手帕，每条手帕上绣着菊花图案，十分美观大方。手帕装在特制的纸盒内，盒上标有旅行社社徽，显得很大气。中国丝绸闻名于世，旅行社料想这份礼品一定会让客人喜欢。旅游接待人员到机场迎接来自意大利的游客，赠送给每位游客两盒包装甚好的手帕作为礼品。没想到游客议论纷纷，显出很不高兴的样子。原来，在意大利和西方一些国家有这样的习俗：亲朋好友相聚一段时间告别时才送手帕，取意为“擦掉惜别的眼泪”。菊花在意大利是用于祭奠亡灵的。

涉外交往无小事。在涉外公共场合的举止，不仅是一种交际行为，而且关系到本公司、本社团乃至本国的形象，影响交易的达成、冲突的产生与化解，有时甚至会影响国家的荣誉和安全。

第一节　外事接待礼仪

一、外事通则

涉外礼仪是指在对外交往中必须遵守的，用以维护自我形象，同时对外国友人表示尊重、友好的一系列惯例和形式。它在继承和发扬我国传统礼仪的基础上，以世界上通行的国际礼仪为核心。

（一）涉外交往礼仪的类型

1. 日常礼仪

日常礼仪是指人们在涉外交往中受民族传统、风俗习惯、宗教信仰、时代潮流等因素的影响而形成的，既为人们所认同，又为人们所遵守，以建立和谐关系为目的的各种符合交往要求的行为准则和规范的总和。

2. 迎送礼仪

迎客和送客是涉外交往中的两个重要环节。在涉外活动中，一个精心安排的欢迎仪式，能使来宾产生良好的第一印象；一个周到圆满的欢送仪式，会给来宾留下美好而难忘的记忆。为了保证迎送工作的顺利进行，必须重视迎送礼仪。迎送礼仪的内容大体上包括三个部分，即迎宾前的礼仪准备、迎宾时的礼仪仪式与送宾时的送行礼仪。

3. 会见礼仪

身份高的人会见身份低的人称为接见；身份低的人会见身份高的人称为拜会。接见与拜会在我国统称为会见。

在涉外活动中，我国对外国来访者，从礼节和两国关系上考虑，一般均根据双方身份及来访目的，安排相应领导人和部门负责人会见。从会见的内容来说，有礼节性的会见、政治性的会见和事务性的会见。礼节性的会见时间比较短，话题较为广泛；政治性的会见一般涉及双边关系、国际局势等重大问题；事务性的会见一般包括外交交涉、业务商谈等。若会见内容较为正式，涉及专业问题，则需要双方或多方进行相应的正式会谈。

4. 陪同礼仪

在国际交往中，外宾初来乍到，作为主人，陪同客人在我国参观、访问、学习、洽谈，都是我们应尽的礼节。陪同是自始至终的事，无论是官方陪同还是民间陪同，都不得疏忽大意。

（二）涉外交往的基本原则

1. 维护国家利益原则

维护国家利益是我国涉外活动必须遵守的基本原则，任何组织和个人在涉外交往活动中都必须贯彻执行。该原则强调在尊重他国利益和尊严的基础上，更要维护本国的利益和尊严。在参与涉外交往活动时，应时刻意识到，在外国人眼里，自己是国家、民族、组织的代表，要做到不卑不亢，应既谨慎又不拘谨，既主动又不盲动，既注意慎独自律又不手足无措。

2. 信守约定原则

在涉外交际中，许诺必须谨慎，既不要含糊不清、模棱两可，也不要信口开河。约会必须如约而至。在一切有关时间方面的正式约定之中，尤其需要恪守不怠。言而无信，出尔反尔，有约不守或守约不严，不仅是不尊重对方，更是缺乏教养的表现。

3. 女士优先原则

尊重女士是国际社会公认的一条重要的礼仪原则。其核心要求是：在社交场合，男士要照顾、礼让女士。即在一切社交场合，成年男子都有义务主动、自觉地去尊重女士、照顾女士、体谅女士、关心女士、保护女士，并尽心竭力地去为女士排忧解难。“女士优先”原则还要求男士对所有的女士都要一视同仁。无论是熟悉的还是陌生的，无论是年轻貌美的还是年迈体衰的，无论是有权有势的还是身份普通的，都应同等尊重与礼让。

4. 尊重隐私原则

当前，国际礼仪强调以人为本，反对损害个人尊严，要求尊重个人隐私，维护人格尊严，并将是否尊重个人隐私看作一个人在待人接物方面有无教养、能否尊重和体谅交往对象的重要标志之一。因此，自觉地、有意识地回避对方的个人隐私至关重要。对西方人来讲，凡涉及经历、收入、年龄、婚恋、健康状况、政治见解的均属于个人隐私，他人不应盘问，即在交往中“有所不为”。

5. 入乡随俗原则

世界上的各个国家、地区和民族，在其历史发展的具体进程中形成了各自的宗教、语言、文化、风俗和习惯，并且存在着不同程度的差异。这种差异是不以人的主观意志为转移的，也是世间任何人都难以强求统一的。注意尊重外国友人所特有的习俗，能够增进双方之间的理解和沟通，有助于更好地表达亲善友好之意。因而，入乡随俗原则成为中外人士彼此间相互理解与沟通的一条最佳途径。

二、涉外迎送

（一）确定迎送规格

对来宾的迎送规格，各国做法不尽一致。确定迎送规格，主要依据来访者的身份和访问目的，适当考虑两国关系，同时注意国际惯例。主要迎送人通常要同来宾的身份相当，但基于各种原因（如国家体制不同，当事人年高不便出面，临时身体不适或不在当地等），不可能完全对等。遇此情况，可灵活变通，由职位相当的人士或由副职出面。总之，主人身份要与客人相差不大，以同客人对口、对等为宜。当事人不能出面时，无论做何种处理，都应向对方做出解释。其他迎送人员不宜过多。此外，也有从发展两国关系或当前政治需要出发，破格接待，安排较大的迎送场面的。然而，为避免给他人留下厚此薄彼的印象，如没有特殊需要，一般都按常规办理。

（二）掌握抵达和离开时间

必须准确掌握来宾乘坐飞机（火车、船舶）的抵、离时间，及早通知全体迎送人员和有关单位。如有变化，应及时通知。大城市的机场一般离市区较远，准确掌握抵、离时间有助于顺利地接送客人又不过多耽误迎送人员的时间。

迎接人员应在飞机、火车、船舶抵达之前到达机场、车站、码头。送行应在客人登机（车、船）之前抵达，如有欢送仪式，则应在仪式开始之前到达。如果客人乘坐飞机离开，应通知其按航空公司规定时间抵达机场办理有关手续。身份高的客人，可由接待人员提前代办手续。

（三）迎接、介绍和献花

迎接尊贵的客人，要有官方正式仪式；迎接一般的客人，无官方正式仪式，主要是做好各项安排；迎接大批客人，可以事先准备特定的标志，如小旗或牌子等，让客人从远处就能看到，以便客人主动前来接洽。

迎接人员与客人见面时，应互相握手介绍。通常先将前来迎接的人员介绍给客人，可由礼宾人员或其他接待人员介绍，也可以由迎接人员中身份最高者介绍。客人初到，一般较拘谨，主人宜主动与客人寒暄。如果客人是熟人，可不必介绍，仅上前握手，互致问候。

如果安排献花，须用鲜花，并注意保持花束整洁、鲜艳，忌用菊花、杜鹃花、石竹花及黄色花朵。有的国家习惯送花环，或者送一两枝名贵的兰花、玫瑰花等。通常由儿童或女青年在参加迎接的主要领导人与客人握手之后将花献上。有的国家由女主人向女宾献花。

（四）陪车

客人抵达后，从机场到住地，以及访问结束，由住地到机场，有的安排主人陪同乘车，也有的不安排主人陪同乘车。如果主人陪同乘车，应请客人坐在主人的右侧。如果是两排座的车，译员或陪同人员应坐在司机旁边，如图 10－1 所示。如果是三排座的车，译员或陪同人员应坐在主人后面的加座上，如图 10－2 所示。上车时，最好让客人从右侧门上车，主人从左侧门上车，避免从客人座位前穿过。如果客人先上车，坐到了主人的位置上，则不必请客人挪动位置。

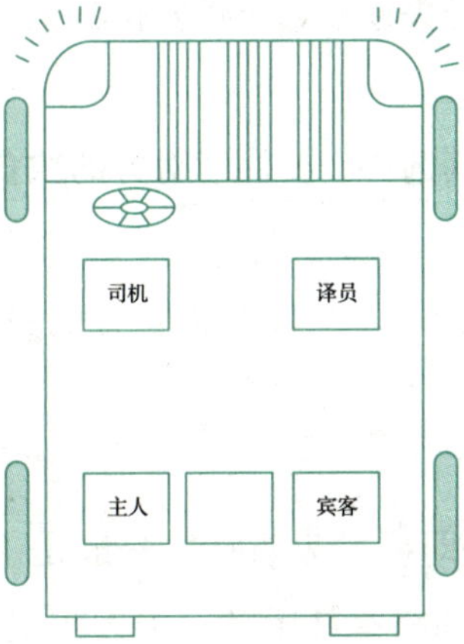

图 10-1　陪车（一）

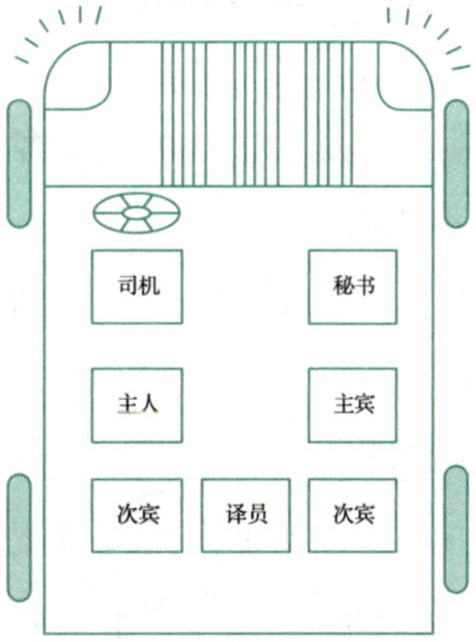

图 10-2　陪车（二）

（五）注意事项

（1）迎送身份高的客人，应事先在机场（车站、码头）安排贵宾休息室。

（2）如果有条件，在客人到达之前将住处房间号码和车牌号码通知客人。如果做不到，可打印好住房、乘车表，在客人到达时及时发到每个人手中，或通过对方的联络秘书转达。这样既可以避免混乱，又可以使客人心中有数、主动配合。

（3）应指派专人协助办理出入境手续及机票、车票、船票和行李提取或托运手续等事宜。重要代表团人数众多、行李也多，应将主要客人的行李先取出（最好请对方派人配合），及时送往住地以便其更衣。

（4）客人抵达住处后，一般不要马上安排活动，应让其稍事休息，起码要给对方留出更衣时间。

三、涉外宴请

（一）宴请外宾

宴请是国际交往中常见的交际活动形式之一。各国宴请都有各自的特点和习惯。国际通用的宴请形式有宴会、招待会、茶话会、工作餐等。宴请活动主要应做好以下工作。

1. 确定规格

涉外交往中宴请的目的有多种，可以是宴请某人，也可以是为某件事宴请。宴请可以采用家宴、小型宴会、大型宴会。时间一般安排在主、客双方均较方便的时候。宴请宾客不宜铺张浪费。

2. 发出请柬

请柬上应注明时间、地点，以方便客人知晓。若所选的地点不易找到，应在发出请束时详细向客人说明。

3. 礼貌迎宾

客人到达时，主人应在门口迎接。若主人无法抽身去迎接，也可安排其他人员迎接。

4. 安排菜单

以本地特色菜为主，可先向客人介绍特色菜，供其选择。要注意对方的饮食禁忌。

5. 安排座次

安排客人坐上座，由主人陪同。一般以主人右方为尊，可以根据宾客的身份、地位做适当安排。

6. 致祝酒词

若双方需要在席上讲话或致祝酒词，主宾入座后即可发表讲话。一般是主人先讲，主宾随后。祝酒时，主人和主宾先碰杯，人多时也可同时举杯示意。主人或主宾致辞或祝酒时，其他客人应注意聆听，以示尊重。

（二）参加涉外宴请

1. 掌握出席或退席的时间

根据活动的性质和当地的习惯掌握时间，迟到、早退、逗留时间过短都可能被视为失礼或有意冷落。身份高者可略晚到达，普通客人宜略早到达。如果确实有事需提前退席，应向主人说明后悄悄离去；也可事前打招呼，届时离席。

2. 举止端庄，吃相文雅

嘴里有食物时，闭嘴咀嚼勿说话。喝汤忌啜，吃东西不要发出声响。剔牙时，要用手或餐巾遮口。嘴里的鱼刺、骨头不可直接外吐，要用餐巾掩嘴取出，或轻轻吐在叉上，放在菜盘内。吃剩的菜，用过的餐具、牙签，都应放在盘内，勿放在桌面上。

3. 忌喝酒过量，失言失态

中外饮酒习俗有差异，对外宾可以敬酒，但不宜劝酒，尤其是不能劝女宾干杯。

4. 如果遇意外情况，应妥善处理

餐具碰出声音，可轻轻向邻座（或主人）说声“对不起”。餐具掉落，可招呼服务员另送一副。酒水打翻溅到邻座身上，应表示歉意，并协助其擦干。如果对方是女士，则只要把干净餐巾或手帕递上，由其自行擦干即可，切忌手忙脚乱地帮助她，结果适得其反。

四、涉外馈赠

在涉外交往中，往往会出现互赠礼品的情况，“礼尚往来”属于正常现象，可以达到增进双方了解和友谊的目的。世界各国由于文化上的差异以及不同历史、民族、社会的影响，在馈赠问题上的观念、喜好有所不同。只有把握好这些特点，馈赠才能在交往活动中发挥其应有的作用。

（一）亚洲国家的馈赠礼仪

亚洲国家虽然社会、民族等方面有所不同，但在馈赠礼仪有很多相似之处。

（1）形式重于内容。对亚洲国家人士的馈赠，名牌商品或具有民族特色的手工艺品是上好的礼品。至于礼品的实用性，则屈居知识性和艺术性之后。

（2）崇尚礼尚往来。在亚洲，无论何地，人们都认为来而不往是有失尊严的，这涉及自身形象。因此，一般人都倾向于先送礼品给他人。而且收到礼品，在回礼时常在礼品的内在价值、外在包装上下功夫，以显示对他人的恭敬。

（3）讲究馈赠对象的具体指向性。选择和馈赠礼品时十分注意馈赠对象的具体指向性，这是亚洲人的特点。一般来说，送给老人和孩子的礼品常常是令人高兴的，无论送什么，人们都乐于接受。但若送他人妻子礼品，则须考虑交往双方的关系及对方的忌讳。

（二）西方国家的馈赠礼仪

西方国家与东方国家不同，在礼品的选择、喜好等方面没有太多讲究，其礼品丰富多样。

（1）实用的内容加漂亮的形式。西方人对礼品更注重实用性，一束鲜花、一瓶好酒、一盒巧克力、一块手表，甚至一同游览、参观等，都是上佳的礼品。当然，如果再讲究礼品的品牌和包装，则效果更佳。

（2）赠受双方喜欢共享礼品带来的欢乐。西方人馈赠时，受赠人常常当着赠礼人的面打开包装予以赞赏，并邀赠礼人一同享用或欣赏礼品。

（3）讲究赠礼的时机。一般情况下，西方人常在社交活动行将结束时，即在社交已有成果时才赠礼，以避免行、受贿之嫌。

（三）涉外礼品的接受

1. 欣然接受

外宾向自己赠送礼品时，一般要大大方方地接受，没有必要过分客套。在接受礼品时，应起身站立，面带笑容，双手接过礼品，然后与对方握手并真诚感谢。

2. 当场拆启礼品包装并予以赞赏

在大多数国家，尤其是西方国家，当着送礼人的面拆启礼品包装，然后认真地对礼品进行欣赏，并不时说上几句赞美的话是一种常见的做法，也是一种礼貌。他们认为，收到别人的礼品，原封不动地往旁边一放，这是对礼品不感兴趣或是看不起送礼人的一种表现。这与中国人接受礼品时的做法大相径庭。

3. 拒收礼物要坚决

对外国人送的违法、违禁物品，有辱国格、人格的物品，会导致误解的物品，过于昂贵的物品，一定数额的现金及有价证券都不能接受。在拒绝接受时，应向对方加以说明。如果对方在赠送礼品时并无恶意，在谢绝时可顺便向其表示感谢。

4. 事后再谢

接受外宾的礼品，尤其是比较贵重的礼品，最好在一周之内打电话或写信给对方，以正式致谢。

五、涉外陪访

（一）陪同参观访问

在陪同外宾参观访问前应尽可能了解外宾的情况，参观的内容和对象需要根据外宾来访的目的、兴趣和要求来决定。参观地点、日程最好事前和外宾交换意见，得到外宾的认可后再确定，然后才可以做具体安排。参观的顺序、每个项目的参观时间等细节确定后，要立即通知被参观单位和有关部门及参观接待人员。

对外宾的特点和要求以及可能提出的问题要做必要的准备，以求有针对性地进行讲解。讲解时，既要实事求是，又要考虑有关政策，注意保密。

按规定和习惯，陪同外宾参观访问的人员要与外宾身份相当。被参观单位也应派相应的人出面迎接，并根据参观的目的和内容安排导游、解说员。

陪同外宾参观访问的翻译人员，除了遵守涉外工作的各项规定外，还要注意随时认真学习新的知识，以应对外宾的提问和要求。翻译人员对外宾的态度应热情诚恳，翻译的话要能准确、忠实地体现外宾的本意，不能随意掺杂自己的意见、增减谈话的内容。对其他人的插话，在得到主陪人的同意后才可以进行翻译。

（二）陪同观看演出

观看演出，对客人来说是一种艺术享受和娱乐活动，对东道国来说是一个宣传本国文化和艺术成就的机会。在为外宾组织专场演出或陪同外宾观看演出的过程中，应注意一些礼仪要求。

（1）要依据观看演出的目的和外宾的兴趣、特点等选择适当的节目形式。最好观看具有本国民族风格的节目，如民族歌舞、京剧、地方戏等。无论什么形式的节目，内容上都应避免因政治信仰、宗教信仰、风俗习惯、民族情感等因素引起外宾的不快或反感。如果是专场节目，应该加演一些外宾所属国的节目，以表示对外宾的尊重和友好。

（2）入场时，陪同的主人和宾客应在普通观众入座之后、开幕前入场。先到的观众应有礼貌地起立鼓掌表示欢迎。演出时，应事先要求其他观众不要提前离场，在陪同人员和外宾离去后方可离场。

（3）在座位安排上，应将最优位置留给外宾，再由陪同人员陪外宾按礼宾顺序入席就座。

（4）演出结束后，外宾若要向演员献花，主人应陪外宾一起登台向演员致谢，同时翻译或主人应向演员简单介绍献花的外宾，并示意演员表示感谢。

（三）陪同参加舞会

舞会是涉外交际活动中沟通感情、消除疲劳、娱乐身心的一项有益活动。组织者与陪同者应注意涉外舞会的有关礼仪。

作为组织者，在邀请外宾参加舞会时一定要掌握被邀请者的男女客人人数，两者应大体相等。如果来宾是夫妇，一定要邀请夫妇二人，并在请柬上注明舞会的起止时间。对于涉外舞会的舞场，可力求与外宾住地距离近些。陪同外宾跳舞时，除了应该讲究一般舞会的正常礼节外，以下几点对涉外舞会的参加者来说尤为重要：

（1）仪表、服饰整洁大方。一般来说，男士宜穿西装或上衣着马甲、下衣着西裤，女士着套裙、长裙或旗袍。舞会着装不要过分花哨或不伦不类。服饰代表一个人乃至一个国家的精神面貌，应衣着整洁、仪表大方，切勿形象萎靡不振。

（2）邀人共舞，有礼有节。在舞会上，如果我方男士邀请外方女宾共舞，当其父母或丈夫在场时，应先向其父母、丈夫致意，这是一种必要的礼貌。如果对方不同意，则不能勉强或面露愠色。当然，女宾如无特殊原因，也不会拒绝男士的邀请。男宾邀请我方女士跳舞时的礼节也一样。另外，在涉外舞会上有一个不成文的规矩，如果有人将外方一位女宾介绍给自己，应该马上请她跳一支舞，这是对外宾的尊重。倘若自己不会跳舞或跳得不好，可请女宾在自己身边稍坐，并说明自己不会跳舞，表示歉意。

（3）严守礼节，文质彬彬。小型舞会或家庭舞会，第一场舞应由主人夫妇和主宾夫妇共舞。第二场舞应由男主人与主宾夫人、女主人与男主宾共舞。之后，其他人方可上场。男主人除了要陪没有舞伴的女宾跳舞或为其介绍舞伴外，还应照顾其他外宾。男主人应轮流邀请其他女宾，而其他男宾最好与女主人及其他女宾共舞。男士与男士、女士与女士则不应共舞，这是一种很不礼貌的行为。

第二节 涉外交流礼仪

一、出入境

（一）乘坐国际航班

乘机时应至少提前一小时到达机场，以配合机场的例行检查手续。在上、下飞机时，乘务人员会站在机舱门口迎送客人，应有礼貌地点头致意或者微笑。

上飞机后要迅速找到自己的排号和座位，把自己的行李物品放在行李架上。在飞机上尽量不要交谈，如需交谈，也不要影响他人。

飞机上所发的糖果、食品，吃完后留下的皮、核、瓶、罐，要等乘务人员推车来取时再交给他。在旅途困倦时可以休息，但切不可把头和身体斜倚在其他乘客身上，这既失礼又不雅观，还直接影响他人休息。

（二）国外住宿

在国外的宾馆、旅店住宿要适应所在国的生活方式和习惯。进出房间都应随手关门，即使是自己的房间也要这样。在室内休息可穿睡衣、短裤、拖鞋、背心等，但不可到走廊或公共场所去。去他人房间要敲门，待主人允许后方可进入。他人房间挂出“请勿打扰”的牌子时，不可贸然前去。

（三）国外拜访

1. 遵守时间

在国外，尤其是日本、美国等国家，人们对时间的重视程度是很高的。因此，不论是拜访个人、亲友还是公众团体，都必须守时。守时是指准时到达，而不是过早地到达，过早到达同样会耽误对方的时间，还会使对方措手不及。

2. 礼让女士

到别人家中拜访，如果男女主人同时相迎，最好先与女主人打招呼。如果拜访者是一男一女，当女客人未坐下时，男客人不能先坐下。在有其他客人到来时，男客人应起立等候主人介绍，而女客人则不必。在公共场所，应遵循女士优先的原则。

3. 入乡随俗

每个国家都有不同的习惯，有时差异很大，出访者到了国外必须尊重所在国的习惯。

（四）国外游览

凡出访人员，无论是公派代表团还是民间人士探亲访友，到了国外，一般都会游览一下当地的名胜古迹，否则会感到遗憾。

游览时的服饰，可以随个人喜好，以轻松舒适为宜，但须以整洁、大方为标准。

参观游览过程中应对负责陪同、讲解的外国朋友表达真诚的感激之情，并尽可能地与其广泛交谈、沟通，但不该问的不要问，不该去的地方不要强人所难。游览中要尊重当地的风俗和宗教习惯。

对国外某些不允许拍照的特殊景点，不要强行拍照，应尊重外国的法规与制度。

在游览、参观结束后，应给陪同的译员或导游、解说员适当的小费，以表示谢意。

二、参观交流

（一）项目选定

出国参观项目的选择，主要考虑以下几个因素：

（1）访问目的、性质。参观项目的安排要有一定的针对性，与出国考察的目标一致，通过参观达到学习经验、解决实际问题的目的。

（2）对方的意愿和特点。例如，一般政府官员愿意安排参观同本国生产发展有关的设施，高等学校愿意安排师生交流，科研机构愿意安排参观与自身专业对口的项目，社会组织愿意安排参观妇、幼、社会福利设施等。一般来说，所有参观项目都要事先协商确定，个别可以灵活安排的项目可在到达后提出方案，共同商定。

（3）当地实际情况。即使项目合适，也需要了解当地能否接待。如果选择一些季节性的项目，还要考虑时令是否合适。此外，还要考虑参观时间的长短、路途的远近等。除专业考察外，一般不要安排在路上花费几个小时，而参观只需几十分钟的项目，即使内容丰富，也无必要。为一次参观安排几个项目，还要考虑内容不同、搭配得当。

（二）协商安排

出访代表团要求参观，可向接待单位提出；常驻机构则按驻在国有关规定提出。如果接待国无特别规定，一般可直接与有关单位联系，或直接购票前往。协商参观项目，要符合访问目的，但也要注意客随主便，不要强人所难。

与对方商谈参观事宜时，可以提具体项目；如果无特定项目，也可提出总体期望。提出的方式可以是书面的，也可以打电话或者面谈。在商谈妥当之后，要确认时间、地点。如果参观地点较远，还应问清路线。

参观项目确定之后，应做出详细计划，包括先看什么、后看什么，中间是否休息，参观时有无介绍，参观前后是否座谈，各参观点之间距离远近，徒步前往还是乘车前往等。这些细节和具体要求一旦确定，应向接待单位交代清楚，并周知全体接待人员。这样便于大家主动做好各自的工作，参观过程中发现问题也易于处理。

（三）参观考察

无论是东道国主动安排的参观项目，还是己方提出的参观项目，在参观过程中，都应专心听取介绍。参观完毕，应向接待者表示感谢。

参观过程中，可以广泛接触、交谈，以增进了解、加强友谊。同时，要注意尊重对方的风俗和宗教习惯。比如有的国家参观历史纪念馆，为保护建筑物，要穿鞋套。

可以参观的地方，通常允许摄影。遇到不让摄影的项目，接待方一般会事先向来宾说明，现场也多有外文的说明标志。拍照前也可向接待人员了解有无禁止摄影的规定。

参观游览虽对服装要求不严格，不必穿礼服，穿西装可以不打领带，但仍应注意清洁整齐，仪容亦宜修整。

参观地点遥远或是外出游览，要考虑用餐时间和地点。如果是郊游，则应准备食品、饮料、餐具等。参观游览的出发时间、集合地点，应周知全体有关人员。

三、学术交流合作

参加国际学术交流合作，要注意以下问题。

（一）慎重选择

收到国（境）外参加国际会议的邀请或通知后，应弄清会议组织者的背景、学术水平和会议内容、邀请范围等情况，可由有关外事部门征求我驻外使、领馆意见，再根据工作实际需要考虑是否应邀与会。

（二）充分准备

出国前要充分做好有关业务上的准备工作，参加交流前对所谈问题应充分准备，以免临时仓促应付，发生错误。如需在会上宣读论文和交换研究资料等，必须事先经有关主管部门审定，并注意内外有别和严格保守国家机密。严禁携带党和国家的机密文件出国，不准将秘密文件、内部资料、不能对外的图表和样品以及记有机密内容的笔记本携带出国。

（三）适度包容

学术交流本身就是一种百家争鸣性质的活动，各方都应畅所欲言，甚至可以激烈争论，但争论仅限于学术领域，不能涉及人格、国格。对方有不尊重言论时，如系不了解情况，并无恶意，应适度包容；如系恶意，应坚持立场，义正词严地表明态度，自觉维护国家主权、民族尊严和祖国声誉。

（四）内外有别

在对外学术交流合作中，必须坚持内外有别的原则。在旅馆、饭店和车站等场合，严禁议论内部问题。交换意见，应在不易泄密的地方进行。尚未公布的经济贸易政策、计划，各种统计资料的数据，以及需要保密的科技发明、科研成果、试验项目，特有的传统工艺和技术诀窍等，未经批准，任何人不得对外提供。

四、与外籍教师交往

（一）了解中外个性差异，适应外教的“张扬”

强调个人目标和利益，主张通过自己的努力来实现自己的价值，而较少求助于集体，这往往是外籍教师的价值准则。绝大多数外籍教师鼓励学生张扬个性，注重培养学生独立自主的能力，在交往中坚持“平等，独立，自主，不强加于人，替别人着想，尽可能地把选择留给别人”的原则。因此，大学生在与外教交往的过程中，既要尊重外教的价值观，学会欣赏和赞美，又要敢于和善于在外教面前表现个性，这不仅不会使外教感觉你缺乏礼仪修养，反而会拉近与外教的交际距离，密切师生关系。

（二）了解中外师德差异，理解外教的严格

中国人讲究温良恭俭让，中国教师往往没有外籍教师那么严格，在给学生评分时“较温柔、好商量、欠严厉”，显得人情味很浓。而外籍教师面对学生则更敢讲真话。正因为外籍教师敢于坚持原则，对平时努力学习的学生也更公正、公平，有利于学生的学业进步和人格养成。大学生在与外籍教师交往的过程中，要充分认识和理解外籍教师的严格是对事不对人，如果觉得自己正确，完全可以据理力争，即使争得面红耳赤也无妨；如果觉得外籍教师的严格要求是对的，只是面子上过不去，则不必过于计较。

（三）了解中外教学风格差异，不妨挑战外籍教师的“权威”

老师在中国一直被誉为是传道授业解惑的人，而且国人视“一日为师，终身为父”为一种美德。在课堂上，老师逐点讲解、层层剖析，学生则认真听讲、默默地记笔记。学生很少怀疑老师会讲错，所以中国学生往往很少提问题，很少有学生愿意提出跟老师不同的观点。在欧美国家，课堂是师生一起探究未知世界的场所。老师不是权威，他的话也不是绝对的真理，师生都有权提出自己的观点。因此，大学生在与外籍教师交往的过程中，不妨挑战外籍教师的“权威”，既要善于思考，又要积极参加讨论，勇于提出不同见解，这样不仅不会造成师生关系的紧张，反而会在学术争鸣中融洽与外籍教师的人际关系。

（四）了解中外生活习惯差异，尊重外籍教师的“规制”

中西方国家都强调“礼尚往来”，所谓“来而不往非礼也”，但西方国家的“礼尚往来”有所不同，强调“来而有由，往而有致”。大学生在与外籍教师交往的过程中，不要随便给外籍教师送礼，但在圣诞节、外籍教师生日等重要日子，则可抓住时机，送礼致贺。和外籍教师交往时，除了本地特产，不要轻易送吃的东西给对方，尤其不要邮寄给对方。中国人请本国老师吃饭，一般都是学生或家长埋单，基本没有 AA 制的习惯，而请外籍教师吃饭，可以请客方埋单，也可以 AA 制，但要事先说明。外国人习惯了 AA 制，与之交友、打交道的时候，AA 制也是不错的选择。

五、与留学生交往

（一）包容文化差异

来华留学生来自不同的国家，文化习俗千差万别。在与来华留学生交往的过程中，必须尊重和承认文化差异，了解各国风土人情、风俗习惯，容忍中国传统观念难以接受的一些现象，同时树立文化多样性、平等的观念，不能以国家的贫富、肤色来歧视某国留学生。

在与来华留学生的交往中，应积极介绍和传播中国文化，使之度过文化冲突的不适应期。外国留学生来到中国后，由于文化的差异，存在母国文化和中国文化的冲突，一般都会经历相当长时间的不适应期。在与留学生交流时，可适时介绍中国的风俗习惯、饮食文化、茶文化、酒文化、各地民俗以及中国人的价值观、道德观、婚姻观等，让他们进一步熟悉中国文化。

外国留学生来自不同的国家，各个国家的留学生都有自己的文化，他们之间也存在文化冲突。与留学生交往的过程中，在让留学生了解中国文化的同时，可以采取丰富多彩的方式帮助不同文化背景的留学生加强沟通，适应各个国家不同的风俗习惯。

在与来华留学生交往时，不能“仇”外，也不能“媚”外，两者都是文化极端化的表现。应该包容、尊重留学生的风俗习惯，承认文化差异，不用自己的标准去评价他人的行为。但这并不意味着要放弃自己的文化价值观、一味包容甚至纵容，而是在平等相处中通过文化交流减轻文化碰撞，相互尊重、相互包容，这样才能适应教育国际化浪潮给我国带来的挑战，更好地促进国际交流与合作。

（二）擅用语用规则

人们在交际过程中，不仅要正确使用一种语言的语音、语法、词汇，而且要正确运用语用规则，这样才能保证交际的顺畅。这些规则包括如何称呼对方、如何见面打招呼、如何提出要求、如何接受或拒绝对方的要求、如何告别、讲话谁先谁后等，对这些规则的掌握往往比语言规则要困难得多。不同文化背景的人在交际时常常失误或达不到预期目的，就是因为他们在交往时对文化背景、价值取向、社会规范方面存在的差异缺乏认识，而这些差异却十分顽固地表现在言语行为和语用规则方面。

在中国文化中，人们常用“吃饭了吗”“上哪儿去”“到哪儿去了”等语言来作为问候语，而这些问候语直接迁移到英语里，对英美国家的人来讲不但不构成问候，反而会起反作用。他们会把“Where are you going?”和“Where have you been?”看作是对他们隐私的窥视，把“Have you eaten?”当作一种邀请的信号。在称谓上，美国人以随意和灵活著称，但有些方式是他们不能接受甚至反感的。在英语口语中，从正式到随意的称呼，有许多不同的方式。

由于人们在跨文化交际时缺乏对社会语言差异的敏感性，又无意识地进行语用迁移，因此常常会出现交际障碍。比如，一个非本族语者说话流利，对方不会把其明显的不礼貌或不友好的行为归因为语言缺陷，而会认为是恶意和粗鲁的表现。一个不合时宜的问题，一个迟到的“道歉”，一个过时的“恭维”或“祝贺”，一个对“恭维语”或“问候语”的不恰当反应，均会被当成没有修养的表现，会被当成对他人人格的有意冒犯或侮辱。因此，我们只掌握语言结构是远远不够的，必须在掌握语音、语法、词汇的基础上，熟悉和掌握语用规则，正确地进行交流，否则难免造成各种误会，甚至导致严重后果。

（三）注重非言语行为

人与人之间的交流是通过两种形式进行的，一种是言语行为，另一种是非言语行为。一切不使用语言进行的交际活动，统称为非言语交际。在谈话中，绝大多数的含义是通过非言语形式传递的，仅有极少部分是通过声音传递的。非言语行为包括眼神、手势、身体的接触、讲话人之间的距离、时间观念、面部表情、讲话的音量等。这些非言语行为都可用来交流信息、传递思想、表达感情。

个人空间是指一个人与另外的人之间所保持的空间距离，它是无形的，但却是存在的。西方人不管是行走还是站立，这种私人空间都会充分地表现出来，尤其是同性朋友交往时，彼此很少保持亲近的距离。对他们来讲，同性之间哪怕轻微地靠向对方的身体，都可能犯下大忌，即使是在拥挤的电梯里，身体的相互接触都是不允许的。特别是男性之间，问题可能会更加严重。

世界上不存在普遍正确的非言语行为，所谓正确的非言语行为，只是与具体的文化、场合、情景等环境相适应的行为。我们要多了解有关的知识，了解不同文化背景下的人们的习惯性行为，观察他们对谁、在什么情况下、什么时候、怎样实施手势语、目光语、身体语等行为，观察他们如何使用空间和时间表达意义。要做好心理准备，不断调节对非言语行为差异的情感反应，对自己行为的解释保持高度的警惕，尽量控制自己的感情，使自己对行为的多义性高度敏感。

（四）营造和谐氛围

留学生离开自己的国家来到中国求学，希望在新的生活环境中结交一些朋友，以充实自己学习之余的生活，排解学习或其他原因造成的心理紧张或孤独感。一般来说，他们愿意也希望与同学、领导和管理人员交朋友，愿意尊重中国的风俗习惯，这为我们在与来华留学生交往过程中营造和谐氛围打下了良好的基础。

中国有着悠久的历史，加之地域辽阔、民族众多，使我国的传统文化呈现出多种多样的形式，如悠久的饮食文化、独具一格的中国书法与绘画、中草药和针灸治病的神奇功效以及气功可强身健体的玄妙等。这些对外国人来说，充满着吸引力。不少留学生来华留学的动机中，就或多或少地带有对中国传统文化的向往。我们了解和掌握了留学生的这种心理，对搞好与留学生的关系大有裨益。比如，通过和留学生一起游览中国名胜古迹，讲解、分享优美风景及其中的美妙传说和故事，可以满足他们对中国的神往和迷恋。有的留学生喜欢交际，爱唱歌、跳舞，中国民间不同民族、不同风格的歌舞形式就是营造与留学生沟通的和谐氛围的极佳载体。

中国传统学科如针灸学、中医学、中国武术、京剧表演、中国烹饪、中国书法与绘画及中国民族器乐等也可以帮助营造与留学生交往沟通的学术氛围。有的留学生就是专门来华学习某学科的，花上几年时间，不但取得文凭，有的还对感兴趣的学科深究不辍。还有的留学生在主攻学科之外兼学一门或两门自己感兴趣的学科，不求深通，仅为好奇。而好奇往往会驱使人们产生想清楚了解的心理，我们就可以利用这种心理宣传和弘扬我国的传统文化，营造与留学生交往沟通的良好氛围。

六、涉外交往禁忌

（一）交谈禁忌

1. 非议国家、政府和民族的不谈

在国际关系中，一国是不能干涉另一国主权的。因此，对别国的内部事务应避免妄加评论、说三道四。对自己的国家、政府和人民也不能非议，这样做会被对方瞧不起。因为他们会认为，非议自己国家的人缺乏基本的国民素质，一个不维护自己国家和民族的利益与尊严的人是不值得尊重和信任的。

2. 涉及对方个人隐私的不谈

涉及个人隐私的问题，如收入、家庭财产、年龄、婚姻、健康、文凭、经历、衣饰价格等私人问题不能询问。很多国家的法律都含有保护隐私权这一内容，应当把这些作为交际中的禁区。

3. 涉及国家、行业和企业秘密的不谈

在涉外交往中，有时会遇到一些与国家秘密、知识专利、内部情报、企业财务、商业机密等有关的问题，这些都应该避免谈论。每个国家都有保密法、知识产权保护法和相关的法律法规，不要随意涉足这些问题，否则会招致麻烦。更不能向外国人泄露国家及企业机密，否则会构成违法犯罪。

4. 涉及庸俗、下流、低级趣味的不谈

与外国人交谈时，对一切庸俗、低级下流、与色情有关的内容，均不应谈及。否则，既会引起对方不快，也会影响自身形象。

5. 涉及对方弱点、缺陷的不谈

任何一个有自尊心的人都不会喜欢别人谈及自己的弱点、缺陷，更不喜欢这些东西被曝光。即使是表示关心，也会引起对方的不快和不安。因此，应避免谈论涉及对方弱点、缺陷的内容。

6. 涉及第三者长短的不谈

在外国人面前非议第三者，实际上会被听者瞧不起，被认为是缺乏教养的行为，这也是外国人十分忌讳的事。俗话说："来说是非者，必定是非人。"今天在张三面前搬弄李四的是非，也许明天就会在李四面前搬弄张三的是非。这也是缺乏修养的一种表现。

7. 涉及疾病、死亡等不愉快的不谈

疾病、死亡等始终是一个不愉快的话题，除非是在医院探视病人或是在某些特定场合，这类话题在涉外交往中应尽力避免。

8. 涉及宗教政策及宗教问题的不谈

宗教问题比较敏感，因此，作为一般的涉外人员或在一般的涉外交往中，与外国人谈论宗教问题是不适宜的。

9. 涉及女性身材、保养的不谈

在涉外交际中，对女性不要说其长得胖、身体壮、保养好等话语。因为，对听者而言，这绝非赞美之词：也许"长得胖、身体壮"往往并不是她所追求的"优雅身材"，"保养好"言下之意是"她已不再年轻"。

10. 涉及批评长辈、上级及同事的不谈

尊重长辈、尊重上级，这在全世界都是一个共识和行为准则。这涉及个人道德及修养问题。"具有与人合作的能力"是现代人应具备的一项素质，如果随意在涉外交往中抨击自己的同事，其与人合作的能力会令听者生疑。

（二）服饰禁忌

1. 女士着装的禁忌

（1）穿黑色皮裙。在涉外交际中，这是一个公认的不成文法则。

（2）光着腿。在隆重及正式场合，女士穿着裙子时，应穿袜子，不宜光着腿。

（3）袜子有破损。人们常常认为，袜子是女士的"腿部时装"。女士穿裙装时应配连裤丝袜，颜色以肉色或黑色为宜。质地一般以丝质为佳，太厚的袜子最好不穿。袜子不能有破损。

（4）衣、鞋乱配。女士在正式、高雅的交际场合穿着正装时，宜搭配黑色半高跟皮鞋。在正式场合，禁止以西装套裙配露脚趾的皮凉鞋。

2. 男士着装的禁忌

（1）西装不拆商标。按照销售服务的国际惯例，客人买西装时，一交钱或一刷卡，服务员要做的第一件事就是替客人把衣服袖口上的商标及纯羊毛标志拆除掉。

（2）西装内穿多件衣服。穿西装时要注意大小合身，不要在里面再加上多件衣服。最好不要在西装内穿羊毛衫。如果非穿不可，则允许只穿一件单色、薄型“V”领羊毛衫。不要在西装里穿开领、花哨的羊毛衫。

（3）西装口袋里放太多东西。一般来说，西装上衣两侧的口袋只做装饰用，不宜装东西。如有必要，上衣胸部口袋可装手帕。西装左胸内侧口袋，可适当放些名片、票夹及小本子等小件物品。西裤两侧口袋及后袋不宜放太多东西，否则有碍裤形美观。

（4）领带不达标准。领带是西装的重要装饰品，也是一个人着装风格的重要呈现。在正式交际场合，应选配品质好的真丝或羊毛面料的领带，不能选配化纤、皮质面料的领带。

（5）夹克配领带。夹克属于休闲装，不适合在正式场合穿着，更不能穿夹克打领带。

（6）不讲究袜子颜色。袜子的颜色一定要与皮鞋的颜色相配。不管是穿西装、穿制服还是穿其他正装，袜子的颜色和皮鞋的颜色应一致。在正式场合，男士宜穿深色服装，如果穿白色袜子反差会太大。

（三）食物禁忌

世界上有不少国家，基于民族或宗教原因，对一些食物都有禁忌。

美国人不吃羊肉、狗肉、猫肉、蛇肉、鸽子肉、淡水鱼与无鳞无鳍的鱼，不吃动物的头、爪及内脏，不吃生蒜、韭菜、皮蛋。

加拿大人忌吃虾酱、鱼露、腐乳和臭豆腐等有怪味、臭味的食物，忌食动物内脏和脚爪，也不爱吃辣味菜肴。

俄罗斯人不吃海参、海蜇、墨鱼、木耳。

新西兰毛利人不喜欢吃带黏汁或过辣的菜肴。

英国人不吃狗肉和动物的头、爪。

法国人不吃无鳞无鳍的鱼。

德国人不吃核桃。

日本人不吃皮蛋。

韩国人不吃鸭子、羊肉。

（四）颜色禁忌

日本人不喜欢紫色，认为这是悲伤的色调；忌讳绿色，认为绿色不祥。

泰国人忌讳褐色，喜欢红色、黄色。

新加坡人视紫色、黑色为不吉利，黑色、白色、黄色为禁忌色。

美国人忌讳黑色，认为黑色是肃穆的象征，是丧葬用的颜色。

法国人大多喜爱蓝色、白色与红色，所忌讳的色彩主要是黄色与墨绿色。

德国人比较喜欢黑色、灰色，忌讳用褐色、白色、黑色的包装纸或彩带包装、捆扎礼品。

（五）数字、日期禁忌

在国外，人们忌讳一些数字并认为这些数字是“厄运”之数。

日本人忌 9、4 等数字，“9”在日语中发音和“苦”相同，而“4”的发音和“死”相同，因此，日本人住饭店或进餐厅，不能安排 4 号楼、第 4 层或 4 号餐桌。日本商人忌 2 月和 8 月，因为这两个月是营销淡季。日本人还忌三人合影，认为三人合影，中间的人被夹着，是不幸的预兆。

韩国人对“4”非常反感，许多楼房的编号忌“4”，军队、医院等不用“4”编号。在饮茶或饮酒时，主人总是以 1、3、5、7 等数字来敬茶、敬酒，并力避以双数停杯罢盏。

美国人忌讳“13”“3”“星期五”等数字和日期，认为是厄运和灾难的象征。

加拿大人忌讳“13”“星期五”，认为“13”是厄运的数字，“星期五”是灾难的象征。

英国人忌讳四人交叉式握手，认为交叉握手会招来不幸；也很忌讳“13”“星期五”，视其为“厄运”和“凶兆”；还忌讳“3”这个数字，尤其在点烟的时候，不论是用火柴还是用打火机，只能点到第二个人，然后要把火熄灭后再给第三个人点。

法国人也忌讳“13”“星期五”。

德国人对“13”“星期五”极度厌恶，对四个人交叉握手或在交际场合进行交叉谈话也比较反感。

俄罗斯人也不喜欢“13”，还不喜欢“666”。俄罗斯人喜欢“7”，在俄语里，“7”经常被用来形容好的事情。

外国的文化传统与我国有很大不同，在礼仪习俗上也与我国很自然地存在着差别。即使是欧美国家，不同的国度、民族间，甚至同一个国家的不同区域间，礼仪习俗也有区别，这就要求我们在与外国客人进行交往前先了解和掌握对方的一些礼仪习惯，因人施礼，以免闹出笑话甚至造成误会。

情境角色

（一）

主题：我请外国朋友过元宵节。

人员：我和若干外国朋友。

方式：先包汤圆，标准是只要搓成丸子形状即可。除了豆沙、枣泥、花生、芝麻这些传统馅料外，还可以用南瓜馅、芒果馅。吃完汤圆，到街上去看花灯，最后去看烟花。

（二）

留学生玛丽平时比较随和，与同学相处比较融洽。最近一段时间，她经常单独行动，很晚才回宿舍，而且不太和同学讲话。同宿舍另外两名同学注意到了这个情况。请分别扮演玛丽的外国舍友和中方同学与玛丽交流。

（三）

“祝你生日快乐……”歌声从某大学一个留学生宿舍传来，然而欢乐的气氛却没有传遍这个十多平方米的小屋。丹妮和几个朋友在宿舍内庆祝自己的生日，而她的3个室友则各自面对自己的电脑，置身事外。请分别扮演丹妮及她的朋友和室友，活动后谈谈你的感受。

参考文献

[1] 熊经浴. 现代实用社交礼仪. 2版. 北京：金盾出版社，2014.

[2] 关彤. 现代社交礼仪. 北京：中国社会出版社，2004.

[3] 徐爱琴. 实用礼仪学. 杭州：浙江大学出版社，2005.

[4] 韩英. 现代社交礼仪. 青岛：青岛出版社，2005.

[5] 徐东，唐斌. 现代公关礼仪. 成都：电子科技大学出版社，2005.

[6] 贾云. 现代公关礼仪. 成都：电子科技大学出版社，2007.

[7] 杨明娜. 公共关系基础. 成都：电子科技大学出版社，2005.

[8] 陈光谊. 现代实用社交礼仪. 3版. 北京：清华大学出版社，2017.

[9] 潘肖珏，谢承志. 商务谈判与沟通技巧. 2版. 上海：复旦大学出版社，2006.

[10] 陆永庆，阮益中. 现代会务服务. 上海：上海交通大学出版社，2005.

[11] 王兆明，顾坤华. 大学生职业指导：就业创业实务. 修订版. 苏州：苏州大学出版社，2009.

[12] 《大学生生活指南》编委会. 大学生生活指南. 北京：北京理工大学出版社，2007.

[13] 何伟祥. 公关礼仪. 4版. 大连：东北财经大学出版社，2019.

[14] 赵升奎. 沟通学思想引论. 上海：上海三联书店，2005.

[15] 贺祖斌. 高等教育大众化与质量保障. 桂林：广西师范大学出版社，2004.

[16] 何雅. 打开一扇窗，自己往外看：解码社团情结、学生干部、社会兼职. 上海：复旦大学出版社，2004.

[17] 沙风，杨玲. 大学生人文道德与法制教育. 北京：新华出版社，2009.

[18] 罗伯特·K默顿. 社会理论和社会结构. 唐少杰，等译. 南京：译林出版社，2008.

[19] 日本商务实务研究会. 入职第一课. 龙蔚婷，译. 北京：东方出版社，2008.

[20] 郭玉玲. 迈好职场第一步. 北京：机械工业出版社，2010.

[21] 汪洱. 金牌习惯. 北京：机械工业出版社，2008.

[22] 张岩松. 实用礼仪教程. 3版. 北京：中国人民大学出版社，2021.